Nur ein Zeichen

Die Geschichte einer Entwicklung

Ein Roman von Neo Lichtenberg

Impressum

http://www.deadsoft.de

Cover: Irene Repp
http://www.daylinart.webnode.com
Bildrechte:
© Alones – shutterstock.com
© Andre Helbig – shutterstock.com

1. Auflage
ISBN 978-3-96089-468-1
ISBN 978-3-96089-469-8 (epub)

Eins

Die Luft schmeckt nach Sommer. Weich und warm füllt sie meinen Mundraum. Mit der Zungenspitze bewege ich sie an meinem Gaumen, bevor ich sie schließlich hinunterschlucke. Sie hinterlässt Durst nach mehr. Ich strecke mein Gesicht der Sonne entgegen und öffne während der Fahrt immer wieder meinen Mund. Weit, als könne ich nicht genug davon bekommen; vom Sauerstoff, vom Leben.

Zwischen meinen Zähnen knirscht es und ein erdiges Aroma legt sich auf meine Zunge. Die Traktoren, die nahezu pausenlos die Felder bearbeiten, verletzen die Haut der Erde und wirbeln Fetzen auf. Fetzen, die langsam herabschweben und sich auf mir niederlassen.

Die Trockenheit auf der Zunge und der kratzende Hals machen mir jedoch nichts aus, da sich in meiner Tasche zwei Flaschen Wasser befinden. Der Komfort einer guten Versorgung lässt mich die Durststrecke aushalten. Bei nächster Gelegenheit werde ich das staubige Gefühl wegspülen.

Vor mir fährt Michael. Meine Wangen schieben die Sonnenbrille hoch, so sehr grinse ich beim Anblick seiner flatternden Locken. Die dunklen Strähnen wirbeln um seinen Kopf und von der korrekten Frisur, mit der er vor etwa einer Stunde von der Arbeit kam, ist nichts mehr übrig. Ein Umstand, der mir gut gefällt. Es ist lebendiger und weniger geschäftlich. Michael privat. Michael mein.

Mein Freund genießt offensichtlich den Luftzug auf der Haut und im Haar. Leise summt er vor sich hin. Normalerweise trägt er auf unseren Touren einen Fahrradhelm, aber da auch er sich über den Sonnenschein freut, hat er eine Ausnahme gemacht und gegen seine Prinzipien verstoßen. Auf meine stichelnde Bemerkung »Leben am Limit!« hat er lediglich mit einem verächtlichen Schnauben reagiert. Klug, wie ich bin, bin ich nicht weiter auf dem Thema herumgeritten.

Endlich sind die Tage wieder länger. Nach monatelangen Abenden vor dem Kamin und einem zaghaften Frühling zieht es uns nach draußen, woraus die Idee einer spontanen Radtour entsprang.

»Sollen wir am See eine Pause machen?«, fragt Michael und wendet seinen Kopf zur Seite, um zu schauen, wo ich bleibe. »Daniel? Erde an Daniel! Pause am See?«

In Gedanken versunken habe ich getrödelt und schrecke nun auf. Ich trete fester in die Pedale, um aufzuschließen.

»Von mir aus gern!«, rufe ich zurück. »Vielleicht bekommen wir noch einen Rest Sonne ab.«

So schön und hell es zum jetzigen Zeitpunkt auch ist, in einer halben Stunde und im Schatten wird es rasch kühler. Ich schiebe mir meine Sonnenbrille hoch ins Haar. Sie ist ziemlich schmierig, da immer wieder kleine Tiere gegen die Gläser fliegen.

Schweigend fahren wir den Weg entlang. Mein Blick schweift über die weiten Felder. Kurz vor dem See befindet sich ein Parkplatz. Michael wird merklich langsamer. Offensichtlich haben gerade einige Hundehalter ihre Spazierrunde beendet, denn auf dem Platz herrscht ein lebhaftes Treiben von Menschen und Tieren.

»Pass doch auf!«, motzt Michael ungehalten, als ein Auto plötzlich vor ihm ausschert. In letzter Sekunde bremst er ab und verhindert einen Zusammenstoß. Dafür fahre ich ihm beinahe auf. Wir wirbeln einigen Staub auf. Ich huste und reibe mir die Augen, mache es damit jedoch nur schlimmer.

»Hast du das gesehen?« Empört fuchtelt Michael mit der Hand dem davonfahrenden Wagen hinterher.

»Habe ich«, bestätige ich. »Aber ist ja nix passiert. Scheint gerade eine ungünstige Zeit zu sein.«

»Offensichtlich«, sagt Michael. »Schnell weg hier!«

»Wäre doch toll, wenn unsere Bank frei wäre«, sage ich zu Michael, der grinsend nickt. *Unsere Bank*. Das ist die Bank, auf der wir häufig rasten, wenn wir mit den Rädern unterwegs sind. Die Bank, auf der Michael mich vor einigen Jahren gefragt hat, ob ich bei ihm bleiben und wohnen wollte. Und ich wollte.

»Ich glaube, wir haben Glück.« Michael wird langsamer und biegt über einen kurzen schmalen Pfad zu unserem Lieblingsplatz ein. Ich steige ab und folge ihm durch die Büsche, während ich mein Rad schiebe. Die Stelle mit der Bank ist nicht direkt versteckt, aber doch genügend abseits des Weges, dass nicht jeder sie auf Anhieb sieht.

»Auch ein Wasser?«, frage ich, nachdem wir die Fahrräder abgestellt haben, und öffne die Tasche, die am Gepäckträger befestigt ist. Ob Michael ebenfalls an Getränke gedacht hat, weiß ich nicht. Ich jedenfalls bin ausgerüstet.

»Gern.« Michael setzt ein verschmitztes Lächeln auf. »Allerdings habe ich auch noch etwas Feines eingepackt.«

Er zieht eine kleine Kühltasche aus seiner eigenen Radtasche und stellt sie auf der Bank, die eher eine geschwungene Liege ist, ab. Nach einem weiteren Griff in die Tasche hält er ein Geschirrtuch in den Händen, aus dem er behutsam zwei Stielgläser wickelt.

»Wow! Du hast Wein dabei?«

»Richtig! Und ein paar Snacks. Nicht viel, nur eine Kleinigkeit.«

Wenige Minuten später entspannen wir auf der Bank, jeder ein Glas Weißwein in der Hand. Immer wieder hält mir Michael eine Pistazie vor den Mund, die ich dankend annehme. Jede Pistazie garniert er mit einem Kuss. Es ist kitschig. Es ist romantisch. Ich mag es.

Wir reden kaum, sondern genießen den Ausblick auf den See, die untergehende Sonne und uns. Nicht mehr lang und wir sitzen bald im Dunkeln. Als mir trotz des Pullovers kalt wird, lehne ich mich an Michaels Brust. Sofort legt er seinen Arm um mich und wärmt somit meine Schultern.

Ich drehe den Kopf ein wenig, schaue auf und betrachte meinen Freund im fliehenden Sonnenlicht. Die sich leicht bewegenden Blätter der Büsche und Bäume um uns herum zaubern surreale Reflexe auf Michaels Gesicht. Kleine dunkle Flecken hüpfen über seine entspannten Züge. Auf Kinn und Wangen liegt ein Bartschatten, den er morgen früh beseitigen wird, bevor er in die Firma fährt. Unter den Augen und in deren Winkeln haben sich frische feine Linien eingegraben. Michael arbeitet zu viel und nimmt sich zurzeit selten Zeit zur Erholung und Pflege. Umso glücklicher bin ich, dass er jetzt eine Pause macht, und das gemeinsam mit mir.

Niemals werde ich es ansprechen, aber ich bin sicher, dass ein paar hellere Haare dazugekommen sind. Mit hell meine ich grau. Es sind wenige, aber in Michaels braunem Haar fällt jede Farbabweichung auf.

Unseren Altersunterschied erkennt man auf Anhieb, was ich nicht schlimm finde. Gute zwanzig Jahre lassen sich kaum verstecken. Warum sollten wir überhaupt irgendetwas verstecken?

Michael ist ein attraktiver Mann. Seine Liebe und Fürsorge sind das Fundament meines Lebens. Ich bin sein Partner und zeige dies gern. Wir führen ein gutes Leben und sind glücklich miteinander.

Mit einem kaum hörbaren Seufzen sinke ich erneut in die Umarmung. Ja, ich bin glücklich und zufrieden.

Das leise Plätschern des Wassers und die gluckernden Geräusche der Enten, die schwimmend näher kommen, um schließlich unter dem Gebüsch an Land zu gehen, verströmen Behaglichkeit. Im Zusammenspiel mit der Wärme meines Freundes, der mich sicher hält, ergibt sich für mich ein Gefühl von uneingeschränkter Zufriedenheit. So wie jetzt kann es bleiben.

Zwei

Das Wasser spült den Schweiß und Schmutz von meiner Haut. Was könnte besser sein, als eine Dusche an einem warmen Frühsommerabend?

Ich schaue den hellen Rinnsalen meines Shampoos nach, als diese im Abfluss verschwinden.

Gute Reise! Meine Mundwinkel zucken in einem wehmütigen Lächeln. Als Kind habe ich ständig allem eine gute Reise gewünscht. Dem Wasser im Bach, dem Laub im Herbst, den Vögeln am Himmel. Aber auch unromantischen Dingen wie der ausgespuckten Zahncreme im Waschbecken und dem Abfall, wenn die Müllabfuhr kam. Ist lange her und vorbei. Ich schüttele den Kopf und vertreibe damit die Gedanken.

Erfrischt und munter drehe ich das Wasser ab und greife nach einem Handtuch. Beim Abtrocknen kommt mir eine Idee, einfach aber genial. Sex!

Beschwingt mache ich mich auf den Weg in den Wohnbereich. Michael sitzt auf dem Sofa. Auf dem niedrigen Tisch vor sich hat er Papiere ausgebreitet, was für mich stimmungstötend nach Arbeit aussieht. Außerdem trägt Michael seine Lesebrille, die ihm zwar ausgezeichnet steht und mit der er mehr als heiß wirkt, die jedoch ebenfalls unverkennbar Konzentration und nicht Kuscheln und Knutschen ausstrahlt.

Mein Plan sieht dagegen vor, Michael verrückt zu machen und direkt hier auf dem Sofa – oder meinetwegen auf dem Tisch – zu verführen. Nach dem bisher schönen Abend habe ich mir das leicht vorgestellt. Bei dem Anblick, der sich mir aktuell bietet, ist klar, dass ich mich doch stärker anstrengen muss. Kein Problem.

Ich nähere mich Michael. Ist er wirklich so aufmerksam versunken in seine Zahlenkolonnen, dass er mein Eintreffen nicht bemerkt hat? Kaum zu glauben. Oder lässt meine Wirkung auf ihn nach? Diesen obskuren Gedanken wische ich direkt weg. So ein Quatsch!

»Hey, Baby«, hauche ich meinem Freund ins Ohr, als ich hinter ihm stehe und meinen Mund zu seinem Hals absenke. »Du hast die Wahl: entweder trockene Zahlen oder deinen feuchten Lover.«

Kann ich eindeutiger mit dem Zaunpfahl winken? Wenn er das nicht versteht, haben wir ein ernsthaftes Problem.

Ich drücke einen Kuss auf seine warme Haut, atme seinen vertrauten Geruch ein und registriere zufrieden, dass Michael sich gegen meinen Mund drängt. Allerdings nur kurz, dann nimmt er Abstand zu mir.

»Daniel«, beginnt er und seufzt vernehmlich. Dieses Seufzen verrät mir, dass er genervt ist. Ich kenne es. »Daniel, hör mal! Ich habe wirklich noch viel zu tun. Und auch wenn dein Angebot verlockend ist, muss ich diese Kalkulationen durchsehen. Du weißt, wie wichtig das neue Projekt ist.«

Damit hat er mich ausgebremst, denn ich weiß wirklich, welchen Stellenwert die neue Daily Soap, bei der Michael als Producer verantwortlich ist, für ihn hat. In meinem Magen rumort es, meine Hände ballen sich. Ich möchte die unumstrittene Nummer eins für meinen Freund sein. Und zwar jetzt. Und immer.

Ich nehme Abstand und gehe um das Sofa herum, damit ich Michael direkt anschauen kann – und er mich. Er soll ruhig sehen, dass ich nur mit einem Handtuch um die Hüften erschienen bin. Ein Handtuch, welches ich nun ganz langsam auseinanderfalte und somit meinem Freund einen Blick auf meine erwartungsvolle Körpermitte gönne.

»Deine doofen Zahlen laufen dir nicht weg«, gebe ich zu bedenken. »Aber ich vielleicht schon …«

Ich fühle mich wie ein knatschiges Kind und klinge auch so. Es fehlt nur noch, dass ich mit dem Fuß aufstampfe. In dem Moment, in dem ich mein unangemessenes Verhalten bemerke, ist es mir bereits unangenehm. Hastig senke ich den Kopf und verberge mein erhitztes Gesicht. Ich bin ein erwachsener Mensch und sollte mich nicht benehmen wie ein verwöhntes Blag. Aber es ist zu spät.

»Daniel!«, braust Michael auf. »Was soll der Mist?! Ich muss arbeiten. Falls es dich interessiert, unser Leben muss unterhalten werden. Das sollte dir klar sein.«

»Ja, aber …«, lenke ich ein, darauf bedacht, möglichst zügig die Wogen zu glätten.

»Nein, kein *aber*!« Michael ist wütend. Und wird gemein. »Es geht uns gut, was erfreulich ist. Aber machen wir uns nichts vor. Dein Beitrag zu unserem überschaubaren Wohlstand ist eher gering. Versuch erst gar nicht, das abzustreiten! Aber dann lass mich wenigstens meinen Job ordentlich erledigen, wenn du schon keinen vernünftigen hast.«

Mit zusammengekniffenen Augen starrt Michael mich nieder. Er hat mich getroffen, und zwar an einer Stelle, von der er weiß, dass er dort punktgenau einen Treffer platzieren kann. Das schmerzt auf zweifache Weise. Michael hat recht, denn ich trage kaum zum Lebensunterhalt bei.

Dass er diese Tatsache jedoch auf diese Art gegen mich verwendet, setzt mir zu.

Schockiert schnappe ich nach Luft und presse gleichzeitig meine Hände auf die Rippen, als hätte ich eine tatsächliche Verletzung erlitten. Dabei lasse ich unbeabsichtigt das Handtuch komplett fallen, was die verfahrene Situation erst recht peinlich macht. Ich könnte heulen.

Verwirrt blicke ich auf meine Hände und kann kaum glauben, dass kein Blut an ihnen klebt. Wie theatralisch!

Ich kneife die Lider fest zusammen, damit die Tränen diese Schotten nicht überwinden können, und gehe in die Knie, um das Handtuch wieder aufzuheben. Nichts wie weg aus diesem Raum!

Mit geschlossenen Augen brauche ich mehrere Anläufe, bis ich den feuchten Lappen zu fassen bekomme. Als es endlich gelingt, wickele ich mich beschämt hinein und fliehe aus dem Wohnzimmer.

Versager! Nichtsnutz! Schmarotzer!

»Daniel!«, ruft Michael mir hinterher, aber ich kehre nicht um.

Das Thema ist noch nicht beendet, das ist mir klar, aber nun werde ich erst meine Wunden lecken.

Wir haben ein ernsthaftes Problem.

Drei

»Hey«, flüstert Michael. »Bist du noch wach?«

Leise schließt er die Tür zu unserem Schlafzimmer hinter sich und nähert sich dem Bett, wahrscheinlich auf Sockenfüßen, denn ich höre kaum ein Geräusch.

Ich liege im Dunkeln auf der Seite und habe die Augen geschlossen. Natürlich schlafe ich noch nicht. Dafür bin ich viel zu aufgewühlt.

Nachdem ich den Wohnbereich, in dem Michael mit seinen wahnsinnig wichtigen Unterlagen saß, verlassen hatte, bin ich in die Küche gegangen und habe eine Banane mit Schokocreme gegessen. Wie ich wohl aussah, als ich wütend in das Obst gebissen habe? Ich grinse und spüre meine Mundwinkel am Kopfkissen. Ich habe mir vorgestellt, dass die Banane der Schwanz meines Freundes wäre. In meiner Enttäuschung habe ich nicht genüsslich daran gelutscht, sondern herzhaft hineingebissen. Immer wieder. Stück für Stück habe ich das Ding vernichtet.

Das hat für einen kurzen Moment gutgetan, aber anschließend war der Frust wieder gegenwärtig. Da ich nichts Sinnvolles mit mir anzufangen wusste, habe ich mich ins Schlafzimmer verkrochen und gelesen, und zwar einen Thriller, einen äußerst brutalen, der eigentlich gar nicht nach meinem Geschmack ist, mich aber gut abgelenkt hat.

Gerade kann ich mich nicht ablenken. Michael ist im Raum und ich liege hier und stelle mich stümperhaft tot – oder zumindest schlafend. Wie weit ist es mit mir gekommen? Ich bin erbärmlich.

Feigling!

»Nein«, antworte ich endlich auf Michaels Frage und fühle mich wieder einmal kindisch dabei. Wie so oft, besonders in Michaels Gegenwart.

Immerhin nimmt mein Freund es mit Humor. »Nee, ist klar.«

Die Matratze senkt sich auf seiner Seite und Michael rutscht bis zur Mitte des Bettes. Dort verharrt er einen Moment, als zögere er, mir näher zu kommen. Aber dann schiebt er sich zu mir heran, allerdings nicht so weit, dass er mich berührt. Das ist mir zum jetzigen Zeitpunkt mehr als recht und ich bin Michael dankbar für seine Rücksichtnahme, obwohl ich trotzdem angepisst bin.

»Können wir reden?«, fragt Michael. »Ich möchte mich entschuldigen.«

Meine Lider zittern. Es wird anstrengend, so zu tun, als schliefe ich. Nach einem letzten Zögern öffne ich die Augen. Mein blödes Getue bringt uns doch nicht weiter. Ich drehe mich sogar herum, so dass wir uns gegenüberliegen und unsere Blicke sich finden können. Wobei wir uns in der Dunkelheit des Zimmers mehr ahnen als wirklich erkennen.

Sollte ich vielleicht näher rücken? Nach kurzem Nachdenken entscheide ich mich dagegen. Ich bevorzuge die Distanz zum Zuhören und Denken. Wenn Michael mich berührt, ist mein Verstand rasch dahin. Mein Partner weiß genau, welche Knöpfe er bei mir drücken muss und nutzt es gern schamlos aus.

»Es tut mir leid, dass ich vorhin nicht auf dich eingegangen bin«, eröffnet Michael das Gespräch. »Aber ich hatte wirklich viel zu tun und die Zahlen schauen sich nicht von selbst durch. Ich hatte gedacht, dass du dafür Verständnis hättest.«

Er hätte nach dem ersten Satz aufhören sollen zu reden. Das soll eine Entschuldigung sein? Bei der eine Einschränkung auf dem Fuße folgt?

»Es tut dir doch überhaupt nicht leid«, flüstere ich resigniert.

»Doch natürlich«, gibt Michael stur zurück.

Schon nach wenigen Sätzen geht es nicht mehr um die Sache selbst, sondern um die Entschuldigung und ihren mangelhaften Stil.

Michael und ich führen eine harmonische und glückliche Beziehung, aber an diesem Punkt waren wir bereits öfter. Streiten können wir nicht gut. Ich fühle mich meist nach kurzer Zeit unterlegen und gebe nach. Michael umgarnt mich dann noch eine Weile und damit ist das Thema erledigt. Bis zum nächsten Mal.

»Ach, lass gut sein«, lenke ich ein – wie von mir selbst erwartet. Auseinandersetzungen sind anstrengend. Dafür bin ich nicht gemacht. »So wichtig ist es nicht. Kein Grund, sich in die Haare zu kriegen.«

»Da hast du recht. Dafür lohnt sich kein Streit«, nimmt Michael dankbar den Faden auf. Er hat es gern friedlich und ruhig bei uns.

Wir liegen eine Weile schweigend auf dem Bett. Michaels Geruch ist mir vertraut. Allein dadurch fühle ich mich bei ihm geborgen.

»Gilt dein Angebot noch?«, fragt Michael einschmeichelnd.

»Welches? Ich kann mich nicht erinnern.« Es klingt in meinen Ohren koketter, als ich mich fühle. Ich bin erschöpft und möchte eigentlich schlafen, aber …

»Na, das Angebot mit dem feuchten Liebhaber oder so ähnlich.« Bei diesen Worten legt Michael seine Hand auf meine Hüfte und will mich zu sich ziehen, was nicht auf Anhieb gelingt.

»Ja, gilt noch«, lenke ich mit einem kaum vernehmbaren Seufzen ein. »Allerdings bin ich nicht mehr ganz so feucht wie vorhin.«

»Kein Problem. Da weiß ich Abhilfe«, schnurrt Michael mir ins Ohr. Hat er das Zögern in meiner Stimme nicht gehört? Erkennt er die Erschöpfung nicht? Interessiert sie ihn nicht?

Die Hand an meiner Seite packt fester zu und drückt mich nach unten, so dass ich auf dem Bauch liege. Zärtliche Küsse rieseln auf meinen Nacken hinab. Michael weiß, was ich mag und verwöhnt mich entsprechend. Sein Mund wandert langsam meinen Rücken hinunter, knabbert am Bund meiner Boxershorts und zieht diese mit dem Zähnen ein Stück hinunter. Ich quietsche kurz auf, als Michael mich sanft beißt. Mein Hintern ist rund und prall. Ich schaue oft genug in den Spiegel, um sicherzugehen, dass dem so ist. Mein Freund steht darauf, ihn anzufassen und zu küssen. Daher verwundert mich der Biss nicht, auch wenn ich kurz aufschrecke. Ich mag es.

Mit beiden Händen greift Michael nun nach dem Stoff und zieht daran. Ich hebe das Becken an, um beim Ausziehen zu helfen. Mein Kopf liegt auf der Seite, so dass ich beobachten kann, was Michael macht. Er dreht sich um und legt die Shorts weg. Rasch zieht er sein eigenes Shirt über den Kopf und lässt Hose und Socken folgen. Er knipst seine Leselampe an und dimmt sie auf sanftes Licht hinunter. Dann entledigt er sich seiner wuchtigen Uhr, legt sie auf den Nachttisch und greift nach der Gleitgelflasche.

Vorhin, also nach der Dusche und vor meiner gescheiterten Verführungsaktion, habe ich mir eine Gelkapsel eingeführt. In dem Moment war ich davon überzeugt, unwiderstehlich zu sein. Das waren Zeiten. Jedenfalls ist es gut, dass Michael sich großzügig an dem Gleitgel bedient. Erstens kann er nicht wissen, dass ich eine Kapsel in mir habe, auch wenn ich das häufiger mache und er es mag. Zweitens kann eine weitere Portion Gel nicht schaden. Im Gegenteil, ich mag es nass.

Als Michael sich einschmiert, spüre ich wohlbekannte Wärme in mir. Er sieht heiß aus, besonders wenn er sich selbst anfasst. Wie er seinen Schwanz packt und mit dem Gel benetzt, ist natürlich und obszön zugleich. Der Anblick verfehlt seine Wirkung bei mir nicht, so dass ich meinen Arsch hochhalte und mich anbiete. Michael versteht die Signale, die ich sende, und lässt mich nicht warten.

Unsere Vereinigung ist lustvoll und vertraut. Wir wissen, was wir mögen und agieren entsprechend. Ich genieße Michaels Hände, die mich mit Kraft an meinen Hüften halten, so wie ich es mag. Nicht zimperlich. Nicht zaghaft.

Meine Stirn reibt auf den Laken, während ich stöhnend den wuchtigen Stößen standhalte und mich ihnen entgegen dränge.

Michaels Handlungen sind zielführend. Der Orgasmus rauscht heran und schlägt über uns zusammen. Wir verharren auf dem Scheitelpunkt und surfen die Welle, bis wir an Land gespült werden. Dort sinken wir ausgelaugt ineinander zusammen. Das vertraute Gewicht ruht auf mir. Michaels Körper umfängt und schützt mich. Nimmt mir aber auch Luft zum Atmen. Ich drücke mich etwas hoch und kippe zur Seite, so dass Michael von mir hinunterrutscht und wir auf der Seite liegen bleiben. Ein Arm umfängt meinen Oberkörper, während wir ruhen.

Beklemmung steigt in mir auf, die eindeutig nicht mehr von der körperlichen Nähe stammen kann. Raum habe ich nun ausreichend.

Warum schießen mir Tränen in die Augen? Was stimmt nicht mit mir? Zum ersten Mal habe ich nach dem Sex mit Michael das Gefühl, dass sich unsere Körper vereint haben, jedoch nicht unsere Seelen.

Das Gefühl, benutzt worden zu sein, hat keine Berechtigung. Ich kann Michael in dieser Richtung keinen Vorwurf machen. Oder habe vielmehr ich Michael benutzt und fühle mich deshalb schuldig? Haben wir miteinander geschlafen um unseretwillen? Oder haben wir Sex benutzt, um uns gut zu fühlen und unsere ungeklärte Streitigkeit auszublenden?

Das sind eindeutig zu viele Fragen und zu wenig Antworten in der letzten Zeit.

Obwohl ich hier in der warmen Umarmung meines Liebhabers liege, fühle ich mich einsam.

Wir haben Probleme, ernsthafte Probleme. Das ahne ich bereits länger. Ich muss herausfinden, ob Michael es ebenfalls bemerkt. Denn sie werden größer, diese ernsthaften Probleme. Weil wir sie füttern. Mit unserem Schweigen. Mit unserer Ignoranz.

Vier

Schwer ausatmend lasse ich die Hanteln sinken. Sie einfach fallen lassen, das wäre es jetzt. Aber ich bin fertig mit dem Freihanteltraining, das ich nicht mag und nur aus Pflicht absolviere, und muss die Geräte nun wegräumen. Lägen sie erst einmal auf der Matte unter mir, könnte ich mich kaum überwinden, sie erneut in die Hand zu nehmen. Daher trage ich sie direkt zu der langen Reihe Kurzhanteln zurück und sortiere sie ordentlich ein.

Kaum dass ich die Griffe loslasse, schweben meine Arme regelrecht nach oben wie schwerelos. Wahrscheinlich habe ich es heute mit dem Training übertrieben. Meine Muskeln sind jedenfalls eindeutig durcheinander und wissen nicht, was sie nun machen sollen.

Beim Training bin ich sehr leise, womit ich zwischen den anderen Typen in der sogenannten Eisen-Ecke auffalle. Die meisten hier sind richtige Pumper, die in knappen Hosen und eingerissenen Shirts trainieren. Das Ganze in grellen Farben, was das Outfit erst recht ins Lächerliche zieht. Aber da es auf der sonnenbankbraunen Haut gut aussehen soll, greifen die Muskelmänner häufig zu pink und neongelb. Hauptsache es entsteht ein deutlicher Kontrast.

Damit jeder mitbekommt, wie erbarmungslos sie sich knechten, werden beim Training laute Geräusche ausgestoßen. Und wenn die Jungs nach der letzten Wiederholung die Hantel krachend auf den Boden knallen lassen, wird dies von einem lauten Stöhnen oder einem animalischen Brüllen begleitet. Wer mit der Langhantel trainiert, lässt diese mit einem unüberhörbaren Scheppern in die Halterung krachen.

Auch wenn ich dieses Gebaren innerlich belächele, sind einige Männer, die mit mir hier trainieren, wirklich in Ordnung. Mehr als Small Talk halten wir nicht miteinander, aber ich erwarte schließlich nicht, im Fitness-Studio Freundschaften zu schließen. Daher reicht mir das.

Freundschaften? Seit es zwischen Michael und mir Missstimmungen gibt, fällt mir auf, dass mir jemand zum Reden fehlt. Normalerweise bespreche ich alles, was mir bemerkenswert erscheint, mit Michael. Aber was mache ich, wenn es um meinen Partner selbst geht? Wenn ich jemanden bräuchte, der einen Blick von außen auf unsere Beziehung wirft?

Mir hat es stets gefallen, dass Michael und ich eine extrem enge Beziehung führen. Wir haben uns und das reicht. Nie hat mir etwas gefehlt. Bis jetzt. Wahrscheinlich hat es damit zu tun, wie es dazu gekommen ist, dass Michael und ich …

»Hey, Daniel«, begrüßt mich Gebre, einer der Trainer der Muckibude. »Hast du dermaßen gepumpt, dass du nicht mehr laufen kannst? Oder was stehst du da rum?«

Der neckische Unterton verfehlt seinen Zweck nicht. Ein Grinsen macht sich auf meinem Gesicht breit, das ich selbst aus der Entfernung auf den Spiegeln neben mir erkennen kann.

»Ich sterbe hier den Erschöpfungstod«, antworte ich empört. »Wäre da nicht etwas Mitleid angebracht?«

»Ha! Mich kannst du nicht verarschen. Du siehst zu gut aus, als dass du jeden Moment krepieren würdest.« Bei diesen Worten mustert mich Gebre unverhohlen von oben bis unten. Was mir nicht unangenehm ist. Ich sehe gut aus und weiß es.

»Bloß kein Neid. Ich habe die hübschere Visage, du dafür die beeindruckendere Statur.« Mit Mühe halte ich mich davon ab, Gebre ebenso von oben bis unten zu betrachten. Das ist mir zu platt. Oder …? Nein! Ich glotze ihn nicht an.

Gern würde ich seinen Bizeps befühlen, um meine Behauptung zu untermauern, aber das würde eine Distanz, die wir bisher stets gewahrt haben, zwischen uns überbrücken.

Nachdenklich schaut Gebre mir nach einem grunzenden Lachen direkt ins Gesicht. »Aber mal ernsthaft. Geht es dir gut? Du wirkst bedrückt, nicht so unbekümmert wie sonst.«

Das ist interessant. Das hat er bemerkt? Gebre und ich sind keine Freunde. Wir sind Bekannte, die gelegentlich ein paar mehr oder weniger bedeutungsvolle Worte wechseln, sich freundlich grüßen und versuchen, sich nicht gegenseitig auf den Schwanz zu starren, falls unsere Begegnung unter der Gemeinschaftsdusche stattfindet. Trotzdem hatte ich immer den Eindruck, dass wir uns mögen. Ist nun ein passender Zeitpunkt, diese oberflächliche Beziehung zu intensivieren? Habe ich überhaupt mit irgendjemandem eine andere Beziehung als eine oberflächliche? Wobei wir wieder bei den Gedanken zum Thema Freundschaft sind. Habe ich Freunde?

»Kennst du das Gefühl, dass es dir nicht schlecht, aber auch nicht richtig gut geht? Nix Konkretes, nur der flaue Eindruck, dass sich etwas nicht oder nicht mehr perfekt anfühlt … Ach, vergiss es einfach!« Ich wende mich ab. Warum spreche ich mein Gedankendurcheinander laut aus? Und das zudem vor einem Menschen, mit dem ich genau genommen nichts zu schaffen habe. Bloß weil ich plötzlich beginne, mehr von mir preiszugeben, muss das nicht bedeuten, dass andere ganz erpicht auf meine Gedankenwelt sind. Was hat mich da nur geritten?

Gebre packt mich am Oberarm. Perplex starre ich auf die dunkle Haut, die bei Gebre nicht wie bei vielen anderen vom häufigen Besuch des Solariums stammt, sondern seiner eritreischen Herkunft, von der er mal erzählt hat, geschuldet ist. Die schlanken Finger mit den gepflegten Nägeln liegen auf dem mäßig gebräunten Untergrund meines Körpers. Was ist nur los mit mir? Warum fallen mir solche Kleinigkeiten plötzlich auf? Der feste Druck der Hand lockert sich und geht über in eine sanfte Berührung.

»Nein, ich vergesse es nicht einfach«, widerspricht Gebre. Mit der Hand, in der er seine Fitnesshandschuhe hält, deutet er auf den Eingangs- und Thekenbereich. »Lust auf eine Apfelschorle inklusive Gespräch?«

Soll ich das Angebot annehmen? Ich zögere nicht lange. »Na gut. Aber musst du nicht arbeiten?«

»Bin noch eine halbe Stunde privat hier. Danach muss ich ran.«

Mit einem Lächeln dreht sich Gebre um und geht voran in den vorderen Bereich des Sportstudios.

Von mir selbst aus hätte ich Gebre nicht angesprochen. Niemals. Aber ich bin dankbar, dass mir jemand ein Gespräch anbietet und bin gespannt, wohin es mich führt.

Gebre ordert bei der Thekenkraft zwei Gläser Apfelschorle und deutet mir mit der Hand, mich an einen der kleinen Tische, die den Bistroteil der Einrichtung bilden, zu setzen. Ich reibe mit meinem Handtuch über mein Gesicht und die Haare, bevor ich den feuchten Lappen auf den Sitz meines Stuhles lege. Ich möchte nicht alles vollschwitzen, auch wenn die Kunstlederbezüge bestimmt leicht zu reinigen sind. Vielleicht bringt die Aktion mit dem Handtuch nichts oder verstärkt das Problem eher, aber ich habe Hemmungen, mich mit verschwitzter Sportkleidung auf den Möbeln niederzulassen. Darüber, wie ich wohl rieche, denke ich besser gar nicht nach.

Als ich gerade sitze, kommt Gebre mit zwei Gläsern an den Tisch. Ungeniert lässt er sich auf den Stuhl mir gegenüber fallen und schiebt seine Beine unter der Tischplatte zurecht. Er ist groß und athletisch. Die Sitzposition kann kaum bequem für ihn sein, aber für ein kurzes Gespräch wird es wohl gehen.

»Also, was ist los? Ärger auf der Arbeit?«, fragt Gebre ins Blaue und spricht direkt weiter. »Schlechte Phasen hat jeder mal im Job. Da würde ich nicht direkt das Handtuch werfen. Aber wenn es schon länger hakt, dann solltest du über kurz oder lang über einen Wechsel nachdenken. Treffer?«

Unangenehm berührt starre ich auf meine Hände. Wahrscheinlich sind Frust und Probleme im Job ein Thema, das häufiger beim Sport besprochen und durch exzessives Training kompensiert wird. Aber bei mir liegt der Fall anders.

Vor einigen Wochen hatte Gebre Geburtstag und es wurde im Foyer lauthals gratuliert. Gebre ist Anfang zwanzig und damit ein paar Jahre jünger als ich. Deswegen fühle ich mich gerade neben ihm wie ein Verlierer, wie ich mich neben vielen Menschen fühle. Ein Loser.

»Nee, das ist es nicht. Ich … Ähm … Ich habe gar keinen richtigen Job«, druckse ich herum.

»Studierst du noch?«, fragt Gebre interessiert nach. »Ist doch nicht schlimm.«

»Nee, auch nicht. Habe ich mal, habe ich aber abgebrochen.«

»Aha«, gibt Gebre nun ratlos zurück. »Wovon lebst du denn und was machst du so? Das Studio kostet Geld. Deine schicken Klamotten, das Auto oder der coole Elektroroller, mit dem du schon mal kommst … Kostet alles!«

Offensichtlich bekommt Gebre eine Menge mit über die Kundschaft, auch wenn er im Normalfall keine Kommentare darüber abgibt. Ich hätte niemals gedacht, dass er meine Kleidung oder mein Auto bemerkt.

»Ich lebe mit meinem Freund zusammen. Der verdient ganz gut und bezahlt … Ähm … für mich mit«, antworte ich. Hätte ich etwa beinahe ›bezahlt mich‹ gesagt? Ist das so? Denken das andere?

»Ui, klingt komfortabel.«

Diese Worte klingen nicht unfreundlich, aber in Gebres Stimme findet sich keine Anerkennung. Wofür auch? Sein nachdenklicher Blick macht mir zu schaffen. Daher rede ich hastig weiter, bevor er mir unangenehme Fragen stellt.

»Ich mache viel Sport und lese gern. An den Wochenenden und schon mal in der Woche gehe ich mit meinem Partner auf Partys. Oder wir verreisen über das Wochenende. Oh, ich hatte mal ein Ehrenamt. Ich war Lesepate in der Bibliothek«, berichte ich stolz. »Einmal in der Woche habe ich eine Stunde lang Kindern vorgelesen.«

»Ehrenamt? Einmal die Woche?« Feiner Spott schwingt in Gebres Stimme mit. »Das füllte dich bestimmt total aus, oder?«

»Das machte mir wirklich viel Freude«, gebe ich trotzig zurück und verschränke meine Arme vor meinem Oberkörper. »Und den Kindern übrigens auch. Sie mochten mich.«

»Natürlich taten sie das. Sie dachten, dass du einer von ihnen bist.« Gebre hält sich die Hand vor den Mund. »Sorry, ich wollte nicht so herumätzen. Ich kenne dich ja kaum. Aber ich hätte nicht gedacht, dass …«

»Dass was?!«, frage ich. Meine Stimme ist lauter und schriller geworden.

»Du machst auf mich einen aufgeweckten Eindruck.« Gebre schaut sich um, als suche er nach den richtigen Worten. »Also, ich hätte nicht gedacht, dass du nichts machst und dich … Boah, das ist doch absolut nicht zeitgemäß, dass du dich von deinem Freund aushalten lässt. So, jetzt ist es raus!«

Gebres unsicherer Blick trifft mich. Ist er zu weit gegangen? Keine Ahnung, wahrscheinlich schon. Aber ich wollte schließlich einen ehrlichen Blick von außen. Wenn nicht er, jetzt und in diesem Gespräch, wer dann? Da ist sonst niemand.

Die Wahrheit sticht gnadenlos zu und ich schnappe verletzt nach Luft. Tränen sammeln sich in mir. Schnell presse ich die Lider aufeinander, aber durch die Nase finden trotzdem ein paar Tropfen ihren Weg. Ich wische sie fort und hinterlasse einen ekeligen Streifen aus Rotz auf meinem Unterarm. Aber wenn ich doch angeblich ein Kind bin, darf ich mich so benehmen und so aussehen.

»Wir führen ein gemeinsames Leben, bei dem wir uns gegenseitig unterstützen. Das ist völlig in Ordnung«, rechtfertige ich mich. »Und es ist ein schönes Leben. So! Ein Leben, von dem manch einer nur träumen mag. Natürlich gibt es Menschen, die mir das nicht gönnen, aber die können mich mal …«

Meine Stimme schraubt sich weiter in die Höhe, quietscht und schmerzt in der Kehle.

Gebre lässt die Tirade schweigend über sich ergehen, was mich erst recht auf die Palme bringt.

Als ich mich wieder etwas gefangen habe, nehme ich einen Schluck meiner Apfelschorle. Und noch einen. Schließlich trinke ich das Glas in einem Zug leer und stelle es zu laut auf die Tischplatte zurück. Ich möchte nicht bleiben. Hier gefällt es mir nicht mehr.

Laut schabt der Stuhl über den Fußboden, als ich ihn abrupt zurückschiebe. Ich stehe auf und greife nach meinem Handtuch.

»Es tut mir leid, Daniel«, sagt Gebre leise und eindringlich. »Dein Lebensstil geht mich nichts an. Du bist ein guter Typ und kannst leben, wie du willst.«

»Ja, das kann ich.«

Damit lasse ich Gebre und das Bistro hinter mir und verschwinde in dem Umkleideraum. Für heute bin ich fertig mit dem Training!

Erschöpft falle ich auf eine Bank zwischen den Metallspinden. Mein Kopf sinkt in meine Hände. Am liebsten möchte ich mich für einen Moment vor der Welt verstecken.

Immerhin habe ich es geschafft, rechtzeitig aus diesem unangenehmen Gespräch zu verschwinden. Davon abgesehen, dass ich nicht noch mehr Aufmerksamkeit auf mich ziehen will, möchte ich auch nicht, dass es zu Unannehmlichkeiten für Gebre kommt. Er arbeitet hier und da wird es bestimmt nicht gern gesehen, wenn Trainer die Kunden vergrätzen. Auch wenn ich gerade sauer auf Gebre bin und er Dinge gesagt hat, die ich nicht hören wollte, möchte ich nicht, dass er einen Anpfiff von seinem Vorgesetzten bekommt.

Viel zu fest reibe ich mir über die Augen, die nicht aufhören, zu jucken. Gleich sehe ich aus, als hätte ich geheult. Dabei möchte ich genau das verhindern. Mein vorsichtiger Blick in den bodentiefen Spiegel an der gegenüberliegenden Wand bestätigt mir meinen verquollenen Anblick. Na toll!

Was sehe ich? Was sehen andere? Was davon ist wirklich?

Sport. Lesen. Ehrenamt. Meine Worte von vorhin hallen in meinem Kopf wider. Sie erscheinen mir nun schwach und kraftlos. Als hätte ich mit ihnen nur wild um mich geschlagen, statt mich ernsthaft und entschieden zu behaupten.

Im Spiegel schaut mich ein junger Mann an. Hübsch und gepflegt, auch wenn er gerade mit der geröteten Haut und den wundgeriebenen Augen eher verschwitzt und verstrubbelt wirkt. Der derangierte Zustand kann nicht über sein schönes Gesicht hinwegtäuschen. Wahrscheinlich sieht dieser Typ unwiderstehlich aus, wenn er sein Lächeln zeigt und seine Augen leuchten. Ich sehe Locken, die der junge Mann im Spiegel gar nicht so gern an sich mag, aber trotzdem auf diese Weise trägt, da der Freund diese an ihm schätzt.

Gleich wird der Mann duschen und sich Kleidung anziehen, in der er umwerfend aussieht. Selbst ausgesucht hat er seine Chino-Hosen und das Poloshirt jedoch nicht. Früher mochte er Jeans und Band-Shirts, aber daran kann er sich kaum noch erinnern. Das ist lange her. Zeiten ändern sich.

Wie unter Hypnose starre ich diesen jungen Mann an. Diesen Jungen, der ich bin. Und plötzlich fließen die Tränen aus meinen Augen, entsprungen einer Quelle, die nicht aufzuhalten ist. Der Strom ist sanft und dennoch gewaltig. Er lässt sich nicht durch nun geschlossene Lider beeinflussen und spült das Bild im Spiegel fort. Was bleibt übrig von mir? Was ist in meinem Leben echt und haltbar an mir? Was hat Bestand? Wo ist Entwicklung?

Als meine Sicht sich wieder klärt, zeigt sich mir ein anderes Bild im Spiegel. Eines, in dem ich mich nicht erkennen kann. Noch nicht?

Irgendwo unter der Haut mit dem salzigen Film und hinter den getrübten Fenstern der Augen steckt jemand. Jemand, der langsam begreifen sollte, dass er handeln muss, um etwas zu ändern. Eine Persönlichkeit, die ich sein könnte, versteckt sich, obwohl sie weiß, dass ihr irgendwann in ihrer Höhle der Sauerstoff ausgehen wird. Sie wird sterben, wenn sie sich nicht bald befreit.

Das Gespräch mit Gebre betrachte ich nun in einem anderen Licht. Einiges davon verstehe ich nun. Meine Worte zu Gebre waren zaghaft, ohne Wucht und Kraft. Weil er recht hat. Und ich weiß es.

Fünf

Noch während ich mir die Schuhe abstreife, werfe ich den Schlüsselbund mit Schwung auf die Kommode im Eingangsbereich. Mit lautem Geschepper rutschen die Schlüssel über die polierte Oberfläche und werden letztendlich von der Wand gebremst. Zahlreiche feine Kratzer bilden dunkle Striche in dem Holz. Michael mag es überhaupt nicht, wenn ich mit viel Gepolter heimkomme, aber das habe ich bisher erfolgreich ignoriert und werde dies auch weiterhin machen. Im Gegensatz zu Michael finde ich ein paar Schrammen auf einem Möbelstück nicht schlimm. Außerdem hat es das Personal bisher stets geschafft, die kleinen Beschädigungen zu beseitigen.

Meine Sporttasche lasse ich auf den Boden gleiten. Ich packe sie später aus. Und wenn nicht, wird Elvira, unsere Hausangestellte, spätestens morgen diese lästige Aufgabe für mich übernehmen und die schmutzige Sportkleidung waschen. Personal macht faul, ist aber äußerst angenehm.

Mit einem Fuß schiebe ich meine schicken Sneakers neben Michaels feine Lederschuhe. Dann gehe ich auf Sockenfüßen einige Schritte ins Innere des Hauses.

»Hallo Baby, ich bin wieder da!«, rufe ich in Richtung Wohnbereich.

In der breiten Einfahrt habe ich einige Autos gesehen, daher gehe ich davon aus, dass wir Besuch haben. Obwohl ich keine Lust habe, den Gastgeber zu spielen, sondern lieber vor dem Fernseher herumhängen würde, setze ich ein perfektes Lächeln auf. Ich werfe einen Blick in den Spiegel und strecke mir selbst die Zunge heraus. Meine Mimik ist unecht, aber das können Besucher nicht erkennen. Fremde Menschen werden nichts anderes von mir zu sehen bekommen. Sie werden mein Verhalten und meine Ausstrahlung für die Wahrheit halten. Und ich lasse sie in ihrem Glauben.

Ich entspanne die Muskulatur des Gesichtes, indem ich ein paar Mal die Wangen aufpuste und wieder entspanne. Wer weiß, wie lange ich heute das Dauergrinsen beibehalten muss.

Da ich gerade vom Sport komme, bin ich frisch geduscht, habe saubere Kleidung an und sollte auch unvorbereitet keinen schlechten Eindruck machen.

Showtime, Schlampe! Mach deinen Job!

Es fällt mir schwer, die lauter werdende Stimme in mir zu ignorieren, aber ich bin geübt und weiß, wie ich eine gute Performance liefere.

Je weiter ich gehe, desto deutlicher werden die Stimmen, die an mein Ohr dringen. Lautes Gelächter tiefer Stimmen mischt sich mit einem Gespräch über eine Daily Soap, die demnächst anlaufen soll und für die die Besetzung bisher nicht komplett ist. Damit ist klar, dass es sich um Besuch aus Michaels beruflichem Umfeld handelt.

»Ah, die Da… Ähm, der zweite Herr des Hauses«, begrüßt mich Colin.

Die Scheinheiligkeit, mit der er vorgibt, sich beinahe versprochen zu haben, widert mich an. Colin ist ein Mitarbeiter Michaels, der vor kurzem erst zum Team gestoßen ist. Er ist aalglatt und kaum greifbar. Ich traue ihm nicht über den Weg. Daraus, dass wir uns nicht leiden können, machen wir beide keinen Hehl.

Neben Colin, der mit überschlagenen Beinen auf dem Sofa sitzt und nun gelangweilt durch die Fensterfront in den Garten schaut, erheben sich zwei Herren und betrachten mich neugierig. Beide habe ich noch nie gesehen. Wahrscheinlich sind es irgendwelche Geldgeber, aber warum bringt er die beiden zu uns nach Hause? Meistens regelt er Geschäftliches in seinem Büro oder bei Verabredungen zum Essen.

»Daniel, schön, dass du da bist.« Michael steht auf und begrüßt mich mit einem gehauchten Kuss auf die Wange. Merkwürdige Geste. Vor Gästen muss er mir nicht die Zunge in den Hals stecken, aber etwas verbindlicher als dieses höfliche Getue darf es ruhig sein.

»Guten Tag zusammen. Wie ich sehe, wurden Ihnen bereits Getränke angeboten.« Mit diesen Worten und einem charmanten Lächeln, das bisher noch nie seine Wirkung verfehlt hat, wende ich mich an die Männer in perfekt sitzenden Anzügen. »Ich bin Daniel Gerber, der …«

»Daniel«, unterbricht Michael mich. »Das sind Georg Biesig und Tom Steffens.«

Während Herr Biesig mich eher abschätzig von oben bis unten anschaut, begrüßt mich Herr Steffens freundlich. »Schön, Sie kennenzulernen, Herr Gerber. Mein Geschäftspartner und ich beabsichtigen, viel Geld in das neue Projekt *Leben jetzt* zu stecken. Daher gibt es Einiges zu besprechen. Hoffentlich stören wir nicht in Ihrem Haus.«

Tom Steffens hat eine angenehme Stimme und eine ruhige Art zu sprechen. Außerdem ist es aufmerksam von ihm, es nicht als selbstverständlich anzusehen, Geschäftliches in einem Privathaus zu besprechen. Gerade will ich zu einer Antwort ansetzen, als mir Michael abermals zuvorkommt.

»Das lassen Sie mal meine Sorge sein, Herr Steffens. Daniel wird sich gleich zurückziehen und fühlt sich von Ihrer Anwesenheit überhaupt nicht beeinträchtigt. Nicht wahr, Daniel?«

Wie spricht Michael denn mit mir? Und über mich? Sprachlos schaue ich ihn an und bemerke einen unwilligen Zug um seinen Mund. Michaels Mimik lässt mich einlenken. Auch wenn ich mit seinem Tonfall nicht einverstanden bin, vermeide ich lieber einen offenen Konflikt vor Zuschauern. Normalerweise ist Michael nicht so grob. Diese Besprechung ist offenbar wichtig.

»Ja, ich bin müde vom Tag und werde eine kleine Pause einlegen. Erfolgreiche Gespräche!«

Lustlos hebe ich den Arm und winke verkrampft, bevor ich mich abwende und den großen Raum, der ein wenig tiefer liegt als der Eingangsbereich, verlasse.

Als ich die wenigen Stufen hinaufnehme, höre ich Colin belustigt schnauben.

»Müde vom Nichtstun, der Arme«, zischt er. Die Verachtung in seiner Stimme schmerzt, obwohl er diese Macht nicht über mich haben sollte. Das Gespräch mit Gebre hat mich dünnhäutig gemacht. Zum Glück ahnt Colin nicht, wie verletzbar ich in diesem Moment bin. Diesen Triumph gönne ich ihm nicht.

Ungern erinnere ich mich an unsere erste Begegnung in Michaels Firma. Colin stand an der Rezeption und wollte mich nicht durchlassen, versuchte mich abzuwimmeln. Von Anfang an wusste ich, dass es mit diesem arroganten Typen Ärger geben wird. Er hatte keine Ahnung, wer ich bin, und hat mich vollgequatscht. Ich habe mich bemüht, höflich zu bleiben, obwohl ich genervt war. Als Michael endlich erschien und mich begrüßte, ist Colin komplett die Farbe aus dem Gesicht gefallen. Ha!

Ich verlangsame meine Schritte, um Michaels Zurechtweisung zu hören, in der Hoffnung, dass diese sich wie Balsam auf meine wunde Seele legt. Aber Michael erwidert nichts. Absolut nichts.

Sechs

»Wie konntest du seine ätzende Bemerkung so stehen lassen? Dieser bescheuerte Colin hat mich bloßgestellt, und das vor allen Leuten. Und du? Was machst du? Nichts!«

Wütend laufe ich im Schlafzimmer auf und ab. Immer wieder steche ich mit dem Finger in die Luft. Dass Michael vermeintlich gelassen auf einem Sessel neben dem Bett sitzt, macht mich erst recht rasend.

»Du hast mich nicht verteidigt. Nicht einen einzigen Widerspruch hast du von dir gegeben!«

Nachdem ich vorhin den Wohnbereich verlassen hatte, bin ich zuerst in die Küche gegangen und habe eine Kleinigkeit gegessen, da ich nach dem Training meistens hungrig bin. Daran ändert selbst schlechte Laune nichts. Im Kühlschrank habe ich gekochten Reis gefunden, den ich in der Mikrowelle aufgewärmt und eine Banane darüber geschnitten habe. Das ist nicht gerade originell, aber nahrhaft und sättigend. Außerdem mag ich Reis. Und ich mag Bananen. Warum sollte die Kombination schlecht sein? An den Geschmack habe ich jedoch keinerlei Erinnerung, da ich das Essen ohne Genuss in mich hineingestopft habe. Es war eine reine Nahrungsaufnahme.

Danach habe ich mich mit einem Buch auf das Sofa im Schlafzimmer zurückgezogen. Ich habe mich ernsthaft bemüht, mich in den Text zu vertiefen, aber bei jedem Geräusch aus den unteren Räumen habe ich den Kopf hochgerissen und gelauscht. Irgendwann habe ich die Lektüre resigniert zur Seite gelegt und begonnen, die Wand anzustarren. Darin war ich auf jeden Fall erfolgreicher als im Lesen.

Offenbar bin ich bei dieser aufregenden Tätigkeit eingeschlafen, denn als Michael später hereinkam, bin ich vor Schreck fast vom Sofa gerutscht. Nach einem irritierten Moment war ich sofort auf Sendung. Michaels Anblick hat gereicht, meine Wut wie eine Stichflamme zu entzünden.

»Was war denn so schlimm an Colins Bemerkung?«, fragt Michael genervt.

Entgeistert starre ich ihn an und halte dafür sogar in meinen Bewegungen inne.

»Das fragst du im Ernst?«, gebe ich zurück. »Du verstehst nicht, was mich verletzt? Und wie sehr? Wie Colin mich demütigt?«

»Colin hätte dich beinahe als die Dame des Hauses begrüßt. Ja, und?« Michael rollt mit den Augen. »Das war ein Versprecher, mehr nicht. Aber das ist mal wieder typisch für dich ...«

Er lässt den Satz absichtlich ins Leere laufen. Seine Art, etwas loszuwerden, ohne etwas zu sagen. So nicht!

»Was ist typisch für mich? Mal wieder!«, hake ich empört nach.

»Na, dass du immer alles dramatisierst. Du machst ständig für unwichtige Dinge ein Fass auf«, erklärt Michael.

Immer alles. Ständig. Unwichtige Dinge. Musst du noch mehr hören?

Als ich nichts sage, setzt Michael noch einen drauf, als er fortfährt: »Na gut, wenn es dich glücklich macht, dann entschuldige ich mich eben. Es tut mir leid. Auch wenn ich finde, dass du ruhig über solche Bemerkungen hinwegsehen können solltest.«

Er macht es schon wieder. Michael spricht eine Entschuldigung aus und verbindet sie anschließend sofort mit einer

Einschränkung, so dass klar ist, dass ich selbst der Schuldige bin. Diese Entschuldigungen haben keinen Wert.

»Nein Michael, so nicht!«, entgegne ich, bevor ich darüber nachgedacht habe. Überrascht halte ich inne, schockiert ob meiner eigenen Chuzpe. Aber dann fahre ich fort. »Es ist keine Entschuldigung, wenn du es so formulierst. ›Wenn es dich glücklich macht‹ ... Was soll das? Wie redest du mit mir? Und dann sagst du im gleichen Atemzug, dass ich mich nicht richtig verhalten habe. Keine Entschuldigung!«

»Sei nicht kindisch!«, mahnt Michael. Er wird lauter und angespannter. Seine Stimme klingt nicht nach dem liebevollen Michael, den ich sonst kenne.

»Was bin ich für dich?«, frage ich und versuche damit, unser Gespräch auf wesentliche Punkte zu lenken.

»Ernsthaft? Was kommt als Nächstes?« Die Schärfe in seiner Stimme nimmt mit jedem Wort um eine Nuance zu. Er verzieht sein Gesicht zu einer fiesen Grimasse und lacht. »Was bin ich? Wer bin ich? Und wenn ja, wie viele? Willst du wirklich eine Grundsatzdiskussion vom Zaun brechen?«

»Du stellst viele Fragen«, bemerke ich. »Eine Antwort würde mir genügen.«

»Also gut!« Michaels genervte Ausdrucksweise verletzt mich ähnlich wie die Worte selbst. »Du bist mein Freund. Zufrieden?«

Nein, ich bin nicht zufrieden. Dieser Begriff genügt mir nicht. Außerdem rotzt Michael ihn mir dermaßen vor die Füße, dass ich einfach nachhaken muss. Ich kann nicht anders.

»Bin ich dein Partner? Dein Gefährte im Leben? Auf Augenhöhe mit dir?«, stelle nun ich die vielen Fragen.

»Ich bitte dich! Wie könntest du das sein?!« In dem Moment, als er sie ausspricht, ist Michael von seinen eigenen Worten erstaunt. Er reißt die Hand hoch, als wolle er das Gesagte aufhalten, aber es ist zu spät. Die Worte haben ihren Weg längst gefunden. Zu mir, in mein Herz, in meine Seele. Wie Pfeile stecken sie nun dort und verströmen ihr Gift.

»Ich nehme an, dass deine Gäste fort sind? Dein Wohnzimmer ist leer?«, frage ich, obwohl es mir überflüssig scheint. Aber ich brauche ein paar Sekunden, um den Moment zu überbrücken, um mich zu fassen und eine Rolle zu finden, die ich spielen kann.

Bis vor einigen Minuten hätte ich ›unser Wohnzimmer‹ gesagt, aber das scheint lange her. Das war in einer Zeit, als ich dachte, dass ich eine echte Beziehung führen würde. Was ist richtig? Was ist falsch?

»Natürlich ist das Wohnzimmer leer.« Michael spricht leise und in seiner Stimme liegt eine Milde, die ich mir zu Anfang des Gespräches gewünscht hätte, die aber zum jetzigen Zeitpunkt den Schmerz nur verschärft. Nun braucht er nicht mit mir zu reden wie mit einem Kind.

»Dann werde ich dort die Nacht verbringen. Allein!«

Sieben

Der Duft von Kaffee weckt mich. Obwohl er verführt, ziehe ich mir die Decke über den Kopf und möchte ihn aussperren.

In der letzten Nacht habe ich nicht gut geschlafen, habe mich auf dem Sofa herumgewälzt, wie sich ein Schwein im Matsch suhlt, nur, dass ich im Gegensatz zu diesem keinen Spaß dabei hatte.

Meine verschwitzten Haare kleben an der Stirn und im Nacken. Nicht zum ersten Mal wünsche ich mir einen Kurzhaarschnitt, einen radikalen, der mehr Aussage hat als mein Lockenkopf, mit dem ich mich langweilig und brav fühle. So wie Michael es mag.

Der ungewohnte textile Untergrund erinnert mich daran, dass ich nicht in meinem Bett liege, sondern auf dem Sofa. Ohne Umwege erreicht mich die Erinnerung an den Streit mit Michael.

Was hast du da angestellt? Wie bekommst du diesen Riss gekittet? Oder willst du ernsthaft den Rebellen markieren?

»Na, wird da jemand langsam wach?«, fragt mich seine einschmeichelnde Stimme direkt neben meinem Kopf.

Ich wende mich um und schaue in Michaels Gesicht. Unsere Blicke begegnen sich, halten aber nicht aneinander fest, sondern weichen sich aus.

Wie Michael auf dem Boden neben dem Sofa hockt und mir einen Becher Kaffee anreicht, sollte mich rühren. Aber das macht es nicht.

Du kannst aufhören mit der Show! Wirkung verfehlt!

Gehässige Gedanken überfallen mich bereits am frühen Morgen. Ich bin leichte Beute für sie. Es drängt mich, sie laut auszusprechen, aber ich sage nichts, sondern warte ab.

»Was ich gestern gesagt habe, war nicht so gemeint«, sagt Michael leise.

Wirklich? Wie genau hast du es denn gemeint?

»Ist schon gut. Wir waren beide müde und angespannt. Du hast zurzeit viel um die Ohren. Die Investoren. Der Stress um die Besetzung. Da kann schon mal was überkochen«, sage ich und widere mich selbst mit meinen Worten an. Meine eigene Verlogenheit ekelt mich. Trotzdem bleibe ich bei der Strategie. Ich kenne keine andere.

»Danke, dass du so nachsichtig bist«, nimmt Michael mein Entgegenkommen erleichtert an. Er starrt in den Kaffee, den er eigentlich für mich mitgebracht hat, und mit dem er nun, da ich ihn nicht genommen habe, nichts anzufangen weiß.

Das Schweigen zwischen uns ist unangenehm. Es ist nichts Schönes daran, nichts Vertrautes. Nicht dieses Schweigen, wenn man nebeneinander am Meer sitzt, das Salz in der Luft riecht, den Wind auf der Haut und in den Haaren spürt, wenn einem kalt und warm zugleich ist, und man einfach nur genießt, dass man jetzt und hier ist. Dieses Schweigen ist es nicht. Unser Schweigen ist sprachlos.

Weder Michael noch ich weiß etwas zu sagen. Als es unerträglich wird, räuspert sich Michael und steht linkisch auf, noch immer mit dem Kaffeepott in der Hand.

»Ich muss dann los, wird spät heute Abend. Biesig, Steffens und ich haben noch ein Geschäftsessen um sieben«, setzt mich Michael in Kenntnis.

Als ich nichts erwidere, fährt er fort: »Mein Gefühl sagt mir, dass wir uns bald einig werden. Und wenn alles in trockenen Tüchern ist und es mit der Produktion läuft, habe ich wieder mehr Zeit für dich, für uns. Bestimmt. Versprochen.«

»Ja, bestimmt«, gebe ich lahm einen Wortbeitrag von mir.

»Du denkst an die Party, zu der wir übermorgen eingeladen sind?«, fragt Michael. »Dort möchte ich mit dir glänzen und angeben, was mir wie immer mit Leichtigkeit gelingen wird.«

Ich weiß, dass es als Kompliment gemeint ist, dass ich mich darüber normalerweise freuen würde. Aber gerade ist mir nicht danach. Trotzdem weiß ich, was von mir erwartet wird.

»Du Charmeur!«, erwidere ich mit einem schelmischen Grinsen. »Natürlich vergesse ich den Termin nicht. Ich werde mich besonders in Schale werfen, damit alle dich um deine attraktive Begleitung beneiden.«

Erfreut lacht Michael auf und streichelt mir sanft die Wange. Das ist es, was er von mir hören will. »Ganz genau so, mein Schatz!«

Als er sich zu mir herunterbeugt, um mir einen Kuss zu geben, halte ich ihm lächelnd die Wange hin. Seine warmen Lippen treffen auf meine Haut und ich drücke mich kurz dagegen.

»Hab einen schönen Tag!« Mit diesen Worten verlässt Michael den Raum in Richtung Küche, in der er gleich den Becher mit dem kalten Kaffee abstellen wird.

»Du auch!«, rufe ich hinterher und meine es so.

Acht

Die Party ist in vollem Gange, als Michael und ich eintreffen. Einige Gäste nicken zur Begrüßung zu uns herüber oder heben ihr Glas.

Michael kennt sie alle. Alle kennen Michael. Einen Großteil der Partygäste kenne ich ebenfalls, allerdings stehe ich in keinem geschäftlichen Verhältnis zu ihnen, weswegen sie vor allem freundlich zu Michael sind. So läuft das eben im Showbiz.

Als Produzent, der gerade eine neue Daily Soap an den Start bringt, ist Michael einerseits auf Geldgeber angewiesen, andererseits gibt es genügend Menschen, die wiederum von ihm abhängig sind oder zumindest profitieren.

Nach der freundlichen Begrüßung durch die Gastgeber Anouschka und Paul, die aufmerksam ihre Honneurs machen, bewegen wir uns zielstrebig in Richtung Buffet und Bar. Weit kommen wir nicht, ohne dass Michael in ein Gespräch verwickelt wird. Als wir an einer Gruppe Menschen anhalten, die sofort auf Michael einredet, ist es mir zu langweilig, danebenzustehen und zuzuhören.

»Mach du ruhig Big Business«, sage ich scherzhaft und wedele Michael mit den Händen weg. »Ich verhungere fast und hole mir etwas zu essen. Soll ich dir etwas mitbringen?«

»Lieb von dir, aber geh ruhig«, antwortet Michael mit einem warmen Lächeln. »Ich komme später nach. Versprochen.«

»Später, wie zehn Minuten? Oder später, wenn nichts mehr übrig ist?«

Michaels Gesprächspartner, die unseren lockeren Schlagabtausch verfolgt haben, lachen amüsiert. Wahrscheinlich gratulieren sie Michael gleich zu seinem netten Freund. Und dazu, wie gut er aussieht. Ich kenne das alles, habe das schon häufig mit angehört. Sie haben recht, aber es langweilt mich zu Tode.

Ich spiele die Rolle des witzigen und charmanten Begleiters nicht erst seit gestern. Ich weiß, was von mir erwartet wird und liefere zuverlässig. Ich mache das – meistens jedenfalls – gern. Es bringt mir Anerkennung und Michael schadet es in der Regel ebenfalls nicht, sich mit einem gutaussehenden jungen Mann sehen zu lassen. Es ist schließlich nicht, als würden wir eine Beziehung vortäuschen, die nicht existiert. Wir stellen sie nur ein wenig mehr zur Schau vor den Bekannten und Geschäftspartnern. Echte Freunde finden sich hier eh nicht.

Mit einem breiten Lächeln und einem Augenzwinkern lasse ich Michael mit den mir fremden Menschen zurück und schlängele mich durch die Trauben der anderen Gäste, das Buffet fest im Blick. Schon von weitem erkenne ich, dass dort einige Delikatessen auf mich warten. Besonders der Schokoladenbrunnen ist mir aufgefallen. Ist das nicht altmodisch? Egal! Ich bin der Letzte, der sich beschwert, da ich Obst mit Schokoglasur liebe.

Nachdem ich mir einen kleinen Teller genommen habe, stelle ich mich in die Schlange, die sich zügig vorwärtsbewegt. Als ich endlich an der Reihe bin, betrachte ich zügig das Angebot und treffe eine Auswahl.

Ein warmer Luftzug weht durch die offenen Türen hinein. Bunte Lampions bescheinen mit sanftem Licht eine luxuriöse Poollandschaft. Ob diese Party – wie viele andere zuvor – damit endet, dass ein großer Teil der Gäste betrunken im Wasser paddelt? Oder sich mit Poolnudeln duelliert?

»Pack dir nicht so viel auf den Teller, sonst passt dein super skinny Anzug bald nicht mehr!«

Gedankenverloren habe ich nicht darauf geachtet, was ich mache. Offenbar habe ich mir unangemessen viel aufgetan, was mich peinlich berührt in der Bewegung innehalten lässt. Mein Blick fällt auf meinen Teller, auf dem sich gerade mal zwei Kanapees befinden. Was soll dann diese blöde Bemerkung?

Als ich mich umschaue, wird es mir klar. Colin steht neben mir und grinst mich herausfordernd an.

»Ich hätte es wissen müssen. Was willst du? Neidisch?!«, schieße ich zurück.

Bestimmt trägt Colin einen seiner gutsitzenden Anzüge. Da brauche ich eigentlich nicht hinzuschauen. Wahrscheinlich hat er diesen mit einer seiner schmalen Krawatten kombiniert, die mir bereits häufig aufgefallen sind. Bei jedem anderen würde das albern aussehen, aber dieser Mistkerl kann es tragen. Colin ignoriert die gängige Mode und lässt gelassen die anderen Herren ihre breiten Krawattenknoten binden. Er pflegt seinen eigenen Stil, und das macht er gut.

Michael hat vor einiger Zeit erwähnt, dass Colins Vater Engländer und seine Mutter Deutsche sei. Diesem Umstand verdankt Colin seinen Nachnamen Sheffield. Vielleicht hat er wegen seiner halb-englischen Herkunft diesen modischen Akzent, der ihn bei aller Geschäftsmäßigkeit stets ein wenig punkig wirken lässt. Obwohl ich häufig mit Colin aneinandergerate, verdient dies, meiner

Meinung nach, einen Anerkennungspunkt. Mehr aber auch nicht.

»Neidisch? Worauf?« Arrogant zieht Colin eine Augenbraue hoch und schaut betont abschätzig an meiner Figur entlang, bevor er mit der Hand auf mich deutet. »Dass ich alles im Gym wieder abtrainieren muss? Das habe ich nicht nötig.«

Da hat er wahrscheinlich recht, denn er ist auffallend schlank, wiegt bestimmt einige Kilos weniger als ich, obwohl ich nicht dick bin. Mist, jetzt fällt mir keine schlagfertige Bemerkung ein.

»Versuch erst gar nicht, mit mir mithalten zu wollen!«, schiebt Colin nach, bevor er eine gekünstelt liebenswürdige Visage zeigt. »Wie läuft dein Abend bisher? Schon neue Kontakte geknüpft?«

Obwohl ich nicht durchschaue, was er vorhat, gehe ich auf seinen Smalltalk ein. »Michael und ich sind gerade erst angekommen. Gib uns einen Moment Zeit, bevor wir die Gesellschaft mit unserem Charme verzaubern.«

»Das Traumpaar wird alle Anwesenden mit seinem Liebreiz blenden. Nichts anderes wird erwartet«, erwidert Colin und hält weiterhin diesen glitschigen Gesichtsausdruck bei. »Oh, was sehen meine Augen? Michael tröstet sich über die Zeit, in der du am Buffet der Völlerei frönst, mit einem anderen jungen Mann hinweg? Kann das wirklich sein?!«

Colin genießt, wie ich erschrecke und den Kopf herumreiße.

Wo ist Michael? Da! Endlich sehe ich ihn. Mein Freund legt gerade den Kopf in den Nacken und lacht ein offenes und freies Lachen. Mehr nicht. Aber dieses Lachen versetzt mir einen Stich. Wie lange ist es her, dass er in meiner

Anwesenheit herzlich gelacht hat? Dass ich ihn gelöst gesehen habe? Ein paar Minuten, ein paar Meter Distanz zu mir, und da ist es, dieses Lachen, von dessen Existenz ich fast nicht mehr wusste.

»Das muss wehtun, wenn der Partner einen schon nach wenigen Minuten vergisst«, stichelt Colin.

»Halt die Klappe!«, unterbreche ich ihn unwirsch. »Michael hat mich nicht vergessen, bloß, weil ich kurz weg bin. Warum sollte er nicht mit anderen Menschen sprechen?«

»Genau! Und mit anderen lachen? Sich amüsieren?«

»Ganz genau!« Trotzig recke ich mein Kinn.

»Dann lass ihm doch einfach den Spaß und komm mit mir. Ich stehe mit ein paar Leuten vom Team da vorne an den Stehtischen«, fordert mich Colin auf. »Da kannst du in Ruhe essen und Michael beim Fröhlichsein zuschauen.«

Dieser Blödmann kann es nicht lassen, aber ich will jetzt nicht klein beigeben. Auch wenn Colin mich nervt, nehme ich die Herausforderung an.

»Das ist eine tolle Idee!« Strahlend wende ich mich Colin zu. »Danke!«

Überrascht lässt Colin die Augenbrauen in die Stirn rutschen. Und nun bin ich es, der diesen Moment, in dem der Stich an mich geht, genießt.

»Dann komm! Mir nach!«, gibt Colin übertrieben Anweisung, wobei er jedoch bis zu den Augen grinst, was ihn für Sekunden netter wirken lässt.

An den Stehtischen angekommen, stellt Colin mir Sabrina, Denise und Emir vor, alles Mitarbeiter aus der Produktionsfirma, alles Menschen, die ich nicht kenne. »Das ist Daniel.«

Ich wundere mich, dass er nichts Erhellendes dazu sagt, wer ich bin, dass ich der Partner von Michael bin, was ich auf dieser Veranstaltung zu suchen habe. Irgendetwas in dieser Art. Aber er schweigt. Ich ebenfalls.

Dann ist dieser Gedanke bereits verflogen, denn meine neuen Bekannten erzählen unterhaltsame Geschichten aus dem Arbeitsalltag. Sie geben witzige Anekdoten zum Besten, so dass ich mich in ihrer Gegenwart entspanne und viel zu lachen habe. Auch wenn ich zur Konversation nicht viel beitrage, entwickelt sich eine muntere Runde, in der ich den Eindruck habe, akzeptiert zu sein. Einfach so. Ohne eine bestimmte Rolle. Wie erholsam.

»... Und als ich um die Ecke kam, fummelte der dem in der Hose rum«, erzählt Denise und verzieht dabei gespielt angewidert das Gesicht.

»Echt?«, fragt Sabrina sensationsgierig nach.

»Das glaube ich nicht!«, ruft Emir aus und reißt die Augen auf.

»Nicht so laut!«, mahnt Denise, worauf Sabrina sich kichernd die Hand vor den Mund hält. »Wenn ich es doch sage. Wen wundert es? Das bahnte sich doch seit Wochen an.«

»Trotzdem!« Sabrina wirkt nach wie vor schockiert. »Der Chef mit diesem Dennis? Bloß, weil das der Neffe von diesem Steffens ist? Ich dachte, dass der Boss einen Mann hätte?«

»Was? Der ist echt verheiratet?«, fragt Denise und klingt seltsamerweise erfreut.

Bis eben bin ich dem Gespräch eher beiläufig gefolgt, habe mal ein paar Fetzen aufgeschnappt, habe gelacht, etwas gegessen, getrunken, den Blick schweifen lassen … Auf einen Schlag bin ich ganz im Hier und Jetzt!

Hat Colin die witzige Truppe hier nicht als Angestellte der Produktionsfirma vorgestellt? Was erzählen die denn von *der Chef* und *der Boss*? Das ist dann doch mein Michael.

Mir wird flau. Wenn ich die Puzzlestücke des Gespräches zusammensetze, ergeben sie ein Bild, in dem Michael mich betrügt. Ich würde mich an dieser Stelle gern dumm stellen, aber ich weiß, was ich gehört habe und bin nicht blöd.

Nichtsnutz! Versager! Betrogen! Betrogen!

Mein Kopf sinkt ohne mein Zutun. Ich kneife die Augen zusammen und öffne sie Sekunden später langsam wieder. Sie sind trocken, immerhin. Geheult wird nicht!

Als ich aufschaue, begegne ich besorgten Blicken.

»Ist dir nicht gut?«, fragt Emir und reicht mir ein Glas Wasser, welches ich jedoch nicht annehme. Ich ignoriere sie. Alle. Alle, bis auf einen. Ich habe Colin im Blick. Colin, der meinem Blick nicht ausweicht. Es nicht kann. Da ich ihn festnagele mit meinem Blick.

Du Mistkerl! Hast du das eingefädelt? War das dein eigentliches Ziel?

Colins Mimik verrät nicht viel. Ein wenig Mitleid, das ich mir verbitte. Ein wenig Befriedigung, die fahl ist.

Hast du jetzt, was du willst?

Colin schüttelt sacht den Kopf, als hätten meine Gedanken ihn erreicht, als kenne er meine Befindlichkeit.

»Es geht mir blendend«, entgegne ich, während der Zynismus meine Zunge verätzt. »Ihr redet nicht zufällig von Michael?«

»Doch, genau der«, antwortet Sabrina. »Das ist der Chef vom Ganzen. Kennst du den?«

»Offenbar nicht so gut, wie ich dachte«, antworte ich. »Aber ich weiß, wer er ist. Ich bin der Mann, mit dem er übrigens nicht verheiratet ist.«

»Fuck!«, rutscht es Sabrina und Denise gleichzeitig heraus, was trotz der unschönen Situation witzig ist. Emir verschluckt sich an seinem Drink und hustet unfein.

»Ich muss dann mal los, habe ein paar Dinge zu klären«, sage ich und verlasse den Tisch.

»Daniel, warte mal!«, ruft Colin mir hinterher.

»Nein! Daniel wartet nicht!«, zische ich ihm zu. »Worauf? Auf weitere Gemeinheiten?«

»Nein«, antwortet Colin und wirkt tatsächlich zerknirscht. »Vielleicht kann ich etwas erklären …«

»Du?!« Ich muss meine ganze Kraft aufbringen, um nicht hysterisch los zu kreischen. »Ich habe keine Ahnung, was du überhaupt willst, was du bezweckst. Aber eigentlich müsstest du dich doch nun als Sieger feiern, oder? Auch wenn ich gar nicht weiß, welchen Kampf wir kämpfen. Willst du Michael für dich? Aber der hat doch offensichtlich alle Hände voll zu tun. Glaub mir, du hast gar nichts gewonnen.«

»Wir haben keinen Kampf um Michael«, sagt Colin.

»Dann ist alles geklärt.« Mit diesen Worten wende ich mich endgültig ab.

Ein paar Schritte weiter wende ich den Kopf zur Seite, um zu sehen, ob Colin mir folgt. Aber er steht nach wie vor an der gleichen Stelle und schaut mir nachdenklich hinterher. Soll er doch!

Michael ist nicht mehr bei den Leuten, mit denen er eben noch gesprochen hat; er steht nicht mehr am Tisch. Ratlos lasse ich den Blick schweifen. Ich könnte überkochen, vor

Wut, vor Verwirrung, vor Enttäuschung. Gleichzeitig fühle ich, wie ich in mich zusammensacke, ein Ballon, dem die Luft entweicht und der die Form verliert.

»Er wollte zur Toilette«, sagt ein Mann neben mir, den ich als einen der Gesprächspartner von vorhin erkenne. Offenbar ist ihm mein suchender Blick nicht entgangen.

»Michael?«, vergewissere ich mich und der Mann nickt bestätigend.

»Dann weiß ich, wo ich auf ihn warten kann. Danke!«

Das stimmt nicht ganz, da ich keine Ahnung habe, wo die Toiletten in diesem riesigen Haus sind. Aber da ich solche Veranstaltungen kenne, gehe ich davon aus, dass es mehrere Gästebäder gibt, meistens etwas abseits.

Als ein Kellner mich nach meinen Getränkewünschen fragt, lehne ich dankend ab und frage stattdessen nach dem Weg zu den Toiletten. Freundlich weist er mir die Richtung.

Ich hatte recht. Es sind nicht profane Gästetoiletten, sondern mehrere Bäder. Als ich den Gang entlanggehe, kommen mir ein paar Partygäste entgegen, einige bereits erkennbar angetrunken.

»Die haben es gerade noch geschafft, die Tür hinter sich abzuschließen«, tuschelt eine Frau mit ihrer Begleitung, die daraufhin albern kichert. Das Kichern ist von der gekonnten Art. Es soll peinlich berührt wirken und trotzdem von den Umstehenden bemerkt werden. So entstehen Klatsch und Tratsch.

Auch wenn meine Gedanken darauf gerichtet sind, Michael zu finden und ein klärendes Gespräch mit ihm zu führen, muss ich bei den Bildern, die durch das Gehörte in meinem Kopf entstehen, grinsen.

Ich habe das oft genug selbst erlebt mit Michael. Wir waren auf Partys, haben gefeiert und Spaß gehabt. Manchmal schlug plötzlich die Stimmung um und Sex lag in der Luft. Besonders bei ausgelassenen Poolpartys ist uns das oft passiert. Dann konnte es nicht schnell genug gehen, bis wir eine im Abseits stehende Sonnenliege, einen Strandkorb oder ein Bad gefunden haben. Wehmut erfasst mich. Ich möchte diesen unbeschwerten Zustand zurück.

Stattdessen öffnet sich rechts von mir eine Tür und ein junger Mann kommt breit grinsend heraus. Er schließt gerade den Reißverschluss seiner Hose und richtet sein Hemd, als er mich erblickt. Sein Grinsen vertieft sich und es ist offensichtlich, dass er sich nicht ernsthaft dafür geniert, dass ich ihn in seinem derangierten Zustand sehe. Er zuckt mit den Schultern und meint: »Passiert!«

»Voll das Leben«, entgegne ich und schenke ihm ein verschwörerisches Lächeln. Gelassen geht der hübsche Typ weiter den Flur entlang zurück zu den übrigen Gästen.

Ich überlege, ob ich es mir auf dem kleinen Sofa neben mir bequem machen soll, entscheide mich jedoch dagegen, da es bestimmt nicht lang dauert, bis Michael eine der Toiletten verlässt und unweigerlich meinen Weg kreuzt. Diesen Gedanken habe ich noch nicht ganz zu Ende gedacht, als Michael erscheint. Und zwar aus der gleichen Tür, wie der hübsche Typ vorhin.

Mein Lächeln fällt mir aus dem Gesicht, obwohl ich mich redlich bemühe, es aufrechtzuerhalten. Warum auch immer. Meine Rolle bricht zusammen. Sie stürzt ein wie ein Gebäude, das unter Beschuss steht und dem Angriff nicht standhalten kann.

»Nein!«

Aber es ist bereits zu spät. Michaels ganze Attitüde schreit *Doch!* Und ich kann es nicht ausblenden.

Bitte sag jetzt nicht diesen einen bescheuerten Satz! Bitte!

»Es ist nicht so, wie es aussieht«, sagt Michael tatsächlich diesen einen bescheuerten Satz.

»Sondern?«, schleudere ich ihm entgegen. »Noch schlimmer?«

»Nein, natürlich nicht«, antwortet Michael, aber er klingt nicht überzeugt von seinen eigenen Worten und überzeugt mich entsprechend auch nicht.

»Ich möchte nach Hause. Also, in dein Haus, meine ich. Sofort.«

Nachdem, was ich gesehen habe, fällt es mir schwer, den Ort, an dem ich die letzten Jahre verbracht habe, als mein Zuhause zu bezeichnen. Die aktuelle Situation ist der Anfang von etwas Großem, leider nicht im positiven Sinne. Michael und ich befinden uns in einer Abwärtsspirale, ob wir es uns eingestehen oder nicht.

»Ich muss nur noch eben …«, beginnt Michael.

»Du musst nicht mit«, unterbreche ich ihn. »Du scheinst gut beschäftigt zu sein. Ein Taxi kann ich mir selbst rufen.«

Bei meiner ätzenden Bemerkung über seine Beschäftigung verdreht Michael gequält die Augen. Mitleid habe ich nicht übrig für ihn.

»Daniel, ich lasse dich doch jetzt nicht allein nach Hause fahren. Wir haben Klärungsbedarf. Oder willst du etwa behaupten, dass es dir gut geht?«

Immerhin bin ich Michael nicht egal. Das gefällt mir.

»Dann lass uns fahren.«

Neun

»Er heißt Dennis und ist der Neffe von Steffens. Kennengelernt habe ich ihn, als er sich für eine Rolle in der Serie beworben hat.« Offensichtlich hört Michael selbst, wie abgeschmackt seine Worte sind, denn er verzieht die Mundwinkel und seufzt deutlich hörbar.

»Besetzungscouch? Echt jetzt! Das wird ja immer besser!« Verzweifelt bemühe ich mich, diesen kreischenden Unterton aus meiner Stimme zu verbannen. Ohne Erfolg. »Die Szene vor den Toiletten war inszeniert wie in einer deiner *Daily Soaps*. Man merkt, dass du bei Film und Fernsehen bist. Volles Klischee!«

»Das war nicht inszeniert! Echt nicht! Ich wollte das nicht. Es ist einfach so passiert.« Michael windet sich bei seiner Aussage auf dem Sofa, als würde er am liebsten aus dem Wohnzimmer fliehen. Seine Hände drehen immer wieder das Wasserglas, das vor ihm auf dem niedrigen Couchtisch steht. »Du musst mir glauben.«

»Muss ich das? Einfach so passiert? Da ist dein Schwanz einfach so in seinen Arsch gerutscht? Passiert schon mal, ist klar!«

»Steffens hat ihn mir vorgestellt und mich gefragt, ob ich ihn für das neue Projekt berücksichtigen könnte. So kam das dann …«

»Jetzt ist also Steffens schuld? Ehrlich, Michael, hörst du dir mal zu? Gib doch wenigstens zu, dass du Mist gebaut hast. Und steh dazu! Du hast mich betrogen. Du! Das war nicht Steffens. Mit dem habe ich nämlich nicht seit ein paar Jahren eine Beziehung. Oder was auch immer!«

Die Worte treffen Michael. Dass ich nicht weiß, wie ich unser Verhältnis zueinander bezeichnen soll, verdeutlicht ihm wohl den Ernst der Lage.

Seit einiger Zeit läuft etwas unrund zwischen Michael und mir. Kaum spürbar und dennoch allgegenwärtig. Hätte ich früher auf Klärung drängen sollen? Zwar habe ich mich gefragt, ob Michael diese latente Veränderung ebenfalls bemerkt, aber unternommen habe ich nichts. Eine Mitschuld an der verfahrenen Situation mag ich im Moment trotzdem nicht zugeben. Michael hat mich betrogen. Ich bin der, der hintergangen wurde. Das ist Fakt. Punkt.

»Daniel, es tut mir leid. Wie oft soll ich das noch sagen?« Michael wirkt bereits wieder ungeduldig. Und wie so oft klingt seine Entschuldigung nicht wahrhaftig.

»Bisher ist es das erste Mal, dass du sagst, dass es dir leidtut. Überanstreng dich nur nicht!« Die Worte sind ungewohnt ätzend für mich, aber es tut mir nicht leid, sie gesagt zu haben, denn sie entsprechen der Wahrheit. Gerade ist mir nicht danach, mich im Griff zu haben und höflich zu sein. Ich bin verletzt. Ich blute. Warum sollte ich Kraft darauf verschwenden, mich zu verstellen?

»Wir bekommen das wieder hin. Das war ein Ausrutscher, ein einmaliger«, beteuert Michael.

»Mag sein, keine Ahnung. Aber dass du unsere Exklusivität mit Füßen getreten hast, ist meiner Meinung nach ein Indiz dafür, dass unser Zusammenleben nicht mehr den Stellenwert hat, den es mal hatte. Seit einiger Zeit stimmt die Melodie zwischen uns nicht mehr. Hast du das wirklich nicht bemerkt? Diese Missstimmung, die Respektlosigkeit zwischen uns?«

»Was war denn? Ich habe mich nicht schlecht gefühlt in letzter Zeit«, sagt Michael und zuckt ahnungslos mit den Schultern. Er spielt das nicht. Er versteht ernsthaft nicht, wovon ich spreche.

»Aber ich habe mich nicht gut gefühlt. Mein Fehler ist, nichts gesagt zu haben. Du bist nicht gut mit mir umgegangen und ich habe dich machen lassen. Aber jetzt ist es genug. In den letzten Wochen habe ich mich gefragt, wo der Fehler im Detail liegt. Ich konnte es nicht benennen, obwohl ich wusste, dass etwas Ungutes anwesend ist. Nun ist die Wahrheit heraus und lässt leider alles andere wie eine Lüge dastehen.«

»So, jetzt hast du dir Luft gemacht. Und nun?«

Da ist er wieder, der ungeduldige Tonfall in Michaels Stimme. Zu meiner Verwunderung bin ich froh, ihn wahrzunehmen, denn er erleichtert mir, eine schmerzvolle Entscheidung zu treffen. Michael gibt mir – wahrscheinlich ungewollt – den Schubs, mein Leben in die Hand zu nehmen und ihm eine Wendung zu geben.

»Ich werde weggehen.«

Michaels Gesicht überzieht sich mit einem strahlenden Lachen.

»Eine gute Idee! Mach eine kleine Reise! Buch einen Flug, wohin du willst! Die Kosten gehen wie immer auf mich. Spann mal richtig aus! Danach hast du dich bestimmt beruhigt. Ich werde Dennis in die Wüste schicken und ihn nie mehr erwähnen. In ein paar Wochen werden wir diesen kleinen Zwischenfall vergessen haben.«

Siehst du, wie billig er dich einschätzt? Wie substanzlos? Denkt er, er könnte mal eben mit einem feuchten Lappen einen Schmutzfleck wegrubbeln und schon würde die Oberfläche wieder glänzen? Wie belanglos bist du für ihn? Ach, du hast deine Antwort längst. Ziehst du die Konsequenzen?

Die Stimme ist hartnäckig. Sie lässt sich nicht ignorieren. Ein Wunder, dass Michael sie nicht auch hört. Bin ich mutig genug, mein bisheriges Leben hinter mir …?

»Ich verlasse dich. Ist das deutlich genug? Keine kurze Reise, keine Partys, um den Alltag zu vergessen. Nichts davon. Ich verlasse dich! Du tust mir nicht gut, nicht mehr.«

Vor Wut läuft Michael rot an.

»Muss ich dich daran erinnern, was ich alles für dich getan habe? Wie ich dich all die Jahre unterstützt habe? Habe ich nicht alles bezahlt? Habe dir ein Zuhause gegeben, als deine Familie nichts mehr mit dir zu tun haben wollte. Hast du das alles vergessen?«

Das war klar! Ich habe erwartet, dass er das nun zur Sprache bringt. Tief atme ich durch. Immer wieder. Nur mit Mühe bleibe ich ruhig. Meine Hände balle ich zu Fäusten, damit das Zittern nicht auffällt. Gleichzeitig drückt Angst vor einer ungewissen Zukunft mir die Kehle zu. Umso mehr bin ich stolz darauf, wie ich Haltung bewahre, auch wenn sie unecht ist.

»Nein, habe ich nicht vergessen und bin dankbar dafür. Irgendwann erinnern wir uns vielleicht an unsere gute Zeit, denken mit Wehmut an unsere Liebe und bewahren sie als kostbare Erinnerung. Im Moment aber setzt du deine Großzügigkeit als Waffe ein. Du rechnest sie auf. Schluss damit! Ich möchte nicht abzählen, wie oft ich den Arsch hinhalten muss, damit ich das Auto nutzen darf. Oder ist es für diesen Gedanken schon zu spät?!«

Michaels spöttisches Lachen trifft mich tief. Ich glaube nicht, dass ich die Antwort auf meine rhetorische Frage hören möchte.

»Du kannst die Kreditkarten und den Wagen noch eine Zeit benutzen, damit ich nicht als missgünstig oder geizig dastehe. Aber umsonst ist es nicht. Ich erwarte, dass du wenig Aufhebens um die Sache machst. Und irgendwann möchte ich den Wagen zurück. Und den Roller.«

Das ist alles, was ihm dazu noch einfällt? Ich soll wenig Aufhebens um *die Sache* machen?

Ohne ein weiteres Wort verlasse ich den Wohnbereich und verschwinde ins Schlafzimmer. Im begehbaren Kleiderschrank befinden sich meine Koffer und Reisetaschen, die ich mit Kleidungsstücken fülle, die nicht meine sind und dennoch mir gehören. Einen kurzen Moment überlege ich, einfach alles hier zu lassen. Aber ich bin nicht dumm. Diesen Trotz kann ich mir gerade nicht leisten. Also packe ich ein, was ich glaube, zu benötigen. Kleidung, Sportzeug, Handtücher, Hygieneartikel. Einen Koffer fülle ich mit Büchern und meinem Laptop.

Andere Dinge werde ich später abholen, sobald ich weiß, wie es in meinem Leben weitergeht.

Nach ein paar Minuten kommt Michael mir nach und hilft mir, die Koffer zur Haustür zu tragen. Wie aufmerksam! Ich werfe alles ins Auto und fahre los. Ins Nichts.

Zehn

Als ich den Wagen vor ein paar Jahren ausgesucht habe, war der ein Traum. Das ist er genau genommen noch immer. Ein Cabrio von Audi. Sein Fahrverhalten ist tadellos. Die technischen Daten überzeugen. Und das Wichtigste: Ich sehe verdammt gut aus in dem Teil.

Um eine Nacht darin zu verbringen, ist er allerdings nicht geeignet. Diese Erfahrung habe ich soeben gemacht. Der kleine Kofferraum ist vollgestopft mit meinen Koffern und Taschen. Auch ein Teil der Rückbank ist mit Gepäck besetzt. Um etwas schlafen zu können, habe ich die Rückenlehne des Sitzes soweit es geht nach hinten gestellt und mich mit einer Jacke zugedeckt. Komfort ist anders, aber der ist nun vorbei.

Wichtige Erkenntnis! Gewöhn dich daran!

Das Morgenlicht wird heller. Ich döse und öffne unwillig ein Auge. Neben dem Auto steht eine Frau und schaut mürrisch durch die Scheibe ins Wageninnere. Ihre Skepsis ist unübersehbar, selbst durch das spiegelnde Glas. Ein gepflegter Wagen mit einem schlafenden jungen Mann darin auf dem Parkplatz eines Supermarktes? Was ist hier los?

Beim Anblick des grimmigen Gesichtes bin ich auf Anhieb hellwach und rucke erschreckt hoch. Ähnlich ruckartig schießen die ersten Fragen in mein Hirn. Wo soll ich hin? Wo kann ich duschen und Zähne putzen? Soll ich mich direkt umbringen oder es ein paar Tage mit dem echten ungeschönten Leben probieren?

Ich lache hysterisch. Selbstmord ist keine Option, das ist mir direkt klar. Aber von dem ungeschönten Leben verstehe ich nichts. Ich möchte mich nicht damit beschäftigen.

Trotzdem fällt mir die Antwort auf die ersten Fragen ein. Das Fitness-Studio. Dort werde ich ein wenig trainieren, im Bistro ein kleines Frühstück einnehmen und schließlich duschen. Es wird kaum auffallen, wenn ich mir unter der Dusche die Zähne putze. Und selbst wenn? Ich habe zwar keine Lust auf unangenehme Fragen, aber bisher hat sich eh niemand für mich interessiert. Warum sollte sich das plötzlich ändern? Schließlich habe ich nicht auf der Stirn stehen, dass ich mich frisch von meinem Freund getrennt habe, nachdem ich in den letzten Wochen verarscht wurde, und ich die letzten Jahre auf einer rosaroten Wolke verbracht habe und nun unsanft lande. All dies weiß nur ich. Und das soll noch eine Zeit lang so bleiben.

Stöhnend lockere ich meine verspannte Muskulatur und setze mich aufrecht in den Fahrersitz. Als ich das Lenkrad ergreife, überschwemmt mich Wehmut. Ich mag den Wagen, fahre ihn gern, wenn auch selten, da ich hauptsächlich den Roller benutze. Wie auch immer meine Zukunft aussieht, den Audi werde ich in absehbarer Zeit an Michael zurückgeben müssen. Es war nett von ihm, mir das Auto zu überlassen. Dennoch ist klar, dass es eine Leihgabe ist und er mir keine Geschenke mehr macht. Auch wenn es mir gefällt, es ist nur ein Auto. Ich werde den Verlust verwinden.

Ich schnalle mich an, starte den Wagen und mache mich auf den Weg zum Fitness-Studio. Dort angekommen fällt mir auf, dass ich ausnahmsweise zu den ersten Kunden gehöre. Der Parkplatz ist bis auf zwei weitere Autos noch leer. Normalerweise schlafe ich gern lange aus und mache mich erst kurz vor der Mittagszeit auf den Weg. Das erscheint mir nun wie eine lustige Anekdote aus meinem früheren Leben – einem früheren Leben, das gestern noch existierte.

Als ich den Eingangsbereich betrete, werde ich freundlich begrüßt: »Guten Morgen! Früh dran heute!«

Offensichtlich habe ich einen Ruf als Langschläfer, von dem ich nicht wusste, der mich aber nicht wundert.

»Ja, und zur Feier des Tages hätte ich gern das kleine Frühstück mit Kaffee«, antworte ich der Bedienung, die ich nicht kenne. Vielleicht hat sie immer die Frühschicht, womit ein Kundenkontakt mit mir ausgeschlossen wäre.

Ich schiebe meine Mitgliedskarte über die Theke und lasse mich an dem Tisch nieder, an dem ich vor kurzem mit Gebre gesessen und dieses unangenehme, aber wichtige Gespräch geführt habe. Gebre! Der Gedanke durchzuckt mich. Hoffentlich begegne ich ihm heute nicht. Obwohl wir uns nicht gut kennen, bin ich davon überzeugt, dass er sofort bemerken würde, dass sich bei mir etwas verändert hat. Er hat bereits beim letzten Gespräch bewiesen, dass er Dinge durchschaut, die nicht offensichtlich sind und die ich nicht einmal ahne, obwohl sie mich betreffen.

Als die Servicekraft das Tablett mit meinem Frühstück auf der kleinen Tischfläche abstellt, schiele ich auf ihr Namensschild. »Danke Janine, sieht lecker aus.«

Ein strahlendes Lächeln kommt von Janine zurück. »Dann guten Appetit! Daniel!«

Offensichtlich hat sie meine Kundenkarte bereits ausgelesen und ist somit im Vorteil, was meinen Namen angeht. Den unangenehmen Gedanken, dass dieses Frühstück von

Michael bezahlt wird, da er natürlich die Mitgliedschaft hier finanziert, schiebe ich zur Seite. Davon möchte ich mir nun nicht den Appetit verderben lassen.

»Hey, Daniel, so früh schon hier? Was ist passiert?«

Meine Gebete wurden nicht erhört. Gebre tritt zu mir an den Tisch und setzt sich unaufgefordert hin. Skeptisch betrachtet er mich, scannt mich von oben bis zu der Stelle, an dem mein Oberkörper unterhalb der Tischplatte verschwindet. Bestimmt rechnet er meine ungekämmten Haare und das zerknitterte Hemd, das ich seit gestern Abend trage, zusammen und kommt auf das richtige Ergebnis.

»Was soll passiert sein?«, schinde ich Zeit.

»Dicke Luft zu Hause?« trifft Gebre zielsicher ins Schwarze.

»So ungefähr«, brumme ich und nehme einen Schluck Kaffee.

Gebre wird nicht nachgeben und nachhaken, bis er weiß, was er bestimmt bereits ahnt.

»Ich bin ausgezogen bei Michael.«

»Wann? Heute Morgen?« Gebre reißt die Augen auf, was in seinem dunklen Gesicht dramatisch, aber auch witzig, aussieht.

»Nee, nicht ganz«, sage ich lachend. »Gestern Abend. Das macht es aber auch nicht besser.«

»Wow, ich bin überrascht«, gibt Gebre zu. »Was muss wohl passiert sein, dass du das goldene Schloss verlässt? Darf ich fragen? Oder ist das ein Schritt über die Linie?«

»Na ja, nach unserem letzten Gespräch, und nachdem du dich gerade an meinem Tisch geparkt hast, kommt es darauf nicht mehr an. Oder?«

Wir lachen beide kurz auf. Zu meiner eigenen Überraschung möchte ich mich plötzlich Gebre gegenüber erklären. Ich möchte ihm meine Geschichte erzählen.

Ich habe keine Freunde, keine Kollegen, keine Familienangehörige, die sich für mich interessieren. Gebre ist die Person, die einem Freund am nächsten kommt. Eine Chance, die ich nutzen möchte.

»In den letzten Wochen war ich nicht glücklich, nicht zufrieden. Und dann bin ich gestern dahintergekommen, dass Michael mich betrügt. Vielleicht könnte ich das unter anderen Umständen verzeihen, aber in der Gesamtsituation war dies der Tropfen, der das Fass zum Überlaufen gebracht hat«, berichte ich.

»Das tut mir leid. Das ist etwas, das man nicht erleben möchte«, sagt Gebre mitfühlend. Er fasst kurz meinen Unterarm und streicht darüber. Eine Geste, die einfach nur freundlich ist und die mir gerade guttut.

Ich betrachte die Stelle, die er berührt hat. Niemand wird mich mehr berühren, nicht mehr so, wie Michael es getan hat. »Weißt du, ich war lange Zeit glücklich mit Michael. Wir hatten eine gute Zeit. Aber sie ist nun vorbei. Ich habe es ein paar Wochen schleifen lassen, obwohl ich gespürt habe, dass sich unser Verhältnis verändert. Ich habe abgewartet, ob Michael es auch merkt und darauf vertraut, dass er etwas sagt, falls dem so ist.«

»So, wie du wohl immer auf Michael vertraut hast«, wirft Gebre vorsichtig ein.

»Ja, da hast du recht. Bei ihm habe ich mich wohl und sicher gefühlt. Michael hat den Weg gewiesen, den wir gemeinsam gegangen sind. Aber ich habe den Eindruck, dass ich nach und nach zur Dekoration wurde. Etwas

Schönes immerhin, aber ohne Eigenwert. Vielleicht sogar ohne Leben.«

Die Erkenntnis ist bitter, aber nicht überraschend. Plötzlich bin ich erschöpft. Ich fühle mich hohl, wie ausgesaugt von der Situation. Und ich bin zu traurig, um zu weinen.

»Wo hast du geschlafen?«, fragt Gebre und weist auf meine ramponierte Erscheinung. »Nach kuscheligem Bett sieht das nicht aus.«

»Im Auto«, antworte ich. »Auf dem Parkplatz vor einem Supermarkt. Zum Glück machen die dort nachts nie die Schranken runter.«

»Und die nächste Nacht?« Gebre verzieht das Gesicht bei der Vorstellung, eine Nacht im Auto zu verbringen.

Lachend hebe ich die Hände, als würde ich mich ergeben. »Zu viel Zukunft für mich! Damit komme ich nicht klar.«

»Dann wird es Zeit, dass du anfängst, eigene Entscheidungen zu treffen. Die nächste treffe ich allerdings für dich. Danach bist du dran.« Mit diesen Worten erhebt sich Gebre. Als er meinen verstörten Blick sieht, meint er nur: »Lauf nicht weg! Bin gleich zurück!«

Ich beende mein Frühstück und schaue nach, ob ich neue Nachrichten habe. Nichts. Wer sollte sich nach mir erkundigen? Michael etwa? Eher unwahrscheinlich.

»Hier, die sind für dich.« Mit diesen Worten reicht mir Gebre einen kleinen Bund Schlüssel an einem Edelstahlring. Auf einem kleinen Anhänger lese ich *No pain, no gain*. Ein Zeichen?!

»Ähm …«

Gebre unterbricht mich sofort. »Der altmodische große Schlüssel ist für die Haustür. Unsere WG hat ein bequemes

Sofa in der Wohnküche. Nix für die Ewigkeit, aber für ein paar Nächte besser als ein Auto. Melissenstraße 56.«

Ich starre ihn an. Das ist mehr Freundlichkeit, als ich von irgendeiner Person erwartet habe. Ich bin kurz davor, ihm zu erklären, dass das doch nicht nötig sei, dass ich schon irgendwie zurechtkäme … Aber ich schlucke all diesen Unsinn hinunter. Es stimmt nicht. Ich brauche Hilfe, jede, die ich bekommen kann.

»Danke!«

Elf

Als ich bei der Adresse parke, die Gebre mir genannt hat, fällt mir die gute Wohnlage auf. Bei dem Begriff WG habe ich nicht an eine gepflegte Wohngegend gedacht, was eindeutig mein Fehler ist und meine geistige Beschränktheit zeigt. Immerhin kann ich hier ruhigen Gewissens den Wagen auf der Straße stehen lassen, ohne ihn am nächsten Tag ohne Bereifung vorzufinden.

Mit einem meiner Koffer in der Hand öffne ich das kleine Tor, hinter dem ein kurzer gepflasterter Weg liegt. Eine mächtige Holztür, die auch der Eingang zu einer Kirche sein könnte, empfängt mich. Ich denke an die Schlüssel, die Gebre mir anvertraut hat. Beim Anblick der Tür brauche ich keinesfalls überlegen, welcher Schlüssel diese öffnen wird. Eine solche Pforte braucht einen prachtvollen Schlüssel mit einer massiven Reite und einem Bart.

Als ich den entsprechenden Schlüssel im Schloss drehe, springt das schwere Portal auf, als habe dieses Haus auf mich gewartet. Ich werte dies als gutes Omen für meinen weiteren Lebensweg und hoffe, dass sich mir alle Türen so geschmeidig öffnen werden.

Der großzügige Eingangsbereich lässt mich schrumpfen. Er strahlt keine Bösartigkeit aus, gibt mir dennoch das Gefühl, als könne er mich verschlucken. Der offene Flur, von dem eine Treppe nach oben und mehrere Türen ausgehen, ist mit schwarzen und weißen Fliesen ausgelegt, die am Rand von einem roten Fliesenrahmen gesäumt werden. Wenige Elemente haben einen kleinen Sprung und erzählen von dem Leben, das in diesem Haus bereits stattgefunden hat.

»Hallo? Jemand da?«, rufe ich und fühle mich wie ein Kind, das bei fremden Menschen zu Besuch ankommt.

Niemand antwortet mir, allerdings habe ich gewiss kein Empfangskomitee erwartet. Ich weiß nicht einmal, ob Gebre seine Mitbewohner darüber unterrichtet hat, dass ein Gast eintreffen wird. Er hat gesagt, dass er gegen Nachmittag von der Arbeit kommen wird. Bis dahin solle ich mich umschauen und machen, was ich wolle.

Da ich mich unbeobachtet fühle, schaue ich mich in Ruhe um. Ich öffne eine Tür, die in einen Keller führt, der mich zum jetzigen Zeitpunkt nicht interessiert. Mein Blick fällt auf eine Garderobe, an der einige Jacken und Taschen hängen. Ein zerschrammtes Skateboard liegt abgekippt auf dem Boden. Flache Sneakers mit hineingestopften Sportsocken stehen daneben.

Mein Blick wird auf eine offen stehende Tür, die zur Küche führt, gelenkt. Neugierig betrete ich den Raum. Die Küche ist hoffentlich wirklich so geräumig, dass ich dort übernachten kann. Meine Augen werden groß. Der riesige Raum mit der hohen Decke ist vielmehr ein Wohnzimmer mit Kocheinrichtung. Ein Erker lässt helles Tageslicht ein und taucht den Raum in Freundlichkeit. Die Küche ist modern ausgestattet und ordentlich. Der restliche Teil ist gemütlich mit zwei Sofas, einem großen Couchtisch und mehreren Beistelltischen eingerichtet. Außerdem gibt es einen stabilen Esstisch, der offensichtlich noch ausgezogen werden kann. Um ihn herum stehen verschiedene bunte Holzstühle.

Der Raum wirkt, als würde hier ausschweifend gelebt. Da wäre ich gern dabei, auch wenn ich hoffe, dass ich gelegentlich zum Schlafen komme. Aber wovon sollte ich müde sein? Wofür meine Kräfte auftanken?

Ich stelle meinen Koffer neben dem etwas größeren Sofa ab und führe meine Erkundungstour fort. In der unteren Etage finde ich eine Gästetoilette mit Dusche, eine zeitgemäße Einrichtung, die darauf schließen lässt, dass dieses alte Haus vor nicht langer Zeit modernisiert wurde. Hinter einer schmaleren Tür entdecke ich eine Abstellkammer mit Lebensmitteln und Haushaltsgeräten.

Ich will gerade die Treppe hinaufsteigen, als sich hinter mir die Haustür öffnet. Gebre tritt ein und schaut sich suchend um.

Jetzt schon? Er traut dir wohl doch nicht über den Weg. Schlauer Kerl!

»Hey, ich habe früher Schluss machen können, dachte, du könntest etwas Gesellschaft vertragen«, plappert Gebre munter los. »Liege ich falsch?«

Ich ignoriere die boshafte Stimme in mir. Gebre ist ein guter Typ, da bin ich mir sicher.

»Nein, ist vollkommen richtig«, antworte ich und bemerke, wie Gebre erleichtert ausatmet.

Ich will ihn daran erinnern, dass er in diesem Haus wohnt und daher kommen und gehen kann, wie es ihm behagt. Aber ich schweige. Es ist nett von ihm, dass er sich Zeit nimmt, um sich mit mir zu beschäftigen. Ich werde das nicht kaputt quatschen.

Zwölf

Normalerweise habe ich keinen Kontakt zu ihr, aber in dieser Nacht hat sie mir aufgelauert. Insomnia. Schlaflos drehe ich mich von einer Seite zur anderen, obwohl das Sofa bequem ist. Hart genug, um als Untergrund für erholsamen Schlaf zu dienen, weich genug, um sanfte Träume zuzulassen.

Ich bin nicht gewohnt, allein zu schlafen. Vermutlich ist das mein Problem.

Die bunten Butzenscheiben im oberen Bereich der Verglasung im Erker zaubern der Dunkelheit zum Trotz einige Farbtupfer in den Raum. Als Kind hatte ich ein Nachtlicht, bei dem sich der Schirm drehte und Lichtreflexe auf die Wand warf. Eine ähnliche Geborgenheit geben mir nun die farbenfrohen Sprenkel um mich herum.

Dankbar denke ich an Gebre, der heute Nachmittag Zeit mit mir verbracht hat. Er hat sich mit mir unterhalten, mich jedoch nicht mit Nachforschungen drangsaliert. Ich hatte erwartet, dass er mich nach meinen Vorstellungen fragt, wissen möchte, wie es in meinem Leben nun weitergehen soll, in dem ich mich nicht auskenne. Stattdessen hat er mir zugehört und mit mir eher allgemeine Gespräche geführt, ohne dass wir in Belanglosigkeiten abgerutscht sind. Spät abends hat er einem Mitbewohner im Flur, den ich bei der geschlossenen Tür nicht sehen konnte, zugeflüstert, dass sie einen Gast haben, der erst ab dem Folgetag ausgefragt werden darf. Somit habe ich von meinen restlichen Gastgebern noch niemanden kennengelernt, was ich jedoch nicht schlimm finde. Das wird sich von selbst ändern.

Langsam regt sich in mir Neugier, Neugier auf neue Menschen, Neugier auf mein eigenes Leben, welches ich kennenlernen möchte, Neugier auf mich selbst, den ich aus den Augen verloren habe.

Meine Gedanken schweifen zu meiner Familie. Auch wenn ich mich meist fühle, als wäre ich völlig losgelöst und allein, ist das faktisch nicht so. Ich habe Eltern, die noch leben. Zumindest glaube ich das, denn ich habe nichts Gegenteiliges gehört.

Der Kontakt zu meiner Familie ist eingeschlafen. Oder wurde er unterbrochen? Ich weiß nicht mehr genau, wie es dazu kam. Jedenfalls besteht keine Verbindung zwischen uns. Als ich damals auszog, gab es noch wenige oberflächliche Telefonate mit meiner Mutter, bis auch diese irgendwann versiegten.

In den letzten Jahren gab es immer wieder Momente, in denen ich meine Eltern vermisste. Aber da ich weiß, dass sie mit mir nichts anfangen können, meine Lebensweise nicht verstehen oder gutheißen, habe ich es bei der Funkstille belassen.

Jetzt gerade, in einer Zeit, in der mein Leben zusammenbricht und ich es neu aufbauen muss, wäre ich dankbar für Zuspruch und Unterstützung einer Familie, die für mich da ist und für mich einsteht.

Wie schön es wohl wäre, wenn ich mit meiner Mutter am Küchentisch sitzen und mit ihr beraten könnte, welche Schritte als Nächstes anstehen? Mama war immer gut, wenn es um finanzielle Angelegenheiten ging. Vielleicht könnte ich von ihrem Wissen profitieren. Mein Vater würde bestimmt zuerst schimpfen, dass ich mein Leben versaut hätte. Und dann? Ich weiß es nicht.

Als Kind hatte ich mit meiner Familie ein gutes Leben. Ich hatte eine behütete und schöne Kindheit. Bei uns wurde viel gelacht. Wir haben häufig etwas miteinander unternommen und waren gern gemeinsam auf Reisen.

Alles änderte sich, als ich erwachsen wurde, als ich es verdorben habe, da ich bin, wer und was ich nun mal bin. Meine Eltern kamen nicht damit zurecht, dass ich für Jungs gemacht bin, und ich war altersentsprechend störrisch und kaum gesprächsbereit. Eine fatale Kombination.

Als ich dann Michael begegnete, bildete dies eine Art Meilenstein in meinem Dasein. Von dort an wurde alles besser. Dachte ich.

Wohin hat mein Leben mich geführt? Ich liege auf einem Sofa in der Küche einer Wohnung, die nicht die meine ist. Ich bin allein und habe keine Vorstellung, was ich mit mir anfangen soll. Kein Wunder, dass ich nicht schlafen kann.

Morgen werde ich mich meinem Lebenschaos stellen müssen. Gebre hat mir einen Raum zum Verweilen angeboten, einen Ort zum Luftholen, aber keine Zuflucht, in der ich mich vor den Herausforderungen verstecken kann.

Gebre. Langsam festigt sich in mir die Hoffnung, dass ich in ihm einen Freund habe. Dieser Gedanke ist tröstlich wie eine weiche Decke, die mir jemand mit leichtem Druck um die Schultern legt. Ein Freund, ein einziger, kann ein ganzes Leben verändern. Ich hoffe auch meines.

Dreizehn

Mit einem Kaffee in der Hand schaue ich aus dem Fenster in den Garten, der sich über die Breite des Hauses nach hinten streckt. Er ist nicht eben, sondern zieht sich in sanften Hügeln bis an einen Zaun, den ich nur an den Außenseiten des Grundstückes erkennen kann. Die Wellen aus Gras laden zum Verweilen und Entspannen ein. Bunte ausgewaschene Hängematten zwischen alten Obstbäumen unterstreichen den Eindruck, dass dieser Garten nicht allzu häufig von menschlicher Hand kultiviert wird.

An der Seite befindet sich ein Schuppen. Sollte sich darin ein Rasenmäher befinden, werde ich mich in den nächsten Tagen mal nützlich machen und ihn bedienen. Nicht, dass ich weiß, wie man einen Rasen mäht, aber ich bin frohen Mutes, dass ich nach dem Studium eines YouTube-Videos jede gärtnerische Aufgabe meistern kann. Viel mehr als gelegentliches Stutzen der grünen Halme scheint der Zaubergarten eh nicht zu benötigen. Mehr würde ihn zerstören.

»Nein! An keinem dieser Bäume wirst du einen Strick anbringen«, spottet eine Stimme hinter mir.

Erschrocken drehe ich mich um und erblicke einen jungen Mann, der mir vage bekannt vorkommt, auch wenn ich im ersten Moment nicht weiß, wo ich ihn einsortieren soll.

»Sorry, ist mein Humor zu makaber, um ihn vor einer ordentlichen Begrüßung anzubringen?« Zerknirscht zieht mein Gegenüber den Mund schief.

»Ein bisschen schon«, gebe ich zurück, mildere die Antwort jedoch mit einem Lächeln ab. »Ich kenne dich. Du bist …?«

»Emir«, antwortet dieser und wartet gespannt, ob ich eine Reaktion zeige. »Wir sind uns auf einer Party begegnet. Auf *der* Party!«

»Oh, ich erinnere mich«, sage ich und klatsche mir die Hand vor die Stirn. Die Party war schließlich erst vor ein paar Tagen, auch wenn es mir ewig her scheint. »Du gehörst zu Michaels Angestellten. Na toll!«

»Hey, ich weiß, was an dem Abend passiert ist. Tut mir auch voll leid, aber ich kann nichts dafür«, beschwichtigt Emir. »Mit uns beiden und unserer Wohnsituation hat das nichts zu tun.«

Kurz denke ich über seine Worte nach, aber im Grunde ist mir bewusst, dass er recht hat. Ich sollte mich nicht anstellen und froh sein, dass ich nicht auf der Straße hocke oder noch im Auto schlafe. Und eigentlich war mir Emir nicht unsympathisch. Es wäre dumm von mir, ihm meine wenig erfreuliche Situation anzukreiden.

»Tut mir leid, war nur eine blöde erste Reaktion«, lenke ich ein. »Du hast recht. Es hat mit uns nichts zu tun.«

In stillem Einverständnis grinsen wir uns an und schauen beide in den Garten.

»Super! Emir hast du schon kennengelernt«, ruft Gebre begeistert aus, als er die Küche ebenfalls betritt. »Dann hast du das Beste hier gesehen.«

Gebre tritt zu uns und gibt Emir einen raschen Kuss, der irgendwo zwischen Intimität und Freundschaft angesiedelt ist.

»Guten Morgen, mein Schatz!«, begrüßt Emir Gebre grinsend.

»Du machst ihn dazu«, erwidert Gebre und wendet sich an mich. »Auch einen?«

»Was? Danke, habe schon einen Kaffee«, antworte ich verwirrt.

»Ich meinte einen Kuss. Ob du einen möchtest.«

»Ähm …«

»Hat Michael dich morgens etwa nicht geküsst?«, fragt nun Emir. »Wir wollen nicht, dass es dir bei uns an irgendetwas mangelt.«

Gebre und Emir lachen, als hätten sie einen tollen Witz gerissen, während ich gerade überfordert bin, da ich die Konstellation nicht durchblicke. Meine eigene Beschränktheit ist mir im Weg.

»Hat er meistens. Habt ihr denn einen Kuss, der für mich ist?«, frage ich schüchtern und sehne mich plötzlich nach nichts mehr als einem Zeichen der Zuwendung.

Die beiden sagen nichts, schauen sich jedoch an, als verstünden sie genau, was ich benötige. Ohne Zögern kommen sie näher und drücken mir nacheinander einen Kuss auf die Lippen, bevor sie ihre Arme um mich legen. Als eine Träne meine Wange hinabrollt, wischt niemand sie weg. Sie darf sein. Als sie meine Kieferlinie erreicht, nimmt Gebre sie mit seinem Zeigefinger auf.

»Ich bin eigentlich nicht so eine Heulsuse«, versuche ich mich für meine Gefühlsregung zu entschuldigen, aber Gebre legt seinen Finger auf meine Lippen. Ich schmecke das Salz meiner eigenen Träne.

»Du kannst hier sein, was immer du bist«, beschwört Gebre mich. »Du kannst machen, was nötig ist. Wenn du weinen musst, dann ist das so.«

»Und wenn du einen Kuss brauchst, dann wirst du ihn bekommen.«

»Zur Not von mir«, mischt sich eine Stimme von hinten ein.

Wir drehen uns um, wobei ich wahrscheinlich der Einzige bin, der nicht ahnt, zu welcher Person diese Stimme gehört.

Die junge Frau schaut interessiert zu uns, bleibt jedoch an den Türrahmen gelehnt stehen.

»Ist das so ein Jungsding? Oder ist die Umarmung genderneutral?« Sie lacht über ihre eigenen Fragen.

»Als wenn sich in dieser WG irgendjemand um so etwas schert«, antwortet Emir gelassen, was wohl bedeutet, dass sie zur Umarmung eingeladen ist.

»Ich bin Celia und deine neue Freundin, falls du eine brauchst«, stellt sich das Mädchen mit den graugefärbten Haaren selbst vor. Damit schließt sie sich unserer Verbindung an, indem sie sich Emirs Arm um die Schultern legt.

Plötzlich muss ich lachen. »Mein Leben ist toll! Meinen Liebhaber bin ich los, worüber ich garantiert noch nicht hinweg bin. Dafür habe ich auf einen Schlag drei Freunde, wo bisher nichts und niemand war. Nicht übel für einen wertlosen Nichtsnutz!«

Zuerst stimmen alle in mein Lachen ein, aber dann meldet sich Gebre zu Wort: »Du bist nicht wertlos. Sobald du herausgefunden hast, was deine Bestimmung ist, wirst du glänzen und zeigen, was und wer du wirklich bist. Davon bin ich überzeugt!«

»Womit glänzt ihr denn so in eurem Leben?«, frage ich neugierig in die Runde, die sich aus der Umarmung gelöst und zum Tisch begeben hat. Jeder holt ein paar Dinge aus den Schränken, um ein Frühstück vorzubereiten. Ich kenne mich in der Küche nicht aus, daher schaue ich genau zu, wo sich alles Wichtige befindet. Immerhin kann ich die Kaffeemaschine bedienen, daher kümmere ich mich um die Versorgung mit dem Lebenselixier.

»Du weißt, dass ich in Michaels Firma arbeite. Aber weißt du, was ich da mache?«, beginnt Emir die Vorstellungsrunde.

»Nee, so weit sind wir an dem Abend der Party nicht gekommen«, antworte ich und verziehe zerknirscht den Mund. Allerdings fällt mir auf, dass es mich bereits weniger schmerzt, den besagten Abend zu erwähnen.

Zum Glück geht Emir nicht weiter darauf ein. »Ich bin Szenograf.«

Da Michael gern von seiner Arbeit erzählt hat, habe ich eine Vorstellung, was das bedeutet. »Du sorgst also dafür, dass Kulissen und Klamotten in einer Szene so gestaltet sind, wie die Drehbuchschreiber sich das vorstellen. Oder?«

Emir lacht erfreut auf. »So ungefähr!«

Nach einer kurzen Pause ergänzt er: »Wenn du meinen wirklichen Glanz erleben willst, solltest du mal kommen, wenn ich mit meiner Band irgendwo auftrete. Ich bin der Bassist in einer grandiosen Kapelle.«

»Nur prahlen kann er nicht so gut«, fügt Celia ein und verzieht den Mund zu einem ironischen Grinsen. »Sonst kann unser Emir alles. Nicht wahr?«

Emir schnaubt lachend durch die Nase und streckt die Zunge heraus. »Ach, ihr habt einfach keine Ahnung von meinem Genie. Aber das kommt noch!«

»Ich studiere Sport und Erdkunde auf Lehramt«, erzählt Gebre nach einer Pause, in der alle schweigend an einem Brot kauen oder Müsli löffeln.

»Merkst du was, Daniel?«, fragt Emir frech. »Sport und Erdkunde, damit sich der angehende Superlehrer nicht kaputt arbeitet.«

»Ey, das ist eine ernstzunehmende Fächerkombination«, rechtfertigt sich Gebre. »Und was ist verkehrt daran, entspannt in die Schulferien zu schlendern? Ich werde toll sein als Lehrer.«

»Ganz bestimmt!« Celia lacht grunzend. Mir gefällt der freundschaftliche Ton, den meine neuen Freunde pflegen. So etwas kenne ich kaum. Ich frage mich, ob ich das irgendwann auch hinbekomme. Wahrscheinlich werde ich es üben müssen.

»Mein schmutziges Geheimnis kennt Daniel sowieso.«

Die Erwähnung meines Namens reißt mich aus meinen seltsamen Gedanken. »Welches schmutzige Geheimnis?«, frage ich dämlich nach.

»Na, mein Job im Fitness-Studio!«, antwortet Gebre. »Oder kennen wir uns vom Straßenstrich?«

Als alle lachen, verstehe selbst ich, dass dies ein Scherz ist. Ich boxe Gebre leicht auf den Oberarm, den er daraufhin theatralisch reibt.

»Ist das nicht zu viel Information auf einmal, wenn wir dich alle auf einen Schlag damit vollquatschen, wie toll wir sind?«, fragt Celia. »Nicht, dass du unter unseren Wortlawinen verschüttet wirst.«

»Nö, ist völlig in Ordnung«, beteuere ich hastig. »Hauptsache, ich muss mein eigenes Elend nicht betrachten.«

»Woran jedoch kein Weg vorbeigeht.« Celias ernster Tonfall steht im Gegensatz zu dem bisherigen flapsigen Geplänkel. Dennoch stört er die Unterhaltung nicht. Emir und Gebre halten inne und warten schweigend, wie ich auf diese Bemerkung reagiere, während Celia meinen Blick sucht und hält.

»Du hast recht.« Ich seufze geschlagen und suche nach den richtigen Worten. »Aber findest du nicht, dass ich eine kleine Pause verdient habe? Nach all dem Schlamassel?«

»Nein! Du brauchst keine Pause. Womit solltest du die verdient haben?« Trotz der harschen Worte habe ich das Gefühl, dass Celia eine Freundin ist und mich nicht verletzen möchte, auch wenn sie gnadenlos ist. »Erzähl mal deine Geschichte, Daniel! Von Gebre weiß ich nur, dass dein Freund dich betrogen hat und du ihn verlassen hast. Soll das wirklich alles sein?«

In ihren Augen liegt das Versprechen, mich aufzufangen, sollte ich den Sprung wagen. Aus einem mir nicht bekannten Grund vertraue ich ihr. Ich weiß nichts von ihr, außer dass mir ihre herausfordernde Art gefällt. Celia ist ein anstrengender Mensch. Ein Mensch, den ich in meinem neuen Leben haben möchte, da bin ich sicher.

»Das ist in der Tat eine Kurzversion, die fad ist und danach schreit, mit Details gewürzt zu werden«, lenke ich ein.

»Bist du Koch?«, fragt Celia bei meiner lukullischen Beschreibung. Hoffnung schwingt in ihrer Stimme mit. »Wir könnten dringend einen brauchen.«

Gebre und Emir lachen bei ihrer Bemerkung.

»Leider nein. Ich muss dich enttäuschen«, antworte ich. »Ich bin … Ich bin … eigentlich gar nichts.«

Es laut auszusprechen schmerzt mehr, als ich vermutet habe. Oft habe ich mich als Michaels Partner vorgestellt. Bei Fragen nach meinem Beruf habe ich abgewiegelt, dass ich mit Michael und unserem Leben genug zu tun hätte.

Aber nun bin ich nicht einmal mehr der Partner von Michael. Und damit nichts.

Betreten schauen sich meine Gesprächspartner an. Alle sind still, davon überzeugt, dass jedes Wort falsch ist, wodurch ich meine Gedanken umso deutlicher höre.

»Celia, Daniel kann erzählen, wann und wie viel er möchte«, gibt Gebre zu bedenken.

»Ich danke dir für dein Verständnis, Gebre, und auch für deine Verschwiegenheit, um meine Misere nicht vor deinen Freunden breitzutreten. Aber wenn ich darauf warte, dass ich Lust dazu habe, zu erzählen, dann wird das nie etwas. Vielleicht brauche ich einen Schubs? Warum also nicht jetzt?«

Deutlich vernehmbar atmet Celia aus. »Da bin ich erleichtert. Ich dachte, ich wäre mal wieder der Elefant im Porzellanladen.«

»Bist du, aber es ist in Ordnung.«

Celia grinst und streckt mir die Zunge heraus. Davon unbeeindruckt lasse ich mir Zeit, suche nach treffenden Worten, schiebe sie in meinem Hirn hin und her, um möglichst präzise zu formulieren, wenn ich endlich anfange zu reden. Schließlich bin ich soweit und beginne meine Ansprache.

»Mit neunzehn, Abi in der Tasche und ohne Ahnung, was ich mit meinem Leben anfange, dachte ich, dass es der geeignete Zeitpunkt wäre, meinen Eltern zu offenbaren, dass ich auf Jungs stehe. Mama und Papa haben nie gefragt, ob ich eine Freundin hätte. Das war nie ein Thema zwischen uns. Als mein Vater seinen fünfzigsten Geburtstag feierte und Freunde und Geschäftspartner einlud, fragte ich meine Eltern, ob ich für mich jemanden einladen könnte.

Offensichtlich hatten sie befürchtet, dass ich mich an dem Abend langweile, und waren daher begeistert, dass ich mich um meine Belustigung selbst kümmere. Eine Sorge weniger für sie bei der Organisation. Meine Begleitung für die Feier war Sebastian aus der Parallelklasse, mein damaliger Freund, mit dem ich meine ersten Erfahrungen machte. Direkt zu Anfang gab es eine unfeine Szene zwischen meinen Eltern und mir auf der Party, die auch der größte Teil der Gäste mitbekommen hat. Vielleicht war es nicht geschickt von mir, es darauf ankommen zu lassen. Vielleicht habe ich das Desaster provoziert. Vielleicht … Hey, ich war neunzehn!« Ich mache eine kurze Pause, lasse den Blick durch die Runde schweifen und schaue in gespannte Gesichter.

»Weiter!«, animiert mich Emir grinsend. »Das wird gut. Vielleicht schreibe ich doch irgendwann ein Drehbuch.«

»Emir!«, mahnt Gebre. »Das ist nicht irgendeine Geschichte, sondern echtes Leben. Daniels Leben!«

»Umso besser!« Emir zwinkert mir zu. »Daniel bekommt irgendwelche Rechte an dem Stück. Das Ding geht garantiert ab durch die Decke!«

Ich kann Emir nicht böse sein. Immerhin bekomme ich ›irgendwelche Rechte‹, das muss reichen. Wie sich meine Geschichte wohl für andere anhören mag? Spannend? Eher belanglos? Passiert so etwas nicht hundertfach täglich im Leben der Menschen?

»Immerhin hatten meine Eltern und ich anschließend das große Gespräch«, fahre ich fort. »Ich habe ihnen erklärt, dass Sebastian mehr ist als ein Klassenkamerad, und dass ich schon lange weiß, dass ich mich zu Männern hingezogen fühle. Immerhin sind meine Eltern mir nicht damit gekommen, dass das nur eine Phase ist. Das halte ich ihnen zugute. Begeistert waren sie jedoch nicht. Von diesem Zeitpunkt an kühlte unser Verhältnis deutlich ab.

Die Sache mit Sebastian hatte sich kurze Zeit später erledigt, da er einen Jungen kennengelernt hatte, in den er wirklich verliebt war. Wir beide waren das nicht, auch wenn wir uns mochten. Wir waren eher Freunde zu Forschungszwecken.«

In meinem Hals kratzt es. Ich stehe auf und hole mir an der Spüle ein Glas Leitungswasser.

»Und weiter? Jetzt geht es doch erst richtig los, oder?«, bohrt Celia nach.

»Kann schon sein«, halte ich sie hin, trinke in Ruhe mein Wasser und setze mich schließlich wieder an den Tisch.

»Als ich gerade mein Studium begonnen hatte, meldete sich ein Michael bei mir, mein Michael. Er sei ein Freund meines Vaters, habe das Debakel auf der Geburtstagsfeier miterlebt und wolle sich nach meinem Befinden erkundigen. Ohne Umschweife hat er erklärt, dass er selbst homosexuell sei. Diese Offenheit war mir fremd. Bei mir war zu dem Zeitpunkt alles heimlich und verklemmt. Ich hockte im Schrank und da tauchte plötzlich jemand auf, für den das alles kein Problem darstellte. Natürlich war ich beeindruckt.«

»Der Ritter in der glänzenden Rüstung!«

Ich ignoriere den Einwurf und fahre fort: »Michael lud mich auf einen Kaffee ein, falls ich Lust hätte, mal offen zu sprechen. Zuerst war ich skeptisch, da er am Telefon älter als ich klang. Aber die Neugier und Sehnsucht nach einem Verbündeten war stärker. Meinen Eltern habe ich von dem Treffen nichts gesagt. Ich habe auch meinen Vater nicht nach Michael gefragt, da ich fürchtete, dass er sofort Lunte riechen könnte.

Ich gehe nicht in jedes Detail. Jedenfalls war ich nach kurzer Zeit hin und weg von Michael. Er gab mir Halt und Unterstützung. Und natürlich war ich beeindruckt von seinem Lebensstil.

Gleichzeitig wurde die Situation zu Hause immer ungemütlicher. Schnell konnte und wollte ich nicht mehr verheimlichen, dass ich mit Michael ausging. Da stellten mir meine Eltern ein Ultimatum. Michael oder sie und ihre finanzielle Unterstützung für mein Studium.«

»Du hast natürlich Michael genommen«, haucht Celia voller Dramatik. »Wie romantisch!«

»Na ja! Deine Reden klingen meistens, als würdest du den Sinn für Romantik überhaupt nicht kennen«, gibt Gebre zu bedenken.

»Hallo? Hat jemand meinen Sarkasmus erkannt?«, fragt Celia und wirft die Hände in die Luft. Bei dem Talent zu großen Gesten sollte sie unbedingt etwas mit Theater machen. »Daniel ist diesem Michael in die Hände geplumpst wie eine reife Frucht. Die Situation spitzte sich zu, und dann kam der Ritter auf dem weißen Ross und rettete ihn. Hätte ein Märchen werden können. Wenn das Leben nicht wäre.«

»Da ist was dran«, gebe ich zu. »Besonders schwer gemacht habe ich es ihm nicht. Ich war verliebt, habe nur an gemeinsame Zeit mit Michael gedacht. Irgendwie hatte er für jedes meiner Probleme die Lösungen parat, hatte so viel mehr Lebenserfahrung als ich.«

»Und Geld!«, wirft Emir ein. »Irgendwann begreift man, dass Geld nicht alles ist. Aber wenn man so jung ist, wie du damals? Und Geld macht im Leben einiges einfacher, das ist so.«

»Ich möchte bitte hören, wie es weitergegangen ist«, insistiert Celia. »Nach Geld und Glück sieht Daniel gerade nicht aus.«

»Nach einem riesigen Palaver im Elternhaus bin ich aus- und bei Michael eingezogen«, fahre ich fort. »Wir hatten eine tolle und wilde Zeit. Irgendwann fiel es mir bei unserem ausschweifenden Leben immer schwerer, mich zu Vorlesungen aufzuraffen. Wofür auch? Ich hatte doch alles, was ich wollte. Ich war so dumm. Schließlich bin ich nicht mehr zur Uni gegangen. Michael hat das nicht kommentiert. Von seinem Verdienst konnten wir gut leben.«

»Der Typ hat es wahrscheinlich genossen, dich mitzuversorgen.« Anklagend richtet Celia den Zeigefinger auf mich. »Er hat dich damit an die Leine gelegt. So sieht es aus!«

»Meinst du wirklich, dass du nach kurzer Bekanntschaft den Durchblick bei Daniels Beziehung hast? Und meinst du, dass es dir zusteht, so zu reden und zu urteilen?«, fragt Gebre erbost nach.

»Mag sein, dass es mir nicht zusteht, aber es stimmt trotzdem«, erwidert Celia und lehnt sich mit verschränkten Armen auf ihrem Stuhl zurück.

»In der Tat urteilst du hart und vorschnell«, sage ich nachdenklich. Es schmerzt mich, dass Celia dermaßen penetrant am Lack meines Lebens kratzt. Auch wenn sie mit ihren Äußerungen durchaus trifft.

»Aber ich habe recht, oder?« Celia lässt nicht locker.

»Vielleicht«, antworte ich. Zu mehr lasse ich mich nicht hinreißen.

Celia lässt begeistert ihre Faust auf die Tischplatte knallen, sagt aber zum Glück erst einmal nichts mehr dazu.

Diese penetrante Hexe zerpflückt in ein paar Minuten dein Leben. Sie legt ihre Finger in Wunden, von deren Existenz du nichts wusstest. Chapeau!

Um die Stimme in meinem Kopf zu übertönen, räuspere ich mich vernehmlich – und zucke gleichzeitig zusammen. Schmerz kriecht von meinem Nacken langsam aufwärts bis dorthin, wo er gerade bei mir am leichtesten zuschlagen kann.

»Mir ist nicht gut«, sage ich. »Ich bekomme Kopfschmerzen.«

Gebre springt sofort auf. »Wir sind eh fertig. Los! Wir räumen schnell auf, damit Daniel seine Ruhe hat.«

Schon machen sich alle emsig daran, das Geschirr in die Spülmaschine zu räumen und die restlichen Lebensmittel zu verstauen.

»Brauchst du irgendetwas?«, fragt Emir besorgt. »Kühlakku? Tabletten? Einen Eimer?«

»Ich komme zurecht«, wiegele ich ab und schenke ihm ein dankbares Lächeln, auch wenn es mich anstrengt. Ich möchte nur noch allein sein, schlafen und mich nicht der Wirklichkeit stellen. Ich bin ein Feigling.

»Falls ich genervt habe, tut es mir leid«, sagt Celia kleinlaut, als sie die Wohnküche verlässt. »Manchmal trampele ich auf den Gefühlen anderer herum, ohne es zu merken.«

»Ich werde mich daran gewöhnen«, beruhige ich sie mit einem verkrampften Grinsen.

Erleichtert zwinkert Celia mir zu. »Klingt gut! Ich hatte Angst, dass du direkt wieder das Weite suchst.«

»Nix da! Ihr helft mir gefälligst, mein Leben wieder auf die Reihe zu kriegen!«

Emirs und Gebres Lachen dringt aus dem Flur.

»Wird gemacht!«

Vierzehn

ALLES K.O. BEI DIR?

Seit ein paar Minuten starre ich auf diese Nachricht von Michael. Was will er mir damit sagen? Das K.O. ist bestimmt ein Dreher in den Buchstaben und soll o.k. oder okay bedeuten. Aber warum schreit er mich in Großbuchstaben an? Das kenne ich sonst eher von Aggro-Typen bei Facebook und Instagram, die ihre Stimme auf diese Art erheben. Ist es bei Michael vielleicht ebenfalls nur ein Vertipper? Oder motzt er mich an?

»Was glotzt du so auf dein Handy?«, fragt mich Gebre. »Stirnrunzeln gibt üble Falten.«

Langsam gewöhne ich mich daran, dass ich in meiner neuen Wohnumgebung kaum eine Minute für mich alleine habe. Für einen Moment der Ruhe muss ich mich im Bad einschließen. Aber was habe ich erwartet bei einer Übernachtungsmöglichkeit in der Wohnküche? Hier ist das Herz der Wohnung. Und es hat einen kräftigen Schlag.

Schlimm finde ich die Betriebsamkeit normalerweise nicht. Immerhin hält sie mich davon ab, über meine Misere nachzudenken. Was ich eigentlich sollte. Wogegen ich mich jedoch immer noch sträube. Ich wiederhole: Ich bin ein Feigling.

»Habe eine Nachricht von Michael«, antworte ich nuschelnd. Es wäre mir recht, wenn Gebre nichts verstehen und nicht nachfragen würde.

»Hä? Von wem?«, hakt Gebre direkt nach. Meine Taktik hat natürlich nicht funktioniert.

»Von Mi-cha-el!«, betone ich nun extrem deutlich.

»Was will er?«

Warum Umwege? Ich halte Gebre das Display vor das Gesicht.

Er liest, grinst hämisch und fragt: »War der besoffen?«

Die Möglichkeit habe ich bisher nicht bedacht. Könnte es tatsächlich sein, dass Michael nicht nüchtern war, als er das geschrieben hat?

»Und wenn ja, was würde das bedeuten?«, überlege ich laut. »Es könnte die Buchstabendreher erklären. Aber sonst?«

»Habe mich gefragt, warum er dich in Großbuchstaben anbrüllt. Wenn ich mich ernsthaft sorge, wähle ich nicht die laute Tonart bei einer Nachfrage«, sagt Gebre. Er lässt die Augenbrauen in die Stirn rutschen. »Aber vielleicht ist das ja der normale Umgang bei euch?«

»Laut können wir schon«, gebe ich ähnlich neckend zurück und korrigiere mich direkt. »Ähm … *konnten* meine ich. Aber eher nicht im Gespräch.«

»Sex war also nicht euer Problem«, bringt es Gebre auf den Punkt und lacht. »Immerhin!«

»Nö, war es nicht. Aber dafür wohl einiges andere.«

Es fällt mir schwer, es zuzugeben, aber in meiner Beziehung zu Michael lag wohl mehr im Argen, als ich lange Zeit sehen wollte. Ich habe meinen eigenen Teil dazu beigetragen, dass wir schön die Oberfläche poliert und den Dreck darunter ignoriert haben. Das hat eine ganze Weile funktioniert, aber ohne soliden Untergrund platzt der Lack irgendwann ab. Unsere Basis hatte offensichtlich keine wertige Qualität.

»Vielleicht hat Michael Sehnsucht nach dir und betäubt diese mit Alkohol?«, fragt Gebre. Er kneift prüfend die

Augen zusammen und hält meinen Blick fest. »Fehlt er dir?«

Das ist eine Frage, die ich mir selbst bereits gestellt habe. Eine allumfassende Antwort habe ich darauf nicht, aber immerhin Ansätze. »Mir fehlt mein Platz im großen Ganzen. Es wird eine Weile dauern, bis ich über das Ende der Beziehung hinweg bin. Trotzdem bin ich mir sicher, dass es endgültig ist. Ich werde nicht umhinkommen, mit Michael ein paar Dinge zu klären. Aber ich glaube nicht, dass wir einen zweiten Versuch starten werden. Davon abgesehen, glaube ich nicht, dass Michael das überhaupt möchte. Bestimmt ist er glücklich mit diesem Dennis …«

»Und schickt dir vor lauter Glück eine Nachricht?« Gebres Stimme ist der Zweifel an meiner Version deutlich anzuhören.

»Michael hat sich immer gut um mich gekümmert«, gebe ich zu bedenken und höre selbst, dass meine Formulierung nicht nach gleichberechtigter Beziehung klingt. Egal! »Wahrscheinlich liegt es in seiner Natur, sich zu versichern, dass bei mir alles okay ist.«

»Oder eben k.o.«, ergänzt Gebre, worüber wir beide lachen. Es ist gehässig, das merke ich selbst, aber ich genieße es in vollen Zügen, einfach mit einem Freund albern zu sein.

»Weißt du schon, welchen Schritt du als Nächstes gehen willst?«, fragt Gebre nach einer kurzen Pause.

Ich tippe ein unpersönliches *Ja, alles gut bei mir!* Als Nachricht an Michael ein und sende schnell ab, bevor ich Gefahr laufe, in die Spirale von Löschen und Neuschreiben zu geraten. Dann lege ich mein Telefon mit dem Display nach unten auf den Küchentisch und richte meine Aufmerksamkeit wieder auf Gebre.

»Ich werde mir einen Job suchen müssen, was schwierig wird, da ich nix kann. Außerdem eine bezahlbare Wohnung …«

»Mach dir keinen Stress mit der Wohnung. Du kannst ruhig noch länger bleiben. Ich finde es schön, dass du hier bist. Und Emir und Celia scheinen dich auch toll zu finden«, wirft Gebre ein. »Natürlich ist das nicht gerade komfortabel in der Küche, aber …«

»Es gefällt mir. Nochmals danke dafür. Außerdem ist es eher ein großer Raum mit einer Küche, das geht schon.«

»Was hast du eigentlich damals studiert?«, fragt Gebre. Offensichtlich erinnert er sich an Teile unseres letzten Gespräches.

»BWL, wie alle zu der Zeit. Ich wusste nix Besseres. Allerdings war ich im zweiten Semester schon wieder raus. Eigentlich erinnere ich mich nur noch an die Veranstaltungen und Partys für die Erstsemester-Studenten. Ich war der König des Bier Pong«, gebe ich beschämt zu.

»Das Arbeiten hast du echt nicht erfunden, was?«, seufzt Gebre.

Diese Aussage trifft mich. Weil sie zutrifft. Und weil ich vor Gebre bestehen möchte. Er meint es bestimmt nicht böse, trifft aber den Nagel auf den Kopf.

»Das werde ich ändern, ganz bestimmt.« Ich klinge zuversichtlicher als ich bin. Vielleicht ist das mein einziges Talent.

»Bei deinem Auftritt im Jobcenter wäre ich gerne dabei. Wie die wohl staunen, wenn du deine Qualifikationen nennst? Gut aussehen kannst du, deinen Körper trainieren,

Party machen … Und du bist der Meister der Trinkspiele. Mal schauen, welchen Job die Berater für dich finden.«

Wieder lachen wir beide. Auch wenn meine neuen Freunde die unangenehmen Wahrheiten aussprechen, kann ich mit ihnen durchaus über meine bescheidene Situation lachen.

»Trotzdem glaube ich fest daran, dass du wunderbar sein wirst, wenn du erst eine Richtung gefunden hast«, ergänzt Gebre ernst und zwinkert mir ermutigend zu.

Ich muss meinen Weg finden und das könnte mühsam werden, aber gemeinsam mit ein paar guten Leuten an meiner Seite scheint dieses Unterfangen nicht aussichtslos.

Außerdem weiß ich bereits eine Sache, die ich bald angehen möchte. Dann ist Schluss mit dem Feigling Daniel.

Fünfzehn

Das Gefühl unter meinen Fingerspitzen ist ungewohnt und gut. Nicht eine Sekunde vermisse ich meine weichen Kinderlocken. Okay, ich habe meine Frisur erst knappe zehn Minuten, aber selbst in diesen zehn Minuten hätte ich in Tränen ausbrechen können. Aber nein, ich fühle mich großartig. Ich schaue in den Spiegel und habe nach langer Zeit das Gefühl, dass das, was ich sehe, ich selbst sein könnte. Es ist auf jeden Fall nicht mehr dieser fremde Typ, der mir vor einiger Zeit aus dem Spiegel im Fitness-Studio entgegengeblickt hat. Der ist weg und hat Platz gemacht für wen auch immer.

Kurz habe ich mit dem Gedanken gespielt, zu einem Friseur zu gehen, habe ihn jedoch verworfen. Ich weiß: Was Friseure können, können nur Friseure. Aber erstens ist der Friseurbesuch teurer als eine günstige Haarschneidemaschine. Diese ist wahrscheinlich kein High-End-Produkt, aber wird hoffentlich ein paar Wiederholungen auf meinem Schädel schaffen. Zweitens – und das ist mir noch wichtiger – will ich die Dinge selbst in die Hand nehmen. Mir selbst den Schädel zu rasieren, hat mich zu einem Krieger gemacht. Ich treffe die Entscheidungen in meinem Leben, und wenn ich irgendwie kann, führe ich sie selbst aus. Das machen Erwachsene so. Und ich möchte endlich dazugehören.

Mein Blick richtet sich auf den Boden. Dort liegt Ballast, der zu mir gehörte, aber in meiner Zukunft keinen Raum mehr haben wird. Profan sind es Haare, aber für mich ist es so viel mehr in diesem Moment. Ich betrachte die dunkelblonden Locken, die sich in ihrem Sterben aneinanderklammern.

Michael wollte stets diese eine Frisur an mir, diesen Wuschelkopf, in dem er mit seinen Fingern wühlen konnte, und ich wollte ihm gefallen. Jetzt habe ich diesen Wunsch nicht mehr. Ich möchte einfach nur ich sein und entsprechend aussehen. Gereinigt und befreit möchte ich nach vorne blicken. Diese Katharsis ist etwas Großes für mich und ich hoffe, dass meine Freunde sie mit mir teilen und zelebrieren.

Ich räume das Bad auf. Mit Sorgfalt kehre ich die toten Haare zusammen und entsorge sie im Mülleimer, bevor ich das Waschbecken von den winzigen Stoppeln befreie und auswische.

Meine Mitbewohner haben aufmerksam nachgefragt, ob mir das Gäste-WC mit Dusche reicht. In der oberen Etage gibt es ein weiteres Bad mit Wanne, welches ich gern mitbenutzen könne, haben sie gesagt. Mir reicht allerdings bisher der Nassbereich hier unten. Sollte ich baden wollen, kann ich mich rechtzeitig anmelden, alles kein Problem hier.

Mit einem Blick über die Schulter vergewissere ich mich, dass wirklich alles sauber ist, dann trete ich in den Flur. Die abgeschnittenen Haare machen etwas mit mir. Das Fehlen der Weichheit gibt mir mehr Linie, mehr Kante. Ich habe einen neuen Kopf. Ich gehe aufrecht, halte die Schultern gerade und recke mein Kinn leicht vor. Die Größe des Eingangsbereichs schüchtert mich nicht mehr ein, wie sie es zuvor getan hat.

Als hätte ich mich im Badezimmerspiegel nicht ausreichend betrachtet, bleibe ich vor dem mannhohen Spiegel der Garderobe stehen. Mit Genuss lasse ich den Blick von meinen Schuhen aufwärts gleiten. In voller Länge sehe ich nochmals anders aus. Besser.

Die grüne Cargohose, die ich trage, schlabbert an meinen Beinen herum. Sie versteckt meinen Hintern und lässt mich durch die Blasebalgtaschen unförmig erscheinen. Es ist mir egal.

Die Hose ist geliehen, genau wie mein Shirt. Beides ist von Emir, der mir von der Figur am Ähnlichsten ist. Während die Hose locker fällt, liegt das Shirt mit dem Aufdruck einer Kletterhalle nah am Oberkörper an. Ich mag es lieber andersherum, also enge Hose und weites Shirt, aber ich bin froh, dass ich überhaupt etwas Passendes habe, das fernab meiner Chinos und Polohemden ist. Die Uniform meiner Vergangenheit trage ich niemals wieder.

Bin ich jetzt ein Mann? Was ist ein Mann? Ein Status? Eine lebenslange Entwicklung? Sollte ich dafür vielleicht Philosophie studieren? Oder Psychologie?

Offensichtlich wird mein Hirn ohne Haare besser durchlüftet. Da kommen Fragen auf, die sich mir sonst nicht gestellt haben, oder die ich mir nicht erlaubt habe.

»Ganz der junge Bruce Willis!«, ruft Emir begeistert aus, als er über mir auf der Treppe erscheint.

»Hatte der junge Bruce Willis nicht Haare?«, frage ich zurück.

»Na gut, dann eben der Charakterschädel vom alten Bruce und der Körper vom jungen. So besser?«

Mit einem Blick in den Spiegel versuche ich, diese Beschreibung mit mir in Einklang zu bringen. Es fällt mir schwer.

»Du siehst toll aus! Das ist mal Fakt!«, schaltet sich nun Celia ein, die hinter Emir aufgetaucht ist und ihn nun mit beiden Armen umschlingt.

»Hotter than hell!«, bringt Gebre die Lobhudelei auf eine internationale Ebene und alle damit zum Lachen.

»Hat zufällig jemand Lust, mit mir einkaufen zu gehen?«, frage ich in die Runde. »Ich brauche neue Kleidung. Eigene Klamotten. Noch habe ich Michaels Kreditkarte und die glüht noch nicht.«

Was spaßig klingen sollte, bleibt mir plötzlich im Hals stecken. Neue Klamotten, die ich dann mit Michaels Geld bezahle? Das fühlt sich nicht richtig an. Das ist falsch. Als ich meine Freunde schaue, sehe ich es in ihren Gesichtern. Sie wissen es ebenfalls.

»Ich bin raus!«, ruft Celia sofort aus. »Shoppen ist nicht gerade mein zweiter Vorname. Egal, wer bezahlt.« Damit dreht sie sich um und verschwindet in ihrem Zimmer.

»Mist!«, stöhne ich genervt und fühle mich für einen Moment hilflos. »Erwachsensein ist nicht so einfach, vor allem, wenn man es in einem Crash-Kurs lernt. Ich könnte eine Liste der Ausgaben machen, die ich mit der Kreditkarte bezahle. Wenn ich dann hoffentlich demnächst einen Job habe und Geld verdiene, könnte ich es zurückzahlen. Was meint ihr?«

Gebre kommt zu mir und drückt tröstend meine Schulter. Dankbar schaue ich ihn an und sehe nichts als Wohlwollen in seinem Blick. »Das ist zumindest ein Weg. Und glaub mir, du entwickelst dich, in vielen kleinen Schritten, aber du machst Strecke.«

»Und das mit den Klamotten kaufen, bekommen wir auch hin«, beteuert Emir eifrig. »Shoppen ist nämlich mein dritter Vorname.«

Sechzehn

Der Laden ist ganz nach meinem Geschmack. Glaube ich. Keine Ahnung. Was ist denn mein Geschmack überhaupt? Welchen Geschmack hatte ich bis vor ein paar Wochen? Und dieser Typ ohne Haare, der ich gerade geworden bin, und den ich noch nicht einschätzen kann, welchen Geschmack hat dieser Typ?

Immerhin gefällt mir die Aufmachung des Geschäftes. Sie ist modern und bunt. Der Kunde wird hier zwar mit Musik zum Konsumieren angeregt, diese beschallt jedoch nicht auf Clublautstärke den kompletten Raum.

Der erste Eindruck ist in Ordnung. Alles Weitere werde ich finden. Am Ende vielleicht sogar mich selbst.

Emir und ich sind gerade eingetreten, als ein eifriger Verkäufer seitlich zu uns herantritt. In seinen Händen hält er ein paar Kleiderbügel mit Hemden.

»Kann ich helfen?«, fragt er uns geschäftstüchtig.

Emir und ich schauen uns ratlos an und überlegen. Unsere Antwort dauert offensichtlich zu lange, denn der Verkäufer spricht weiter: »Oder schaut ihr euch erst um? Ich komme gleich wieder vorbei. Und dann seid ihr fällig!«

Mit einem Zwinkern und einem fröhlichen Lachen macht der Verkaufsberater sich an seine ursprüngliche Arbeit. Perplex schauen wir ihm nach und grinsen.

»Wonach schauen wir zuerst? Jeans?«, fragt Emir und betrachtet mich nachdenklich. »Alles in Ordnung mit dir, Daniel?«

Kann ich einem Menschen, der ungefähr in meinem Alter ist, erklären, dass ich gerade davon überwältigt bin, in einem normalen Bekleidungsgeschäft zu stehen? Ich sollte es zumindest versuchen, wenn ich möchte, dass jemand mich und meine Gefühlslage versteht.

»Ich kann mich nicht daran erinnern, wann ich zum letzten Mal in einem Klamottenladen gestanden habe. Wann zuletzt ich selbst einen Stapel Jeans oder T-Shirts durchwühlt habe, nach der richtigen Größe gesucht habe«, erläutere ich kleinlaut.

Emir scheint nicht auf Anhieb zu begreifen, was ich ihm damit sage. »Verstehe ich nicht! Wie hast du denn deine Sachen ausgesucht?«

»Ich habe gar nicht ausgesucht. Michael hat mir die Sachen besorgt. Er wusste, was mir steht und worin er mich sehen möchte. Das hat er dann mitgebracht, wenn er bei seinem Herrenausstatter war oder er im Internet bestellt hat.«

Weiter komme ich mit meiner Erklärung nicht, da Emir in amüsiertes Gelächter ausbricht. »Herrenausstatter? Echt jetzt? Das klingt angestaubter als eine dunkelbraune Cordhose.«

Zuerst bin ich pikiert, wie immer, wenn man mir Bestandteile meines früheren Lebens unverblümt erläutert und schonungslos vor den Latz ballert. Aber dann – ebenfalls wie immer – wird mir klar, was das über mich und meine Beziehung zu Michael aussagt. Er hat mich eingekleidet. Ich habe ausgesehen, wie er mich haben wollte.

»Krieg dich ein!«, ermahne ich Emir. »Ist ja nicht so, als wäre das schlecht gewesen. Oder? Die Kleidung war immer von herausragender Qualität.«

»O mein Gott!«, unterbricht mich Emir. »Du klingst wie ein Verkäufer von Pullundern mit Rautenmuster, wenn du so sprichst. Sei froh, dass diese Zeiten nun Vergangenheit sind, auch wenn du offenbar gelegentlich Rückfälle hast. Ab jetzt wird angeschafft, was du möchtest. Du!«

»Dabei kann ich bestimmt helfen«, schaltet sich der Verkäufer von vorhin, der mit einer Hand beiläufig einen Stapel Shirts glattstreicht, charmant ein. Ein Meister seines Fachs! Offensichtlich hat er zumindest den letzten Teil des Gespräches zwischen Emir und mir mitgehört, während wir nicht einmal bemerkt haben, dass er sich nähert. Aber nun ist es eh zu spät. Ich versuche, nicht allzu unangenehm berührt davon zu sein und sage mir, dass der Verkäufer uns unter Garantie bereits vergessen hat, sobald die Glocke an der Tür bimmelt, wenn wir später das Geschäft verlassen.

»Ich mag Jeans. Und früher«, sage ich und muss bei diesem *früher* heftig schlucken, »habe ich gern Bandshirts getragen. Habt ihr so etwas?«

»Jeans auf jeden Fall, und zwar in allen Farben, Formen und Größen. Das wird kein Problem. Nach Shirts schauen wir dann später«, antwortet der Verkäufer, dessen Namensschild ich nun erkennen kann, da er direkt vor uns steht.

»Danke, Elias«, sage ich und bemerke das erfreute Blitzen in den Augen des Verkäufers.

»Gern! Gib mir drei Minuten.« Und mit diesen Worten wendet sich Elias ab und sucht aus den Regalen verschiedene Hosen heraus.

»Meine Größe ist … Keine Ahnung, welche Größe ich in Jeans gerade habe«, rufe ich ihm nach und mahne mich in Gedanken, einfach die Klappe zu halten, wenn ich keine Ahnung habe.

»Aber ich!«, behauptet Elias fröhlich.

»Ähm, wie das?«, frage ich nach.

»Das ist mein Job. Und ich bin gut darin.« Selbstsicher reckt Elias sein Kinn und grinst mich an. Er hat keine Ahnung, dass ich ihn darum beneide, in irgendetwas gut zu sein.

»So, dann probier mal!«, weist Elias mich an. »Das sind Jeans, die dir auf jeden Fall stehen und deiner Figur schmeicheln werden.«

Nach einer kurzen Kunstpause fügt er spöttisch hinzu: »Falls sie dir nicht zusagen, hole ich natürlich gern die langweiligen Modelle heraus, die wie ein Sack an dir hängen werden. Deine Wahl!«

Mir bleibt für einen Moment der Mund offen stehen, bevor ich in ein Lachen ausbreche, in das Emir, der natürlich mitgehört hat, einsteigt. Egal, was ich in diesem Geschäft kaufen werde, der Unterhaltungswert ist auf jeden Fall enorm und einen lobenden Eintrag auf irgendeiner Bewertungsplattform wert.

Durch eine Schwingtür wie in einem Saloon aus den Westernfilmen, die ich als Kind gern geschaut habe, verschwinde ich in eine Umkleidekabine, die ausreichend groß ist, dass darin ein Kleiderständer für die ausgewählte Ware ist. Außerdem steht mir eine lange Sitzbank zur Verfügung.

Nach und nach probiere ich alle Hosen an und präsentiere mich Emir und Elias. Zuerst ist es ungewohnt, dass andere Männer darüber fachsimpeln, welches Modell mir dicke Oberschenkel beschert und in welchem mein Hintern gut zur Geltung kommt, aber dann genieße ich einfach den Spaß. Als Emir äußert, dass eine Jeans bei mir einen *bubble butt* ahnen lässt, bekomme ich rote Ohren und weise meinen Kumpel mit einem Räuspern zurecht.

Selber zu entscheiden ist schwerer als gedacht, aber letztendlich wähle ich zwei Jeansmodelle, in denen ich mich wohlfühle und gut aussehe.

»Und nun ein paar Shirts dazu«, sagt Emir und reibt sich die Hände, als wäre er es, der etwas Neues bekommt.

»Lass doch eine der neuen Jeans an, damit du direkt sehen kannst, wie es zusammen aussieht«, empfiehlt Elias, ganz der Fachmann, und verschwindet wieder im Laden. Ich höre, wie er einen Kollegen auf neu eingetroffene Kundschaft hinweist, während er für mich Oberteile heraussucht.

Fünf Minuten später reicht mir Elias einige Shirts in die Umkleidekabine, wie gewünscht Basics und Shirts mit Bandaufdrucken. Ich probiere ein T-Shirt nach dem anderen an. Und bin unzufrieden. Was bei den Jeans einfach war, fällt mir nun schwer, nämlich mich attraktiv zu fühlen.

Nach ungezählten Textilien, die ich mir über den Kopf gezogen habe, gelange ich zu einer Erkenntnis.

»Sorry, aber das gefällt mir alles nicht«, sage ich mürrisch. »Schaut mal in den Spiegel! Das bin doch nicht ich.«

»Da bin ich aber froh, dass du von selbst draufkommst.« Elias schaut mich wohlwollend an. »Ich weiß nicht, wer du bist. Aber diese T-Shirts, vor allem die Band-Dinger, machen nichts aus dir. Soll ich etwas holen, was ich mir an dir vorstellen könnte?«

»Ja, bitte!«, antwortet Emir wie aus der Pistole geschossen, während mir noch der Mund offen steht. Offensichtlich haben alle Menschen um mich herum nur darauf gewartet, dass ich von den Bandshirts Abstand nehme. Dieser Laden verfügt eh nur über eine beschränkte

Auswahl zwischen *Kiss*, *Rolling Stones* und *Beatles*, nicht gerade die Bands, die ich gehört habe. Aber das alleine ist es nicht. Ich bin einfach keine siebzehn mehr und welchen Stil auch immer ich pflegen will, einer mit bunten Shirts ist es nicht.

»Schau!« Elias hält ein blaues Shirt hoch. Es ist ohne Aufdruck und besticht allein durch sein Material. Es gefällt mir auf Anhieb, was Elias nicht verborgen bleibt. Begeistert erklärt er: »Das ist Slub. Zieh mal an!«

Das Shirt trägt sich angenehm leicht, engt nicht ein und betont dennoch meine Figur. Mit den Fingerspitzen streiche ich an dem oberen Rand entlang.

»Gefällt dir, nicht wahr?«, fragt Elias mit einer Spur Selbstgefälligkeit in der Stimme. Immerhin bestätigt sich gerade, dass er so gut in seinem Job ist, wie er angekündigt hat. »Die uneinheitliche Stärke des Garns erzeugt diesen interessanten Effekt. Raffiniert, aber nicht penetrant. Und der weite Ausschnitt zeigt ein wenig Brust. Du trainierst bestimmt, oder? Aber es ist nicht … ähm … nuttig dabei. Du siehst sexy und angezogen aus.«

Und so fühle ich mich auch. In den Klamotten kann ich mein neues Leben beginnen. Durch den Spiegel suche ich Emirs Blick und bin erfreut, als er mir zulächelt und beide Daumen hebt.

Ab jetzt wähle ich zügig und zielsicher aus. Es sind vielleicht nur Kleidungsstücke, aber sie helfen mir, den Typen zusammenzusetzen, der ich bin.

Siebzehn

Erschöpft lasse ich die Papiertüten zu Boden sinken und bin froh, dass ich endlich wieder zu Hause bin. Ein erfolgreicher Mittag im Einkaufszentrum liegt hinter mir, was mich zufrieden, die Anstrengung körperlicher und geistiger Art jedoch nicht weniger spürbar, macht. Wenn Entscheidungen beim Kleiderkauf immer so aufreibend sind, werde ich demnächst höchstens zweimal im Jahr eine Einkaufstour machen. Viel Geld für solche Dinge werde ich wahrscheinlich sowieso nicht haben. Diese Erkenntnis erinnert mich daran, gleich die Ausgaben zu notieren, damit ich an meinem Vorsatz, Michael das Geld zurückzuzahlen, festhalten kann.

»Das war toll!«, begeistert sich Emir derweil. »Wenn du wieder mal Beratung brauchst, dann weißt du, wo du mich findest.«

Mein Schnauben ignoriert Emir geflissentlich. Das Einkaufen hat ihm eindeutig mehr Spaß gemacht als mir, was unter anderem daran liegen könnte, dass er mit dem Verkäufer geflirtet hat, als ich mich umgezogen habe. Es würde mich nicht wundern, wenn er Elias' Telefonnummer abgegriffen hätte.

»Shopping, Shopping, Shopping«, singt Emir, als er beschwingt die Treppe nach oben steigt.

»Was ist denn mit dem los?«, fragt Gebre, der gerade nach unten kommt, und lacht. »Hast du ihm auch etwas gekauft?«

»Nee, aber Emir hatte offensichtlich viel Freude daran, aus einem langweiligen Chino-Polohemd-Jungen einen vorzeigbaren Jeans-Shirt-Kerl zu machen«, antworte ich lachend. »Er hat seinen Job hervorragend gemacht. Eine Jeans, in der mein Arsch nicht eindeutig knackig und rund aussieht, hatte keine Chance bei ihm. Seinem kritischen Blick entging nichts – auch wenn er gleichzeitig den Verkäufer nicht aus den Augen ließ.«

»Dann zeig mal deine Bandshirts!«, fordert Gebre mich interessiert auf.

Mein Blick fällt auf die Papiertüten. Gebre und ich stehen noch immer in der Eingangshalle. Plötzlich wird mir die Brust eng und ich fühle mich verlorener als ein Waisenkind an seinem ersten Schultag.

»Gebre, kommst du mit in die Küche?«, frage ich und wende mich mit gesenktem Kopf von meinem Freund ab. Ich bin sicher, dass er mir folgt. Weil es Gebre ist. Weil er die Dringlichkeit aus meiner Stimme hört, ohne dass ich diese in Worte fassen muss.

Ich setze mich an den Tisch und lasse müde den Kopf auf meine gekreuzten Unterarme sinken.

»Kaffee?«, fragt Gebre und bleibt verhalten vor dem Tisch stehen.

»Gern«, antworte ich. »Aber das kann ich auch machen.«

»Bleib du lieber sitzen!«, weist Gebre mich an. »Du bist total blass und siehst aus, als würdest du gleich aus den Latschen kippen.«

Na toll, offensichtlich sehe ich so ausgelaugt aus, wie ich mich fühle. Daran wird auch neue Bekleidung nichts ändern können.

Wenige Minuten später sitzen Gebre und ich uns gegenüber, jeder einen großen Pott Kaffee vor sich.

»Gebre, mir ist heute etwas aufgefallen«, beginne ich lahm.

»Das klingt ernst«, sagt Gebre. »Ist es etwas Körperliches? Also etwas Medizinisches?«

»Nee, eher etwas … Keine Ahnung. Meinen Charakter oder meine Persönlichkeit betreffend«, versuche ich mich mit einer Erklärung. »Klingt hochtrabend, oder?«

Gebre schweigt und wartet ab.

»Ich kann nicht einfach ein paar Jahre zurückgehen in meinem Leben, in meiner Entwicklung«, werde ich konkreter. »Als ich noch in der Schule war, da trug ich gern Jeans und Bandshirts. Also dachte ich, dass das mein Geschmack wäre. Aber heute habe ich festgestellt, dass mir das nicht mehr gefällt, zumindest nicht an mir. Jeans mag ich noch immer. In den Bandshirts kam ich mir jedoch affig vor. Zuerst dachte ich, dass es an den Aufdrucken der Bands lag, aber das war es nicht. Ich bin nicht mehr der Junge von damals. Mag sein, dass Chinos und Polos nicht mein eigener Stil sind, aber Jeans und Bandshirts sind es auch nicht. Ich glaube, dass ich gar keinen Stil habe.«

»Aber du hast etwas zum Anziehen gekauft?« Gebre betrachtet mich nachträglich. »Hat Emir dich doch zu etwas überredet?«

»Wie ich schon sagte, Emir war toll.« Auch wenn Gebre nicht bösartig klang, möchte ich keine Missverständnisse aufkommen lassen. »Und ich habe Klamotten gekauft, die mir gefallen. Glaub mir, darin sehe ich gut aus und sie gefallen mir. Trotzdem beschäftigt mich die Erkenntnis, dass ich nicht einfach die Uhr zurückdrehen kann. Dass ich mich verändert habe, auch wenn ich selbst nicht erkenne, in was und wohin.«

»Ziehst du für mich etwas an, in dem du dich wohlfühlst?«, fragt Gebre so sanft, dass ich weiß, dass ich folgenlos ablehnen könnte.

»Ja.«

»Jetzt bitte!«

Also stehe ich auf, gehe in den Flur und krame aus den Tüten eine Jeans und eines der Shirts heraus. Nach kurzer Überlegung, ziehe ich mich an Ort und Stelle um, damit Gebre das Ergebnis auf einen Schlag sieht.

Als ich angezogen mit einer neuen Jeans, die sich an meinen Hintern schmiegt, und einem grauen Slub-Shirt in der Küche erscheine, betrachtet mich Gebre in aller Ruhe und lässt seinen eindringlichen Blick über mich wandern. Er nimmt sich Zeit für mich.

»Willst du wissen, was ich sehe?«, fragt Gebre schließlich.

»Unbedingt.«

»Einen Menschen. Einen Mann.«

Mit diesen einfachen Worten bringt Gebre mich aus der Fassung. Er erkennt das? Erkennt mich? Egal mit welcher Kleidung? In den letzten Jahren war ich alles Mögliche. Partner, Freund, Geliebter. Ich habe gemacht, was von mir erwartet wurde, habe ausgesehen, wie ich aussehen sollte. Ist dabei etwas Grundlegendes verloren gegangen? Gebre jedenfalls erahnt ihn, den Menschen hinter den Rollen.

»Ach, Gebre! Wer war ich? Wer bin ich jetzt? Was ist auf der Strecke geblieben? Das ist nicht so einfach. Ich habe keine Vorstellungen, Träume und Wünsche verloren. Ich bin nicht von meinem Lebensweg abgekommen. Das Dilemma hat viel früher eingesetzt.«

»Du hast erst gar keine Visionen entwickelt«, sagt Gebre. »Ist es das? Das ist verdammt traurig.«

In diesem Moment überschwemmt mich pure Dankbarkeit, einen Freund wie Gebre an meiner Seite zu haben. Er versteht die Dinge auf Anhieb, oft noch, bevor ich die rechten Worte dazu gefunden habe. Emir ist auch ein Freund, ein guter sogar. Aber er ist nicht gerade erpicht darauf, an der Oberfläche zu kratzen. Er erwartet, dass ich ihm die Dinge genau erkläre, damit er sie anschließend versteht.

Mit Gebre hingegen funke ich auf der gleichen Wellenlänge. Er wartet nicht nur auf meine Erklärung, sondern liest gleichzeitig meine Gestik und Mimik und taucht in meine Denkweise ein. Er hört zu und setzt dabei eigenständig aus allen Teilen ein Bild zusammen.

»Das ist es in der Tat. Verdammt traurig«, gebe ich zurück und nicke dabei nachdenklich mit dem Kopf. »Und ich merke, dass ich nicht einfach alles nachholen kann. Ich muss herausfinden, wer ich jetzt bin und was ich von nun an will.«

Gebre versteht. »Es bringt dich nicht weiter, nachzuforschen, was du früher wolltest oder gewünscht hättest. Weil da nichts war. Es war zu früh für dich. Noch nicht deine Zeit. Die Beziehung mit Michael will ich dir nicht schlechtreden. Aber du bist direkt nach der Pubertät eine Beziehung zu einem Menschen mit deutlich mehr Lebenserfahrung eingegangen. Das ist nicht schlimm, aber anders als mit einem etwa Gleichaltrigen. Wahrscheinlich hat Michael wie von selbst das Ruder in der Hand gehabt und du warst vielleicht froh, dass du ihm alles überlassen konntest. Denn auch damals wärest du allein überfordert gewesen. Jetzt sind es andere Entscheidungen, die du zu treffen hast, bestimmt nicht weniger als vor einigen Jahren. Wenn wir als

Freunde helfen können, machen wir das. Aber du bist stärker, als du glaubst. Erwarte nur nicht von dir, dass du plötzlich eine Reife in dir trägst, deren Prozess nie stattgefunden hat. Gib dir Zeit für deine Entwicklung!«

Gebre hat recht, auch wenn ich über seine Ansprache noch lange werde nachdenken müssen.

»Mit dem Komfort meines Lebens habe ich oft angegeben, habe anderen erzählt, wie toll mein Leben mit Michael ist. Weißt du schließlich selbst. Erst jetzt begreife ich den faden Beigeschmack. Ich frage mich, ob andere über mich gelacht und sich heimlich über mich amüsiert haben, über den, der nichts ist und nichts kann.«

»Vielleicht. Aber es ist müßig, sich darüber den Kopf zu zerbrechen. Oder? Hast du nicht wichtigere Dinge anzugehen? Denk lieber darüber nach, welche Ausbildung oder welchen Job du dir vorstellst! Wie willst du dir deinen Lebensunterhalt verdienen?«

Mein Freund erinnert mich daran, dass ich in der Tat lebensnotwendigere Probleme zu lösen habe.

Wir hören, wie Emir die Treppe herunterpoltert. Die Shopping-Tour hat offensichtlich zu einer vermehrten Adrenalinausschüttung bei ihm gesorgt, so aufgedreht, wie er sich gerade gibt. Summend und tanzend betritt Emir die Küche.

»Daniel, ich fürchte, wir müssen noch einmal einkaufen gehen«, spricht er mich sofort an und legt mir von hinten die Arme um den Hals.

»Wenn du das so sagst, fürchte ich mich auch«, entgegne ich und warte darauf, dass Emir erklärt, was er vorhat.

»Ich habe gerade ein paar Leute für eine Party am Wochenende eingeladen. Es müssen doch alle unseren neuen Mitbewohner ordentlich begrüßen!«, verkündet Emir strahlend. »Und nichts gegen deine neuen Klamotten und dein neues Ich, Danny Boy, aber ein wenig mehr Glamour wäre schon angebracht, wenn wir es hier krachen lassen.«

Meine Begeisterung zum Thema Party hält sich in Grenzen. Aber ich bin Gast in der WG und erwarte nicht, dass die Stammbewohner ihr Leben aufgeben, bloß weil ich in der Küche herumliege.

»Wer kommt denn so?«, fragt Gebre. »Und wie viele ungefähr?«

»Keine Ahnung!«, ruft Emir, als wäre es nicht er, der Leute einlädt. »Lassen wir uns einfach überraschen!«

Achtzehn

Die vielen Menschen in diesem Raum sind ein ungewohnter Anblick für mich. Auch wenn ich erst seit kurzem in der Wohnküche lebe, ist sie mir rasch vertraut geworden. Aber nun ist mein bescheidener Lebensraum Teil der Party Location, die heute Abend mit Gästen gefüllt ist.

Heute früh habe ich meine Liegestatt in das Sofa zurückverwandelt, das es normalerweise ist. Meine wenigen Habseligkeiten habe ich in der Ecke dahinter verstaut, sicher vor neugierigen Blicken.

Die Musik ist laut. Die Menschen sind laut. Zuerst hatte ich keine Lust auf eine Party, aber jetzt amüsiere ich mich und habe unverfälschten Spaß. Emir und Celia stellen mir immer wieder neue Leute vor. Mir schwirrt bereits der Kopf. Als ich Sabrina und Denise, die Kolleginnen von Emir, die ich unter unschönen Bedingungen bereits kennengelernt habe, entdecke, nehme ich mir fest vor, mich von diesem Umstand nicht hinunterziehen zu lassen. Solange ich einfach einen großen Bogen um die beiden mache, sollte das nicht allzu schwer sein. Es ist unfair, den beiden eine Mitschuld an den Geschehnissen zu geben. Trotzdem stehen sie in meinem Unterbewusstsein als Sinnbild für die Trennung von Michael. Immerhin mahne ich mich, sie dies nicht zu sehr spüren zu lassen.

Ich trinke wenig Alkohol und genieße die nüchterne Freude. Meine neuen Freunde kennen interessante Menschen.

Wie lange sollte man sich eigentlich kennen, bevor man nicht mehr ›neue Freunde‹ denkt oder sagt, sondern einfach ›Freunde‹? Darüber muss ich mir demnächst genauer

Gedanken machen. Oder das ›neue‹ einfach von nun an weglassen. Immerhin sind es meine einzigen Freunde und sie fühlen sich richtig und echt an.

Es ist schon fast Mitternacht. Ich gehe davon aus, dass alle eingeladenen Gäste anwesend sind, als ich sehe, wie Emir erneut zur Eingangstür geht und diese öffnet. Wahrscheinlich hat er das Klingeln nur gehört, da er sich mit ein paar Freunden im Eingangsbereich an einem Stehtisch direkt vor der Tür aufhält. Neugierig halte ich Emir und die Pforte im Blick. Wen erwartet er denn jetzt noch? Aber heißt es nicht, dass die Gäste umso schöner werden, desto später der Abend wird?

Die Überraschung könnte nicht größer sein.

Bitte nicht. Bitte nicht er. Colin.

Hätte ich damit rechnen müssen? Immerhin gehört Colin zu Emirs Arbeitsumfeld. Und wenn Sabrina und Denise hier sind, ist es nicht verwunderlich, dass Colin ebenfalls eingeladen ist.

Emir wird hoffentlich nicht noch Michael eingeladen haben, da zum Chef doch eine gewisse Distanz gewahrt wird. Das hätte mir Emir außerdem niemals angetan. Aber Colin? Warum nicht? Er ist Michaels Assistent und scheint sich mit allen Mitarbeitern aus dem Team gut zu verstehen.

Warum ist mir durch Colins Anwesenheit unbehaglich zumute? Weil ich noch immer denke, dass er es eingefädelt hat, dass ich diesem Dennis begegne. Weil ich ihm persönlich ankreide, dass es zu der Trennung zwischen Michael und mir gekommen ist, auch wenn ich weiß, dass dieser Zusammenhang Unsinn ist.

Ich will Colin einfach nicht in meiner Nähe haben, kann jedoch gerade nichts dagegen tun, was mir zusätzlich zu meinem Unbehagen ein Gefühl der Hilflosigkeit bereitet. Gut erzogen wie ich bin, werde ich nicht die Party, die für mich gegeben wird, verlassen. Das wäre nicht nett meinen Freunden gegenüber. Außerdem wäre es wirklich albern.

Abstand haltend betrachte ich Colin. Wie immer gefällt mir sein Kleidungsstil, obwohl ich das nicht möchte. Colin trägt eine schmale dunkle Hose, die perfekt sitzt und lässig wirkt. Dazu hat er ein Hemd kombiniert, das nichts der Fantasie überlässt und trotzdem an keiner Stelle seine Bewegungen einschränkt. Ich kann mir ein Grinsen nicht verkneifen, als mein Blick weiter nach unten wandert. Mit seinen schwarzen Schuhen mit dicker Kreppsohle setzt Colin eine rebellische Note in sein perfektes Styling. Ich mag es. Ich mag seinen Look. Ich mag nur ihn nicht.

Zwischen Emir und Colin scheint sich direkt nach der höflichen Begrüßung ein Wortgefecht zu entwickeln. Emirs Gesichtsausdruck zeigt deutlich, dass er überrascht und nicht uneingeschränkt von Colins Erscheinen begeistert ist. Irre ich mich oder huscht sein Blick immer wieder zu mir?

Und Colin? Er gibt sich gelassen, lässt seinen Blick immer wieder über die Menge gleiten, jedoch meiner Meinung nach ein wenig zu betont lässig. Wie er ständig das Standbein wechselt, steht im Gegensatz dazu. Ganz wohl fühlt er sich offensichtlich nicht in seiner Haut.

Schon stecke ich in einem Dilemma. Ich möchte Abstand halten und trotzdem mitbekommen, worüber Emir und Colin sich unterhalten.

Hinter mir setzt Getuschel ein, leise und laut genug, um nicht erkennen zu lassen, ob es Absicht ist, dass andere mithören. Inzwischen sind mir die Stimmen vertraut, so dass ich mich nicht umdrehen muss, um Sabrina und

Denise zu erkennen. Ich wollte doch einen Bogen um sie …

»Ich dachte, er hätte den gar nicht eingeladen«, legt Sabrina los.

»Aber mitbekommen hat er auf jeden Fall, dass hier eine Party steigt«, gibt Denise zurück. »Wofür gibt es denn den Flurfunk?«

Denise und Sabrina kichern dämlich. Ich verdrehe die Augen und kann mir denken, wer beim Flurfunk besonders aktiv ist.

»Dass der einfach uneingeladen kommt, finde ich aber ausgesprochen frech«, empört sich Sabrina und macht eine affektierte Pause. »Impertinent!«

Sie ist so stolz darauf, ein schlaues Wort von sich zu geben, dass ich vor Belustigung mein Bier ausspucke. Ich bin ein arroganter Mistkerl, ich weiß, aber ich kann zur Not vorgeben, dass ich nichts mitbekommen hätte von ihrem Tratschgespräch.

»Ist dir nicht gut, Daniel?«, fragt Denise besorgt nach und tätschelt mir die Schulter.

»Nee, alles gut«, wiegele ich rasch ab und entfliehe ihrer Berührung. »Habe mich nur verschluckt. An einem Nüsschen.«

Unbeholfen tupfe ich mit einer Serviette, die Sabrina mir freundlicherweise anreicht, mein feuchtes Shirt ab. Als ich wieder aufschaue, kreuzt mein Blick Colins. Seine Augen weiten sich, als ich seinem Blick nicht ausweiche, sondern ihn für einen Moment mit erhobenem Haupt halte. Damit hat er nicht gerechnet. Still feiere ich diesen Triumph. Still und kurz. Mein Hochgefühl flaut deutlich ab, als Colin auf mich zukommt.

»Hallo, wie geht es dir?«, fragt er, als er vor mir stehen bleibt.

Hinter mir schnappen Sabrina und Denise lautstark nach Luft. Emir hingegen ist sicherheitshalber bei seinen Freunden am Stehtisch geblieben.

»Danke der Nachfrage. Ganz gut«, antwortet ich betont gut erzogen, da es mir ein Bedürfnis ist, ihn zu erinnern, dass wir keine Kumpel sind. Wir sind nichts.

»Schön zu hören.« Colin stockt. Er weiß nicht weiter.

Was will er? Ich habe keine Ahnung, warum er hier ist und mich anspricht.

Bisher hat Colin mich häufig mit verächtlichen Bemerkungen bedacht. Immerhin unterlässt er diese gerade. Aber das macht ihn nicht zu einem Freund. Warum sollte ich versuchen, ein Gespräch in Gang zu bringen?

Fragend schaue ich ihn an, aber von Colin kommt nichts weiter. Als er sich umschaut, bemerkt er die Blicke der Partygäste und windet sich unwohl.

Ich beende dieses Schauspiel, indem ich mich abwende, um mir ein Bier zu holen. Als mir auffällt, dass die Flasche in meiner Hand noch fast voll ist, gehe ich einfach in eine Ecke und stelle mich dort allein hin. Ich schaue nicht zurück und nicht, was Colin nun macht.

Rasch gesellt sich ein junger Typ zu mir, von dem ich vorhin ein paar interessierte Blicke wahrgenommen habe. Bis gerade hatte ich kaum Alkohol getrunken und mich amüsiert. Jetzt ist mir danach, mich zu betrinken, alles zu vergessen und vielleicht mit diesem hübschen Kerl zu knutschen.

Und da ich soeben bemerke, dass Colin zu mir und meinem neuen Bekannten herüberschaut, fange ich direkt an, meinen unausgegorenen Plan umzusetzen.

»Wie heißt du?«, frage ich den Typen mit den hellblonden Haaren neben mir.

»Tim, ich bin …«, stellt sich dieser begeistert vor, oder möchte dies zumindest.

»Egal! Lass knutschen!« Und damit ziehe ich ihn zu mir heran und presse meine Lippen auf seine. Die Begeisterung von eben zeigt er nun in seinem motivierten Geknutsche. Er gibt echt alles. Ich hoffe, dass er weiß, was hier abgeht und er nach unserem Intermezzo keinen Heiratsantrag erwartet.

Tim ist nett und willig. Wir amüsieren uns gut und ich trinke wie geplant viel. An diesem Abend verlässt Tim meinen Arm nur, wenn er mal pinkeln muss, oder ich. Egal, ob wir uns küssen oder miteinander tanzen, ich spüre und sehe, dass Colin uns mit mürrischem Blick beobachtet. Die Genugtuung darüber beschwingt mich.

Du hast beigetragen, dass meine Beziehung zerbrochen ist, aber schau, wie gut ich drauf bin. Guck genau hin, Colin! Geht es dir ebenso gut wie mir? Sieht nicht so aus!

Als immer mehr Gäste nach Hause gehen, fragt Tim, ob er bleiben dürfe. Dabei klimpert er mit den Wimpern und legt ein Betteln in seinen Blick, dem ich in meinem Zustand nicht widerstehen kann. Warum sollte ich?

Nachdem die letzten Gäste fort sind, verabschiedet sich Emir und kriecht auf allen vieren die Treppe hinauf. Celia hat sich schon vor einiger Zeit in ihr Zimmer zurückgezogen.

»Sei bloß leise, damit du Celia nicht weckst!«, mahnt ihn Gebre, der noch ein paar Aschenbecher leert und sie in der Spüle mit heißem Wasser und Spülmittel einsetzt. Die Gerüche von Alkohol, Essen und kalten Kippen hängen trotzdem in der Luft.

Gebre räumt die Wohnküche auf, wirft mir immer wieder bedeutsame Blicke zu und nickt in Richtung Haustür, als könne er damit Tim rauswerfen. Offenbar möchte er nicht, dass ich hier mit Tim weiter rummache.

»Willst du mitmachen, Gebre, oder warum gehst du nicht ins Bett?«, fordere ich ihn heraus.

Überrascht reißt Gebre die Augen auf. Selbst Tim ist bei meinem bissigen Tonfall zusammengezuckt.

»Fick dich doch!« Mit diesen Worten dreht Gebre sich um und stapft kopfschüttelnd davon.

Weiter so! Vergraul deine Freunde!

Ich höre Gebres Schritte auf der Treppe und fühle mich schlecht. Allerdings nicht lang. Tim schmiegt sich von hinten an mich und streichelt meinen Bauch. Seine Hände sind zielstrebig und schlüpfen rasch unter mein Shirt. Geschickte Finger öffnen meine Hose und fassen in meinen Slip.

Erleichtert stelle ich fest, dass ich unter den animierenden Berührungen hart werde. Tim ist nett, aber er macht mich nicht besonders scharf. Außerdem ist Alkohol bei mir nicht unbedingt eine gute Idee, wenn ich ficken will. Aber gerade bin ich offensichtlich hormonell dermaßen aufgepeitscht, dass nichts mich davon abhalten kann, Dummheiten zu machen.

Ich packe Tim, ziehe ihn nach vorne und schiebe ihn in Richtung Tisch, auf dessen Fläche schmutziges Geschirr und flache Keramikschalen mit Chipsresten stehen. Ist mir egal!

»Wow, du bist aber einfallsreich«, gurrt Tim mir zu und wackelt mit dem Hintern.

Einfallsreich? Ist der blöd? Ich will einfach nur ficken, und das ohne Umwege. Wie bescheuert waren denn seine Liebhaber bisher, wenn er einen Fick auf dem zugemüllten Küchentisch für einfallsreich hält? Er hatte doch hoffentlich schon …

»Ey, Jungfrau bist du nicht mehr? Oder?«, frage ich unsensibel.

»Natürlich nicht!«, antwortet Tim wie aus der Pistole geschossen. Für mich ein wenig zu schnell.

»Du lügst mich nicht an?«, hake ich nach. Vielleicht bin ich doch kein total schlechter Mensch. Selbst in meinem alkoholisierten Zustand ist mir das nicht egal.

Tim schaut mich eindringlich an und wiederholt seine Aussage: »Nein, ich bin wirklich keine Jungfrau mehr. Können wir jetzt?!«

Mit festem Griff packe ich seine Schultern und drücke seine Brust auf den Tisch, auf dem er bereitwillig liegen bleibt und mit den Händen die Tischkanten ergreift. Ich fasse um ihn herum, öffne den Reißverschluss seiner Hose und ziehe ihm diese anschließend von hinten hinunter. Keine Ahnung, ob er es heute Abend auf Sex angelegt hat, aber praktischerweise trägt er keine Unterwäsche. Guter Junge!

»Ich habe Gleitgel und Kondome in der Hosentasche«, stöhnt Tim von unten. Wovon stöhnt er denn so? Hier passiert doch überhaupt nichts Erotisches. Egal, jetzt ist auf jeden Fall klar, dass er auf der Suche nach jemandem zum Ficken war. Jetzt hat er mich.

»Allzeit bereit, was?!«, spotte ich, greife in seine Hosentasche und hole die kleine Tube und zwei verpackte Kondome heraus. Schnell drücke ich eine Portion Gel auf meine Fingerspitzen und schmiere damit das Loch vor mir. Lieblos stochere ich mit einem Finger darin herum. Und Tim stöhnt wieder, was mich beinahe nervt. Ich bin selbst verwundert über die Tatsache, dass ich noch immer hart bin. Im Kopf bin ich überhaupt nicht geil, nur mein Körper schreit nach Sex. Diese Gier brennt wie Feuer in mir und hält meine Libido am Leben.

Mit aller Vorsicht, die ich alkoholbenebelt aufbringen kann, packe ich ein Kondom aus und rolle es mir über den Schwanz. Den Gedanken, dass ich dies viele Jahre nicht mehr gemacht habe, ersticke ich im Keim. Jetzt nicht an Michael und mein früheres Leben denken! Stattdessen schmiere ich meinen Schwanz mit dem Gel ein, setze an und schiebe mich in Tims Arsch. Automatisierte Vorgänge, die kann ich. Tim zuckt und windet sich. Ich genieße, wie er sich unter mir verkrampft. Mir ist danach, ihn zu besteigen, wie ich es will. Und ich will es ruppig.

Als Tim weicher und lockerer um mich wird, stoße ich zu. Ziehe mich zurück. Stoße wieder in ihn. Tims Becken knallt vor die Tischkante, immer wieder. Sein Quieken geilt mich auf. Sein Schmerz macht mich hart. Das lustvolle Stöhnen, das ich nicht begreife, lässt mich weitermachen. Weiter und weiter.

Ich kenne mich nicht. Nicht so. Ich hämmere meinen Frust und meine Wut in ihn. Ich vergesse ihn. Ich vergesse mich. Aber vor allem ihn.

Als ich abspritze, bin ich fertig. Mir ist egal, was Tim ist.

Neunzehn

Trübes Tageslicht dringt durch das Fenster, erhellt den Raum jedoch nur wenig. Ich liege auf dem Sofa in der Wohnküche. Es ist nicht ausgeklappt und ohne meine übliche Bettwäsche. Nur eine Decke, die sonst als Dekoration über dem Sofa liegt, bedeckt mich. Mich und den blonden Typen, der zwischen mir und der Sofalehne eingeklemmt liegt.

Ich bin desorientiert, muss überlegen, was anders ist als sonst. Dann fällt mir die Party von gestern ein. Ich wende den Kopf und schaue mich um, bemerke die vielen Flaschen, die auf der Küchenzeile stehen, das Geschirr, das in der Spüle gestapelt ist. Auch auf dem Tisch fliegt eine Menge Müll herum. Allerdings ist eine Ecke des Tisches frei, als hätte jemand auf die Schnelle mit dem Arm darübergewischt.

Mit dem Typen neben mir hatte ich wohl Sex, nehme ich mal an. Sieht gut aus, ein bisschen zu weich für meinen Geschmack, aber nett. Tim. Genau. Tim heißt er. Ein paar Szenen wehen durch meine Erinnerung, keine unangenehmen.

Träge kratze ich mich in der Leiste. Etwas Klebriges bleibt an meinen Fingern haften, was mir ein zufriedenes Grinsen entlockt. Gibt es etwas Schöneres als Sperma auf dem Körper nach befriedigendem Sex? Es war doch hoffentlich befriedigend? Ich erinnere mich nicht. Ich reibe meinen Daumen gegen die Spitzen von Zeige- und Mittelfinger und halte anschließend die Hand unter meine Nase. Der Duft von Sex. Heute jedoch ist er anders. Süßer. Metallischer.

Im Halbdunkeln taste ich nach dem Schalter am Kopfende des Sofas und mache das Licht an. Ein Schrecken durchfährt mich. An meiner Hand klebt Blut.

Mit einem Ruck reiße ich die dünne Kuscheldecke fort und betrachte meinen Schwanz. Ein Kondom klebt an meinen verschwitzten Hoden. Benutzt. Schmuddelig. Zerknittert. Mit den Fingerspitzen pule ich es von meiner Haut und lege es vor dem Sofa ab. Darauf kommt es in der versifften Küche nicht mehr an. Dann richte ich mein Augenmerk wieder auf meinen Schwanz und bewege vorsichtig die Haut rund um die Eichel. Alles unversehrt.

Die Gewissheit überkommt mich wie ein Schwall kaltes Wasser. Das ist nicht mein Blut an meinen Fingern.

Was hast du getan? Du Dreckskerl, was hast du angestellt?

Ohne zu beachten, ob Tim wach ist oder nicht, greife ich nach seinem Hintern und ziehe ihn auseinander, so dass ich sein Loch sehen kann. Es ist wund und gerötet. Das finde ich nicht ungewöhnlich. Aber da sind Risse und bläuliche Verfärbungen. Da ist Blut. Entsetzt schnappe ich nach Luft. Ich habe diesen Jungen verletzt.

»Macht nix«, nuschelt Tim schläfrig und reibt sich die Augen. Er sieht aus wie ein Kind. Ist mir gestern nicht aufgefallen, wie jung er ist? Vielleicht sogar zu jung?

Immerhin weiß ich nun, dass er wach ist. Dass er sich von mir einfach so angrapschen lässt, irritiert mich. Hat er solche Schmerzen, dass er direkt weiß, worum es geht? Oder hat er meine Reaktion richtig interpretiert?

»Sehe ich anders!«, motze ich und betrachte das weiche Gesicht mit den müden geröteten Augen. »Wie alt bist du eigentlich?«

Tim wirft mir einen höhnischen Blick zu, den ich ihm gar nicht zugetraut hätte. In miesem Verhalten ist er mir offensichtlich ebenbürtig.

»Das fragst du jetzt? Fällt dir früh ein«, erwidert Tim. »Ich bin zwanzig und Praktikant in der Firma.«

Mit dieser Aussage möchte er wohl die Richtigkeit seiner Angabe hervorheben. Praktikant in der Firma, dann …

»Ja, ich kenne Michael und weiß, wer du bist«, spricht Tim aus, was ich nur gedacht habe.

Mist! Das gefällt mir nicht, auch wenn ich gerade nicht weiß, warum. Vielleicht hätte ich lieber jemandem den Arsch blutig gefickt, der nicht in Michaels Firma arbeitet. Ich bin so daneben!

»Bevor das hier noch richtig peinlich wird, verschwinde ich einfach.«

Tim rappelt sich vom Sofa auf und zieht seine Kleidung zurecht. Er hat tatsächlich mit heruntergelassener Hose geschlafen. In meinem Hirn steigen Bilder auf, wie wir zum Sofa geschwankt sind, während mein Schwanz noch halb in ihm war. Tim hat mich auf seinem Rücken dahin geschleppt. Er hat recht. Das könnte noch richtig peinlich werden. Ich bin dankbar, dass Tim von sich aus verschwindet und ich nicht nachhelfen muss.

Zwischen uns gibt es nichts zu besprechen, daher lassen wir es.

»Tschüss«, sagt Tim, als er durch die Haustür nach draußen tritt.

Ich hebe nur schweigend die Hand und bin erleichtert, als ich die Tür hinter ihm zuschiebe.

Als ich mich umdrehe und gegen das Türblatt sinken lasse, sehe ich Gebre oben am Geländer stehen. Sein Blick ruht auf mir. Er sagt nichts und alles.

Zwanzig

Die Menschen vor der großen Glastür beachten mich kaum, als ich auf das Gebäude zugehe. Wenige Blicke aus verkniffenen Gesichtern treffen mich. Meinen verhaltenen Gruß erwidert niemand. Mit den gesenkten Köpfen unter Kapuzen oder Mützen strahlen die Leute Desinteresse aus. Die Zigaretten in ihren Händen sind offensichtlich bedeutsamer für sie.

Das ist es also? Arbeitsamt? Die löchrigen grauen Jogginghosen und verwaschene Parkas bedienen jedes Klischee, von dem ich jemals in Bezug auf Arbeitslose gehört habe. Mut macht das nicht.

Obwohl die Tür aus Glas ist, kann ich bei einem Blick durch die Scheibe fast nichts erkennen, da diese schmutzig und verschmiert ist. Die grau verputzte Fassade ist mit Graffitis, die häufig vor den Fenstern keinen Halt gemacht haben, besprüht.

Feigling! Feigling!

Alles in mir möchte auf dem Absatz kehrtmachen und verschwinden. Aber ein kümmerlicher Funke Kampfgeist hält mich zurück.

Mit dem Ellbogen drücke ich den Griff aus Aluminium und schiebe die Tür auf, die nur schwer nachgibt. Es hätte mich gewundert, wenn der Eingang sich automatisch geöffnet hätte. Das wäre eine Einladung, die zu dem übrigen Erscheinungsbild nicht gepasst hätte.

Fleckiger Teppichboden dämpft meine zögerlichen Schritte. Alles verströmt hier eine altmodische Aura. Welches öffentliche Gebäude ist heutzutage noch mit Teppich ausgelegt? Wer hat noch Fenster und Türen mit Rahmen aus Aluminium?

Ich hoffe nur, dass die Mitarbeiter nicht ihrem Umfeld angepasst sind und ähnlich rückständig sind. Insgesamt scheint mir das hier kein Premium Arbeitsamt zu sein. Allerdings bin ich nicht in der Position, Ansprüche zu stellen. Das sollte ich nicht vergessen.

Gut erkannt, du Schnösel!

Es gibt keine Anmeldung, daher gehe ich den breiten Gang entlang. Als ich eine Nische mit Stühlen, die an der Wand befestigt sind, entdecke, steuere ich darauf zu. Auf den fadenscheinigen braunen Polstern der Sitzflächen sind runde Löcher eingebrannt. Etwa aus einer Zeit, als man in öffentlichen Gebäuden noch rauchen konnte? Es schüttelt mich. Trotzdem nehme ich auf einem der Stühle Platz. Und warte. Zehn Minuten. Fünfzehn Minuten.

Meine Hose klebt am Kunststoff des Sitzes. Unangenehm ist der Stoff an meine Haut gepresst. Ich hebe nacheinander meine Oberschenkel an und lockere mit der Hand den klammen Stoff. Meine Hände sind feucht vor Nervosität. Mein Herz klopft energischer als sonst. Meine Füße überkreuzen sich immer wieder und wechseln dabei ständig die Richtung. Ich befinde mich auf ungewohntem Terrain und das löst in mir enorme Aufregung aus.

Die Luft ist stickig und drückend warm. Durch ein auf Kipp stehendes Fenster weht der Geruch erkalteter Zigaretten herein.

Gelegentlich huschen Mitarbeiter mit Mappen unter dem Arm geschäftig über den Flur. Manche unterhalten sich gedämpft mit Kollegen. Nur selten lässt jemand den Blick schweifen. Niemals bleibt einer davon irgendwo haften.

Mir gegenüber sitzt ein Mann, der mich in unregelmäßigen Abständen anschaut. Er sieht zurechtgemacht aus, obwohl sein Erscheinungsbild schäbig ist. Seine Haare sind fettig, aber ordentlich gekämmt. Seine Kleidung ist veraltet, aber sauber und glatt.

»Du musst hier eine Nummer ziehen!«, sagt der Mann.

Das Klatschblatt, in dem ich lustlos blättere, fällt mir vor Schreck fast aus der Hand. Ich schaue auf.

Mit einem freundlichen Lächeln weist der Mann auf ein Schild, das ich vorhin offensichtlich übersehen habe. Wartemarke ziehen! Und dazu ein unmissverständlicher Pfeil!

Mein Gesicht wird heiß. Ich winde mich kurz auf meinem Sitz und stehe schließlich auf.

Dummkopf! Zu blöd für einen Besuch beim Arbeitsamt! Dummkopf!

»Danke«, erwidere ich verlegen. »Muss ich übersehen haben.«

»Dein erstes Mal?«, fragt der nette Mann und zwinkert mir zu.

»Ja. Ist ziemlich offensichtlich, oder?«

»Hast Glück. Heute ist nicht viel los.«

Der Mann nickt bedächtig und betrachtet die Unterlagen, die er in der Hand hält. Offensichtlich hat er hier Erfahrung.

Versteckt in einer dunklen Nische finde ich einen wackeligen Ständer mit einer Papierrolle, von der ich mir eine Nummer abreiße. Das ist alles dermaßen retro, dass es mich grinsen lässt. Das glaubt mir kein Mensch.

Als ich wieder zu meinem Platz gehe, kommt mir der Mann von eben entgegen. Mist, jetzt habe ich nicht mitbekommen, woher er weiß, dass er dran ist. Eine Anzeigetafel sehe ich nämlich nirgendwo.

»Viel Glück!«, wünsche ich ihm lächelnd. Betreten beiße ich mir auf die Zunge und halte die Luft an. Sagt man das überhaupt so? Unter Arbeitssuchenden? Klingt das überheblich?

»Danke! Dir auch!«

Mit einem Hauch von Triumph halte ich den Zettel mit der Nummer hoch und erhalte dafür ein letztes Lächeln. Offenbar habe ich nichts Falsches gesagt, was mich erleichtert ausatmen lässt.

»Nummer 43!«, ruft jemand und ergänzt nach einer Pause. »Bitte!«

Gerade erst habe ich meine Tasche wieder abgestellt, als meine Nummer aufgerufen wird. Und zwar persönlich. Von einer Mitarbeiterin, die dazu die Tür ihres Büros aufreißt, den Kopf heraushält und in den Flur brüllt. Es gibt wirklich keine Anzeige oder Durchsage. Wo bin ich gelandet? Hastig mache ich mich auf den Weg. Den Unmut dieser Dame möchte ich mir nicht zuziehen.

Im Raum lasse ich mich auf einen Stuhl vor dem Schreibtisch fallen. Die Oberfläche des Tisches ist aufgeräumt, was mich verwundert. Ich habe mir vorgestellt, dass die Mitarbeiter hinter riesigen Aktenstapeln beinahe verschwinden.

Mein Klischeedenken ist mir peinlich. Die schlanke Dame mir gegenüber kann zum Glück nicht wissen, dass ich mir alle Mitarbeiter als übergewichtige Mittfünfziger vorgestellt habe. Ich sollte dringend an mir arbeiten.

Das Namensschild auf dem Schreibtisch weist meine Sachbearbeiterin als Frau Tramm aus. Wie läuft das hier?

Was soll ich machen? Eine Charmeoffensive wird kaum schaden.

»Guten Tag, Frau Tramm«, sage ich freundlich und setze ein Lächeln auf.

»Hallo Herr …«

»Gerber, Daniel Gerber.«

»Sie haben Ihre Unterlagen dabei, Herr Gerber?«

Frau Tramm schaut skeptisch auf meine leeren Hände und dann hoffnungsvoll auf meine Tasche.

»Welche Unterlagen genau?«, frage ich dämlich zurück

Meine Handflächen werden erneut feucht. Offensichtlich hätte ich etwas vorbereiten sollen. Ich bin hierhergekommen und dachte, dass die Sachbearbeiter alles Wichtige für mich erledigen. Falsch gedacht.

Ist mal wieder typisch, du fauler Sack! Nichtsnutz!

»Wofür sind Sie denn gekommen? Haben Sie keine Anträge ausgefüllt?«

Frau Tramm ist nicht gerade freundlich. Die Art, wie sie deutlich hörbar ausatmet, lässt ahnen, dass sie bereits jetzt genervt von mir ist. Das fängt nicht gut an.

»Das wusste ich nicht. Ähm …«

»Sie haben Glück«, unterbricht mich Frau Tramm. »Das ist erst mein dritter Tag hier und ich bin noch motiviert. Also erzählen Sie mal!«

Schon wieder bin ich überrascht. Frau Tramm wirkt auf mich, als hätte sie jahrelange Erfahrung, aber vielleicht war sie vorher auf einem anderen Amt. Sind Ämter nicht alle gleich?

»Ich brauche einen Job«, sage ich.

»Den Satz habe ich schon mal gehört«, sagt Frau Tramm mit zuckenden Mundwinkeln. »Was genau? Haben Sie Zeugnisse?«

Endlich habe ich das Gefühl, dass etwas für mich läuft. Schnell schlage ich meine Tasche auf und hole stolz mein Abiturzeugnis hervor. Ich war ein guter Schüler, kein Überflieger, aber mit durchaus vorzeigbaren Noten.

Frau Tramm betrachtet mein Zeugnis und zieht anerkennend die Augenbrauen hoch.

»Sieht gut aus. Weiter! Berufsschule? Beurteilungen? Studienbescheinigungen?«

Weiter ist da nichts. Hart pralle ich auf dem Boden der Realität auf.

»Das ist es«, sage ich kleinlaut.

Schweigend schaut Frau Tramm mich an. Fällt da etwa ihre kurzzeitige Fröhlichkeit in sich zusammen? Bestimmt hat sie längst mein Geburtsdatum auf dem Zeugnis gecheckt. Wahrscheinlich fragt sie sich, wo ich meine Lebenszeit vertrödelt habe, und glaubt, dass ich von Beruf Sohn bin. Dabei ist es schlimmer.

»Das ist wenig«, sagt Frau Tramm. »Haben Sie einen Lebenslauf geschrieben?«

»Noch nie.« Meine Stimme ist leise.

»Sie haben keinen Beruf? Haben bisher nicht gearbeitet? Verstehe ich das richtig?«

»Ja.« Meine Stimme wird leiser.

Frau Tramm stellt weitere Fragen und erkundigt sich nach eventuell vorhandenen Fähigkeiten. Witze über den König des Bier Pong verkneife ich mir besser. Ich habe das Gefühl, dass das in meiner bescheidenen Situation nicht gut ankommt.

Schließlich atmet meine Sachbearbeiterin schnaubend aus und verkündet ihr Fazit: »Sie brauchen keinen Job. Sie brauchen eine Ausbildung, ein Studium.«

Meine Stimme bleibt aus. Frau Tramm hat recht. Eilig tippt sie etwas in ihre Tastatur und druckt Formulare aus. Dann dreht sie sich und wendet sich dem Regal hinter sich zu. Sie schiebt einige gelbe Postkisten zur Seite, bevor sie Broschüren aus ein paar Fächern zieht. Das alles gibt mir Zeit, mich etwas zu sammeln.

»Verstehen Sie, Frau Tramm. Deshalb bin ich hier. Es soll sich etwas ändern.«

Die Hoffnung in meiner Stimme klingt in meinen eigenen Ohren erbärmlich.

»Ich bin keine Sozialarbeiterin. Ohne Ausbildung wird es schwer mit einem Job. Und das mit dem Leben ändern, das müssen Sie selbst schaffen. Aber eine Menge Material habe ich für Sie«, sagt Frau Tramm ernst und knallt die Broschüren vor mir auf die Tischplatte. »Damit haben Sie auf jeden Fall keine Langeweile.«

»Danke«, sage ich, obwohl ich nicht genau weiß, wofür. Vielleicht reicht es mir schon, dass Frau Tramm mich nicht auslacht.

»Nutzen wir meine Motivation und legen los«, sagt Frau Tran und wendet sich mit Schwung ihrem Computer zu. »Name, Adresse … Bitte sagen Sie mir, dass Sie Ihren Personalausweis dabeihaben!«

»Ja!« Betont theatralisch balle ich die Faust. »Habe ich.«

Gemeinsam erledigen wir Papierkram. Zwischendurch erzählt Frau Tramm etwas von Leistungsabteilung, ALG I und ALG II. Ich blicke nicht durch, was das alles ist, aber ich mache bereitwillig meine Angaben. Frau Tramm wirkt nicht begeistert, bemüht sich jedoch offensichtlich um ein neutrales Verhalten. Mein Gefühl sagt mir, dass die Hilfe nicht der gewöhnliche Service ist. Mehr zu erwarten wäre unverschämt.

Ich stehe in der Tür des Büros und habe die Klinke in der Hand, als Frau Tramm hinter mir herruft.

»Herr Gerber! Das hätte ich beinahe vergessen. Einen Staplerschein haben Sie auch nicht, oder?«

»Einen was?« Ich drehe den Kopf und schaue zurück zu Frau Tramm.

»Einen Nachweis, dass sie einen Gabelstapler bedienen können. Arbeitsmaschinen. Führerschein Klasse L. War nur eine Idee …«

Spätestens jetzt ist es eindeutig. Frau Tramm ist genervt. Sie verdreht sogar die Augen und lässt in Resignation die Schultern sinken. So weit habe ich sie gebracht.

Meine Tasche hängt tief und bringt mich in körperliche Schieflage, als ich das Gebäude verlasse. Ich bin ein Verlierer. Die Tatsache, dass ich einen winzigen Schritt gemacht habe, ändert nichts daran.

Zum Arbeitsamt zu gehen, finde ich nicht schlimm. Hier haben sich schon gebildetere Menschen als ich Hilfe geholt. Aber dass ich in meinem Alter nichts vorweisen kann, beschämt mich. Keine Ausbildung, keinen Beruf, keine Karriere, nichts davon.

Als ich das tolle Leben gelebt habe, war alles wunderbar. Mit Abstand betrachtet ist von der Sonnenseite wenig zu erkennen.

Einundzwanzig

Schon nach ein paar Wochen hängen mir Shampoo- und Deoflaschen zum Hals heraus. Dennoch klage ich nicht. Immerhin hat der Job den Vorteil, dass man zügig hineinfindet, Routine entwickelt und ihn daher ohne große geistige Anstrengung erledigen kann. Und er bringt Geld, was eigentlich das Wichtigste ist.

Mein neues aufregendes Leben hat mich zu einem Drogeriemarkt geführt. Zweimal in der Woche räume ich morgens um sechs Uhr vor der Ladenöffnungszeit Waren in die Regale ein. Den Job habe ich selbst ergattert, worauf ich stolz bin. Mein eigenes Engagement war allerdings auch nötig, nachdem meine bisherigen Termine beim Arbeitsamt unbefriedigend verliefen. Zudem waren die Gespräche meist schnell erledigt, wenn es darum ging, meine Fähigkeiten und Kenntnisse zu benennen. Meine Sachbearbeiterin Frau Tramm hat ihre Motivation vollends verloren, was ich ihr jedoch auf der Basis meiner Angaben nicht verübeln kann. Für ihre Vermittlungsquote bin ich garantiert ein Reinfall.

Hat Gebre nicht Witze darüber gemacht, dass meine Qualifikationen im Bereich Bier Pong bestimmt kaum gefragt sind? Da hat er recht behalten. Party König ist keine anerkannte Berufsbezeichnung. Damit bin ich schwer zu vermitteln.

Das Leben hat offensichtlich etwas anderes mit mir vor. Irgendwann fiel mir bei einem Einkauf, den ich für die gesamte WG erledigte, ein Aushang in dem Drogeriemarkt unseres Vertrauens auf. Herr Schneider, der Filialleiter, konnte seine Überraschung nicht verstecken, als ich ihn direkt im Gang auf den Minijob ansprach. Mein Anliegen musste ich mehrfach wiederholen, bis er mich endlich in sein Büro bat. Dort bedurfte es meiner ganzen Überredungskünste, ihn davon zu überzeugen, mit mir den goldenen Griff für den Job zu machen. Bisher habe ich ihn nicht enttäuscht, was Herr Schneider mir letzte Woche in einem kurzen Gespräch bestätigte. Es war belustigend zu hören, wie er sich brüstete, so innovativ zu sein, einen Mann für diesen Minijob einzustellen. Bei ihm klang es, als wäre seine Filiale durch mich zu einem Integrationsunternehmen geworden. Unsere Gesellschaft hat bezüglich Gleichberechtigung noch einen weiten Weg vor sich, und zwar in alle Richtungen.

Nach dem Gespräch hatte ich immerhin verstanden, dass Herr Schneider zufrieden mit meiner Pünktlichkeit, Zuverlässigkeit und meinem Arbeitstempo sei. Die anerkennenden Worte meines Chefs haben mich gefreut – ein Gefühl, das mich selbst überrascht hat.

Du sortierst Toilettenpapier in die Regale und bist noch stolz darauf? Du hast es ja echt weit gebracht, Versager!

Die bekannte Stimme ist laut, unüberhörbar, aber ich bin gerade so guter Laune, dass sie mich nicht herunterziehen kann. Ich verdiene eigenes Geld und habe ein Lob meines Chefs bekommen. So!

Gerade fülle ich Lippenstifte nach, was ein paar Kundinnen offensichtlich witzig finden, so wie sie grinsen. Da springe ich für eine erkrankte Kollegin ein, die normalerweise nach mir arbeitet, und schon weiß ich wieder, warum mir meine üblichen Arbeitszeiten und das Arbeiten ohne Kundenkontakt so gut gefallen. Aber in einem Team gehört es dazu, dass man andere Mitarbeiter ersetzt, wenn es einem möglich ist, und Zeit habe ich schließlich.

Mein Gefühl sagt mir, dass meine Schicht nicht mehr lang dauern kann. Allerdings möchte ich nicht auf meinem Telefon nachschauen. Hier im Laden hängt keine Uhr, damit die Kunden sich nicht hetzen. Ziel ist schließlich, dass sie sich wohlfühlen und in aller Gemütlichkeit zu der Erkenntnis gelangen, dass sie fast jedes Produkt, das angeboten wird, dringend benötigen und am Ende kaufen.

Nachdem ich noch die Kosmetiktücher aufgefüllt habe, damit die Tester der Lippenstifte benutzt und die Farben wieder abgewischt werden können, drehe ich mich um und schaue den Gang entlang. Mein Blick bleibt an einer schlanken Person mit schwarzem Haar hängen. Die Art, wie sie den Kopf hält, kommt mir bekannt vor.

Vor einem Regal steht Colin und greift zielstrebig nach einer Flasche Duschgel. Dann zuckt er gedankenverloren mit den Schultern und legt eine weitere Flasche in seinen Einkaufskorb.

Guter Kunde!

Bei diesem Gedanken muss ich grinsen, untersage mir dies jedoch im gleichen Moment. Ich grinse nicht, wenn ich Colin begegne. Trotzdem bleibt ein unerwartet gutes Gefühl zurück, und wenn es nur ist, weil ich gesehen habe, was Colin ausgewählt hat. Inzwischen kenne ich das Sortiment und die Ordnung ausreichend gut, um zu wissen, dass sich an dieser Stelle eine Produktlinie der Eigenmarke befindet, unter anderem mit einem Duschgel, welches ich selbst benutze. Das Duschgel, das offenbar Colin ebenfalls gefällt. Immerhin ist er im Begriff, zwei Flaschen davon zu erwerben, eine davon sogar mit der gleichen Duftrichtung, wie ich sie nutze.

Dass ich mitten im Gang stehe und Colin anglotze, fällt mir auf, als Kunden sich unter mürrischen Bemerkungen mit ihren Einkaufswagen an mir vorbeiquetschen. Damit ziehe ich Aufmerksamkeit auf mich.

Kurz bevor ich mich wegdrehe, um mit meiner Tätigkeit fortzufahren, wendet Colin den Kopf und schaut in meine Richtung. Sein Blick hält mich fest. Colin betrachtet mich von oben bis unten. Sein Mundwinkel zuckt kurz, aber schnell hat er sich wieder unter Kontrolle und zeigt sein unbeteiligtes Gesicht. Dann wendet er sich ab und geht eiligen Schrittes zur Kasse.

Macht er sich lustig über mich? Wahrscheinlich hat er das Poloshirt mit dem Aufdruck meines Arbeitgebers gesehen und ist nun auf eine perverse Art befriedigt, dass ich es nötig habe, hier zu arbeiten.

Das mit den Poloshirts nervt mich selbst, da ich mir doch geschworen habe, niemals mehr welche anzuziehen. Aber für die Arbeitskleidung musste ich meinen Stolz und meine privaten Befindlichkeiten hinunterschlucken. Diese Arroganz kann ich mir zurzeit nicht leisten. Immerhin ist das einheitliche Polohemd das einzig verpflichtende Kleidungsstück bei diesem Job. Ich kann meine ganz normalen Jeans und Schuhe dazu kombinieren. Eine komplette Uniform fände ich schlimmer, zumindest in Weiß.

Offenbar ist Weiß die Farbe meines neuen Lebens, denn auf meiner zweiten Arbeitsstelle in einem Sauna-Tempel werden den Mitarbeitern weiße T-Shirts zur Verfügung gestellt. Meine Vermutung ist, dass damit ein medizinischer Bezug hergestellt werden soll. Schließlich gibt es in dem

Saunaclub unter anderem eine Abteilung, in der Wellness- und Kosmetikanwendungen angeboten werden.

Zum Glück war ich in meinem früheren Leben Kunde in einem anderen Etablissement. Es wäre mir unangenehm, hätte ich Kollegen, die mir vor Monaten noch den Intimbereich gewachst und die Mitesser an der Nase entfernt hätten.

Das muss wirklich nicht sein.

Zweiundzwanzig

»Wir müssen mit dir reden«, spricht Gebre mich direkt an, als ich nach Hause komme und die Wohnküche betrete. Er steht an die Küchenzeile gelehnt und isst einen seiner geliebten griechischen Joghurts mit Honig. Ich habe mich bereits häufig gefragt, ob ihm die im Sitzen überhaupt schmecken würden, da ich ihn die Dinger stets im Stehen löffeln sehe.

»Wer ist wir?«, frage ich gutgelaunt zurück und ergänze albern: »Du und dein imaginärer Freund?«

Immerhin kann Gebre über meinen Scherz lachen, bevor er wieder ernst wird. »Nein, Emir und ich, eigentlich eher Emir …«

Gebre geht in den Flur und brüllt nach oben: »Emir, jetzt komm! Du musst das sagen. Du hast keine Wahl, also runter mit dir! Sofort!«

Gebres energische Worte machen mir Angst. Meistens spricht er sanft und ruhig. Selbst als er mich vor ein paar Wochen streng ins Gebet genommen und mir seine Meinung zu der Sex-Sache mit diesem Tim mitgeteilt hat, war er deutlich, aber gemäßigt in seinen Worten. Und er ließ zu keinem Zeitpunkt Zweifel daran aufkommen, dass er mein Freund ist.

Emir poltert die Treppe herunter. Seine Schritte erscheinen unbeholfen und steif, als würde er sich erst seit wenigen Sekunden bewegen, was durchaus im Bereich des Möglichen liegt. Emir macht gern Mittagsschlaf, Nachmittagsschlaf und Vorabendschlaf, bevor er früh zu Bett geht und am nächsten Tag wieder spät aufsteht.

»Muss das jetzt sein? Ich hatte mich gerade hingelegt«, murrt Emir prompt und bestätigt damit meine Vermutung.

»Ja, das muss sofort.« Gebre lässt sich am Tisch nieder und fordert mich auf, mich ebenfalls zu setzen.

»Wer ist tot?« Meine Frage ist kein Scherz. Ich habe wirklich den Eindruck, dass jetzt etwas sehr Ernstes ausgesprochen wird und da fällt mir auf Anhieb der Tod ein.

»Niemand, und so soll es auch bleiben«, beruhigt mich Gebre.

»Also, heute habe ich auf der Arbeit etwas gehört«, ergreift Emir das Wort. »Ist vielleicht nur ein Gerücht, aber trotzdem solltest du es wissen.«

»Es hat etwas mit Michael zu tun«, stelle ich fest. »Ist er krank?«

»Keine Ahnung, ich denke nicht. Aber darum geht es nicht«, fährt Emir fort. »Das Gerücht geht um, dass die Affäre mit diesem Dennis nicht die erste während eurer Beziehung ist. Es soll wohl einige One-Night-Stands gegeben haben, unter anderem auf seinen Geschäftsreisen.«

»Und die waren zahlreich«, sage ich tonlos und starre durch das Fenster nach draußen. Ich sehe nichts.

Dass Michael mich betrogen hat, hat geschmerzt und schmerzt noch immer. Wir waren einige Jahre zusammen, glücklich, wie ich dachte. Wäre mein Leben nicht so ein Desaster, wie es gerade ist, hätte ich vielleicht Zeit und Muße, das Ende dieser Beziehung zu betrauern. Dazu komme ich im Moment jedoch nicht. Ich kann mich nicht einfach zurückziehen und die Tragödie beweinen. Dann ginge ich unter. Immerhin versuche ich gerade, mein Leben auf die Reihe zu bekommen. Das ist alles viel für mich. Ich bin dermaßen überfordert mit allem, dass ich nicht auf Anhieb weiß, was ich mit der Information, die ich gerade von Emir erhalten habe, anfangen soll. Machen weitere Affären einen Unterschied? Macht es das Drama schlimmer? Den Schmerz größer? Oder wird mein Kummer dadurch belangloser?

»Daniel, verstehst du, warum wir es für wichtig halten, dir das zu sagen?«, fragt Gebre und macht mich mit seinem eindringlichen Tonfall nervös.

»Nein«, antworte ich ehrlich.

Du bist so dumm. Dumm. Dumm. Naiver Schwachkopf!

»Michael und du, also irgendwie gehe ich davon aus, dass ihr ohne Kondome Sex hattet«, sagt Gebre und lässt es wie eine Frage klingen. »Also ungeschützt, meine ich. Kann das sein?«

»Na klar«, antworte ich. »Wir waren damals ein paar Monate zusammen. Alles lief super. Da haben wir uns testen lassen. Und als alles in Ordnung war, haben wir es ohne gemacht.«

»Wie wäre es, wenn du dich jetzt mal testen lassen würdest? Nur vorsichtshalber«, sagt Gebre und hält angespannt die Luft an.

Er meint …? Falls Michael mit den anderen Kerlen … Nein, ich kann nicht daran denken. Ich will das nicht.

Der Gedanke ist mir niemals gekommen. Ich will mir Michael nicht mit anderen Männern vorstellen. Trotzdem kann ich nicht den Kopf in den Sand stecken und leichtfertig mit meinem Leben umgehen. Nun steht ein großes Fragezeichen im Raum, welches beseitigt werden muss.

»Ja, das werde ich machen«, sage ich, stehe auf und verlasse den Raum.

Wohin gehe ich? Mich zieht es zu den Treppen, obwohl ich oben kein Zimmer habe. Nichtsdestotrotz setze ich einen Fuß nach dem anderen auf die Stufen. Weit komme ich allerdings nicht, als mein Körper beschließt, die Notbremse zu ziehen und sich auszuklinken.

Nichts dreht sich. Nichts wird schwarz vor meinen Augen. Ich schalte mich einfach aus.

Dreiundzwanzig

Mein Arm legt sich wie von selbst um den Körper vor mir. Es ist behaglich und warm. Körperwarm. Ein Gedanke, der mich rasch wach werden lässt. Körperwarm? In den letzten Wochen war kein Körper neben mir im Bett. Woher kommt also der vor mir?

Ich richte mich leicht auf und stütze mich auf meinem Ellbogen ab, so dass ich das Gesicht sehen kann. Erleichterung flutet mich, als ich Emir erkenne. Alles gut. Auch wenn ich durch seinen Anblick noch nicht weiß, wie wir gemeinsam in einem Bett gelandet sind, beruhigt mich der Gedanke, dass es mein Kumpel ist, den ich umarme.

Wenn das vor mir Emir ist, dann gehört die Hand an meiner Hüfte garantiert Gebre. Der Gedanke bestätigt sich, als ich hinabblicke und die etwas dunklere Hautfarbe zuordne.

»Hey, da bist du ja«, flüstert mir Gebre ins Ohr. Er streichelt mit seinem Atem mein Gesicht und mit seiner Hand meinen Oberschenkel. Es fühlt sich schön an und erinnert mich daran, wie lange ich keine einfachen Zärtlichkeiten mehr genossen habe.

»War ich denn weg?«, frage ich ihn.

»Erinnerst du dich nicht mehr? Du bist auf der Treppe kollabiert, vor etwa einer Stunde«, klärt Gebre mich auf.

»Oh, echt jetzt?!«

»Ja, echt jetzt.« In Gebres Stimme klingt ein Lächeln mit. Als er weiterspricht, ist er jedoch ernst. »Du weißt, worüber wir gesprochen haben? In der Küche? Bevor du – warum auch immer – nach oben abgehauen und aus den Latschen gekippt bist?«

Ich strenge mich an, fange Bruchstücke meiner Gedanken ein und setze sie zusammen, ohne ein Motiv vor Augen zu haben. Gebre wird mir sagen müssen, ob ich in die richtige Richtung bastele.

»Es ging um Michael«, sage ich und will in dem Moment eigentlich nicht, dass mir noch mehr einfällt. »Er ist häufiger fremdgegangen. Fuck! Jetzt weiß ich wieder …«

Fest presse ich meine Augenlider aufeinander, ziehe vor Anspannung meine Nase kraus. Aber ich bin schwach und schaffe es nicht, den Widerstand zu halten. Das Brennen verstärkt sich, lodert wie ein Feuer in mir.

Mein Hals schmerzt, schmerzt von den Lauten, die meiner Kehle noch nicht entkommen sind. Mein Mund öffnet sich und möchte zum Ventil für den Druck in mir werden. Aber erst als Emir erwacht, sich umdreht und ohne Fragen zu stellen leicht seine Hand an meine Schulter legt, bin ich bereit. Gestützt durch meine Freunde, lasse ich los, öffne die Schleusen und entlasse die Empfindungen, die in mir wüten und nun hinausstürmen.

Die ersten oberflächlichen Gefühle lassen sich leicht mit den Tränen fortspülen, aber tiefersitzende Emotionen stecken fest und haften hartnäckig an mir. Eine Melange aus Schmerz, Enttäuschung, Wut und Angst hat mich fest im Griff, obwohl ich versuche, mich davon zu befreien. Ich mich. Aus eigener Kraft. Was nicht reicht. Ich könnte einen Fluss weinen und mich trotzdem nicht von dem Ballast, der mich hinunterzieht, befreien.

Schüttel es ab! Lass es hinter dir!

Gebre nimmt seine Hand von meinem Bein und legt sie stattdessen auf meinen Brustkorb, auf mein Herz. Obwohl er nicht über magische Kräfte verfügt, verändert sich auf

Anhieb mein Befinden. Die Gefühle sind noch immer gleich, aber es kommt eine Kraft dazu, die direkt aus Gebres Hand zu fließen scheint. Eine Kraft und Gewissheit, dass ich diese Krise überstehen und siegreich daraus hervorgehen werde.

Ich sinke, aber falle nicht, da Gebre und Emir mich halten und innerlich emporheben.

Plötzlich sprudelt ein Lachen in mir. Es muss in der letzten Zeit darauf gewartet haben, dass der Weg frei wurde. Denn nun, wo eine starre Schicht beklemmender Gefühle abgetragen ist, ist es sofort zur Stelle und möchte ans Licht.

»Hättet ihr gedacht, dass wir mal zu dritt im Bett landen? Und kuscheln?«, frage ich glucksend.

»Nein«, antwortet Emir.

»Ja«, kommt zeitgleich von Gebre.

Die Situation ist so verwirrend und dennoch harmonisch, dass wir in ein albernes Lachen ausbrechen.

»Meine Herren, ich erwarte Erklärungen!«, fordere ich meine Freunde auf.

»Als du hier eingezogen bist, hatte ich zuerst gehofft, dass zwischen uns was geht, gerne zu dritt, oder zu viert«, gibt Emir zu. »Aber dann habe ich gemerkt, dass du ein guter Freund bist, zu gut, um es mit einer Fickgeschichte zu ruinieren. Die kann ich nämlich leichter bekommen als einen guten Freund.«

Ich bin ein guter Freund? Die Worte rühren mich mehr, als Emir je ahnen wird. Mir wird die Brust weit, so geehrt fühle ich mich, ausgezeichnet.

»Ich habe von Anfang an gedacht, dass wir das machen sollten. Kuscheln. Nicht mehr. Nicht weniger.« Gebre sagt das leicht trotzig, grinst aber dabei. »Genau das habe ich mir gewünscht für uns. Freundschaft, die ein wenig Schmusen beinhaltet, vielleicht auch mehr, ohne dass es Ficken sein muss. Das, was wir hier haben, ist doch auch eine Art von Sex.«

»Übrigens möchte ich Celia davon nicht ausschließen«, sagt Emir. Sein Gesicht erhellt sich, wenn er von Celia spricht. Läuft da etwas zwischen den beiden?

»Nein, wir schließen Celia nicht aus«, bestätigen Gebre und ich wie aus einem Munde.

»Warum sollten wir?«, ergänzt Gebre. Sein Blick liegt auf mir, so dass ich die Frage darin lesen kann.

Ich bin die Ruhe selbst, als ich antworte: »Ich kenne keinen Grund.«

Vierundzwanzig

Sorgfältig fülle ich Papierhandtücher in der Kundentoilette auf. Als ich damit fertig bin und wirklich kein Blatt mehr hineinpasst, verschließe ich den Spender und kontrolliere mit einem Blick durch den Raum, ob sonst alles in Ordnung ist.

Nachdem ich mich vergewissert habe, dass ausreichend Seife im Spender ist und die Waschbecken sauber sind, wende ich mich um, um wieder an meinen eigentlichen Arbeitsplatz an der Rezeption zurückzukehren.

Offensichtlich grassiert gerade eine Erkältungswelle, denn ähnlich wie bei meinem anderen Job im Drogeriemarkt, fehlen auch im Saunaclub einige Mitarbeiter. Daher sind meine Kollegen und ich angehalten, nicht nur stur auf den eigenen Bereich zu achten, sondern das große Ganze im Blick zu halten. Für Putzarbeiten gibt es gesondertes Personal, aber ich breche mir keinen Zacken aus der Krone, wenn ich zwischendurch Handtücher, Toilettenpapier oder Seife auffülle. Das ist allemal besser als Kunden, die sich bei mir an der Rezeption beschweren, dass dies fehlt.

Mit der angebrochenen Packung Papierhandtücher in einem Arm vor der Brust öffne ich die Tür mit der freien Hand und verlasse die Toiletten. Nur wenige Schritte später falle ich beinahe über eine Sporttasche, die ungünstig im Durchgang zur Rezeption auf dem Boden steht. Zum Glück bleibt es bei einem kleinen Stolperschritt meinerseits, bevor ich mich abfange und glücklicherweise auf meinen Füßen bleibe.

»Verzeihung«, sagt eine Stimme neben mir. »Meine Schuld.«

»Nichts passiert«, wiegele ich ab und wende mich der Stimme zu.

Ich erkenne die Person, die mich überrascht anschaut und dann die Stirn in Falten schiebt, auf Anhieb. Der Mann mir gegenüber betrachtet mich, als wisse er, dass er mich kennt, aber nach der Erinnerung und einem Namen in seinem Gedächtnis wühlt.

»Guten Tag, Herr Steffens«, grüße ich freundlich. Ich erinnere mich genau an den Nachmittag, an dem ich nach Hause kam und Michael mit seinen Geschäftspartnern Steffens und Biesig im Wohnzimmer war. Colin war ebenfalls anwesend. Seine spitzen Bemerkungen vergesse ich wahrscheinlich in meinem ganzen Leben nicht. Tom Steffens habe ich allerdings als angenehm in Erinnerung.

»Guten Tag«, erwidert Steffens. »Sie sind Domi… Nein, nicht Dominik, aber so ähnlich. Oder? Bitte helfen sie mir auf die Sprünge!«

»Ich hätte sie nicht länger im Dunkeln tappen gelassen«, gebe ich lachend zurück. »Ich bin Daniel, Daniel Gerber. Wir sind uns bei Ihrem Geschäftspartner Michael Schmicker begegnet.«

In welcher Beziehung ich zu Michael stand oder stehe, lasse ich aus. Ex-Freund ist ein unschönes Wort, das ich stets zu vermeiden suche. Außerdem ist Steffens der Onkel des Mannes, mit dem Michael mich betrogen hat. Soweit ich weiß, haben die beiden noch immer eine Beziehung miteinander. Das alles wird Steffens bestimmt nicht verborgen geblieben sein.

Unangenehm berührt schaut er mich an. Offensichtlich weiß er nun, wer ich bin. Es macht den Eindruck, als wäre er nicht begeistert davon, dass wir uns hier treffen. Dabei ist das ein ordinärer Saunapark, nicht einmal ein schwuler Club oder so.

»Fuck! Bis man hier mal einen Parkplatz gefunden hat, ist der Tag um!« Schimpfend betritt ein junger Mann den Eingangsbereich durch die großen Glastüren. Ich erkenne Dennis, sobald er den Kopf hebt und uns sein Gesicht zuwendet. Im Gegensatz zu seinem Onkel vorhin weiß er auf Anhieb, wer ich bin. Nicht schlecht für nur eine Begegnung im Flur auf einer Party. Das muss ich anerkennen. Oder ist Michael so geschmacklos und schaut mit ihm die altmodischen Fotoalben unserer Urlaubsreisen an? Inzwischen traue ich ihm nahezu alles zu.

»Oh, hallo, Herr Gerber«, grüßt Dennis und verzieht dabei spöttisch die Mundwinkel. In aller Ruhe betrachtet er mich und lässt dabei vielsagend den Blick von meinen Schuhen aufwärts wandern. Als er die Papierhandtücher erblickt, die ich noch immer vor meine Brust presse, rutschen ihm auf eine übertriebene Art die Augenbrauen in die Stirn. »Bei der Arbeit, Herr Gerber?«

»Ja richtig. Gut erkannt, Dennis«, antworte ich so gelassen, wie ich kann, und benutze seinen Vornamen, da ich nicht weiß, ob er auch Steffens mit Nachnamen heißt. Bisher hat mir niemand einen Stammbaum aufgezeichnet. Außerdem gibt die Benutzung des Vornamens mir die Möglichkeit, diesen so zu betonen, als spräche ich mit einem Kleinkind.

Dennis verzieht das Gesicht und lässt seinen Unmut erkennen. Ein Pokerspieler ist er nicht. Allerdings ist er bestimmt noch jung. Der Gedanke kommt mir gerade zum ersten Mal und er gefällt mir nicht. Vom Aussehen her könnte Dennis ein paar Jahre jünger als ich sein und somit kaum älter als ich damals, als ich mit Michael zusammenkam. Zufall oder System?

Reiß dich zusammen, Daniel! Oder willst du, dass der nächste Satz an dieses Bürschchen geht? Na also!

In dem Moment kommt eine Besuchergruppe, die sich über mehrere Generationen erstreckt, aus dem Bereich, in dem sich die Umkleideräume befinden, und strebt auf den Ausgang zu. Ein älterer Herr schwenkt auf die Rezeption zu und steckt einen Geldschein in das rosa Sparschwein mit dem vierblättrigen Klee darauf.

»War toll wie immer, Daniel«, sagt er anerkennend und klopft mir kurz die Schulter. Heinz ist ein Stammkunde, der häufig mit Freunden kommt, und heute seine Familie mitgebracht hat. »Bis zum nächsten Mal!«

Mit diesen Worten kehrt er zu seiner wartenden Familie zurück und verlässt mit dieser munter schwatzend und winkend das Gebäude.

»Besondere Dienstleistungen?«, fragt Dennis süffisant nach.

»Dennis! Was soll das?!«, mischt sich Steffens, der sich bisher herausgehalten hat, ein. Er fühlt sich sichtlich unwohl in der Situation.

»Schon gut! Ich verstehe, dass Dennis von sich auf andere schließt«, kontere ich. »Aber hier gibt es einfach guten Service und zufriedene Kunden. Nicht mehr, nicht weniger.«

»Hätte mein Onkel mich nicht eingeladen, wäre ich niemals in so einem piefigen Schuppen gelandet«, ätzt Dennis und lacht gekünstelt auf. »Saunapark für die ganze Familie? Klingt nach Friedhof!«

»Ich möchte nun mal eine Unterhaltung mit dir führen, Dennis. Und nicht dich ficken wie dieser Michael«, poltert Steffens ungehalten.

Für einen Moment starren wir uns an. An seinem sich verändernden Gesichtsausdruck erkenne ich, wie Tom Steffens aufgeht, was er gerade formuliert hat und wie unhöflich das mir gegenüber sei. *Dieser Michael* war immerhin über Jahre mein Partner. Ich nehme ihm seine Aussage nicht übel, auch wenn die Worte mich getroffen haben. Im Grunde hat Steffens nichts gesagt als die Wahrheit, nehme ich zumindest an. Über Michaels derzeitiges Leben weiß ich kaum etwas. Gern würde ich herausfinden, ob Steffens noch Geld in Michaels Projekt investiert oder ob die Zusammenarbeit unter dem Verhältnis, das Michael und Dennis zueinander aufgebaut haben, gelitten hat.

»Entschuldigung, Daniel«, beginnt Steffens. »Ähm, Herr Gerber, es tut mir leid. Wir gehen jetzt einfach hinein, damit ich meinem Verwandten mit dem schlechten Benehmen die Leviten lesen kann. Wir werden Sie nicht mehr belästigen.«

»Entspannen Sie sich, Herr Steffens«, antworte ich. Ich mag diesen Mann. Er kann nichts dafür und hat sich bisher mir gegenüber korrekt verhalten. »Ich habe gleich Feierabend. Falls Sie also nicht innerhalb der nächsten Stunde hier herausrennen, begegnen wir uns nicht mehr.«

An Dennis und seinen Onkel gemeinsam gewandt, ergänze ich: »Ich wünsche einen angenehmen Aufenthalt. Wenn Sie Wünsche haben, wenden Sie sich einfach an meine kompetenten Kollegen und hinterlassen zum Dank ein unverschämt hohes Trinkgeld. Dennis, Sie konnten ja gerade sehen, wie anständige Menschen das handhaben. Guten Tag!«

Beinahe hätte ich es professionell erledigt, aber dann konnte ich mir die schnippische Bemerkung zum Ende hin nicht verkneifen. Trotzdem bin ich zufrieden mit mir und stolz, dass ich einigermaßen Haltung bewahrt habe.

Als ich mich abwende, fange ich einen anerkennenden Blick von Steffens auf.

Fünfundzwanzig

»Soll ich wirklich mitkommen? Bist du sicher?«, fragt Gebre und schaut die Einfahrt zu dem Haus, in dem ich Jahre meines Lebens verbracht habe, entlang.

»Warum nicht?«, frage ich zurück. »Ich könnte zwei starke Arme zum Schleppen gebrauchen. Außerdem würde ich mich wohler fühlen, wenn ich nicht allein da rein müsste.«

»Hast du Angst vor der Begegnung? Fürchtest du dich vor Michael?« Gebre blickt mir ins Gesicht, als wollte er keine Regung meinerseits verpassen.

»Er wird mir nichts antun. Das ist es nicht«, beschwichtige ich und zucke mit den Schultern, um die Situation zu überspielen. »Vielleicht fürchte ich, dass ich mich ihm an den Hals werfe oder so. Michael hat mir früher alles gegeben, was ich brauchte. Manches fehlt mir nun.«

»Liebst du ihn noch?«

In den letzten Tagen und Wochen habe ich oft mit Gebre gesprochen, häufig gemeinsam mit Emir und Celia. Aber meistens ging es dabei um Dinge, die zu erledigen waren, um meine Vorstellungen für meine Zukunft. Und manchmal haben wir schlichtweg besprochen, wer für das Abendessen zuständig war. Ich habe nicht ständig meine Gefühlslage ausgebreitet und mit den anderen diskutiert. Aber nun fragt mich Gebre direkt und ich werde nicht lügen.

Liebst du ihn noch? Los! Sag die Wahrheit!

»Nein, ich liebe ihn nicht mehr. Es lief längere Zeit nicht gut zwischen uns, aber das hätten wir wieder hinbekommen. Es wäre eine Krise gewesen, aber nicht mehr. Michaels Betrug jedoch, der schon in dieser Zeit stattgefunden hat, hat mir den Rest gegeben. Statt mir ehrlich zu sagen, dass es mit uns vorbei ist, dass er einen anderen hat, hat er mich belogen und betrogen. Und offensichtlich nicht zum ersten Mal ...«

»Immerhin hast du dich testen lassen und bist in Ordnung«, sagt Gebre und ergreift mitfühlend meine Hand.

»Danke nochmal, dass du mit mir hingegangen bist, zur Aidshilfe meine ich«, gebe ich zurück. »Manches ist leichter mit einem Freund an der Seite.«

»Wie jetzt da reinzugehen?« Gebre nickt mit dem Kopf in Richtung des Hauses.

»Ja, das sollten wir langsam machen«, sage ich und gehe los.

Vor der Tür angekommen, halte ich kurz inne und überlege, wie ich vorgehen soll. Einfach hineinzugehen, erscheint mir falsch. Schließlich drücke ich den Klingelknopf und atme deutlich vernehmbar aus.

»Hätte ich auch so gemacht«, flüstert mir Gebre ins Ohr, als gehe er davon aus, dass wir abgehört werden. »Du wohnst schließlich nicht mehr hier.«

Gebres skeptischer Blick geht zu der Überwachungskamera neben der Eingangstür. Was Michael wohl denkt, wenn er auf den Monitor schaut und erkennt, dass ich vor der Tür stehe? Unangekündigt. Mit einem Mann. Einem gutaussehenden Mann. Einem besser aussehenden Mann als er. Das wird ihn ärgern, eitel, wie er ist. Ich gönne mir eine ordentliche Portion Gehässigkeit.

Michael scheint jedoch nicht zu Hause zu sein. Jedenfalls öffnet er nicht die Tür. Gebre betätigt erneut die Klingel, aber auch das weitere Warten bleibt ohne Erfolg. Als Gebre mich fragend anschaut, verstehe ich nicht, was er erwartet.

»Was?!«, frage ich ihn gereizt. Die Anspannung zerrt an mir.

»Du hast ihn noch, oder? Den Schlüssel?«, fragt Gebre betont ruhig.

»Ja.«

»Und du hast ihn auch mit?«

Mit der Hand greife ich suchend in meine Hosentasche und ziehe meinen Schlüsselbund heraus. Wie erwartet, befindet sich mein alter Haustürschlüssel daran. Ich habe ihn lange nicht benutzt, aber daran, ihn vom Bund zu entfernen, habe ich bisher nie gedacht.

An einem Finger halte ich den Schlüsselbund vor Gebres Gesicht. Auffordernd nickt dieser und zeigt auf die Tür.

Zögernd stecke ich den Schlüssel ins Schloss und bemerke dabei das Zittern meiner Hände. Ich fühle mich wie ein Dieb, wie ein Einbrecher in einen Teil meiner Vergangenheit.

Trotz meines Unwohlseins bin ich erleichtert, dass der Schlüssel passt. Für eine Sekunde habe ich befürchtet, dass Michael nur deshalb nicht auf die Rückgabe des Schlüssels bestanden hat, da er sowieso die Schlösser komplett ausgetauscht hat. Aber ich drehe den Schlüssel leicht wie immer und gelange problemlos ins Haus.

Zu meiner Überraschung stehen im Flur ein paar Umzugskartons, die zum Teil nicht verschlossen sind. Mit einer Hand klappe ich den Deckel einer Kiste auf. Dass es sich bei dem Inhalt um meine Sachen handelt, erkennen Gebre und ich auf Anhieb.

Tut es weh? Hast du nicht tief in dir geahnt, dass dieser Typ, der dich betrogen und belogen hat, mühelos mit seinem Leben fortfährt?

Ich presse meine Hände auf meinen Brustkorb, als die Erkenntnis mich glühend durchfährt. Dass Michael mich zurückhaben will, habe ich niemals erwartet. Er hat einen Neuen und braucht mich nicht mehr. Aber beim Anblick der Kartons fühle ich mich aussortiert, auf den Müll geworfen.

Wie schnell du vom Schlafzimmer im Flur gelandet bist! Autsch!

Gebre schaut mich mitfühlend an und ergreift erneut meine Hand. Er hält sie kurz und drückt dann einen Kuss darauf.

»Wie aufmerksam von ihm«, bemerkt Gebre ironisch, als er einen Blick in die gepackten Kisten wirft. »Schau mal hinein, ob das alles ist. Nicht, dass etwas fehlt. Wäre gut, wenn du nicht mehr hierher zurückkehren müsstest. Oder was meinst du?«

»Sehe ich ganz genau so«, sage ich. »Sieht nicht aus, als wäre ich noch erwünscht hier.«

Zügig öffnen wir die Kisten und stellen fest, dass es nur Kleidung, Schuhe und ein paar Rucksäcke und Taschen sind. Persönliche Dinge wie Bücher, Fotoalben, Bilder und Schmuck fehlen.

»Vielleicht ist er noch nicht dazu gekommen, den Rest zusammenzusuchen«, bemerkt Gebre.

»Kann sein, keine Ahnung. Dann gehe ich eben rum und suche meine Sachen«, sage ich. »Immerhin hat Michael mir zu keiner Zeit verboten, das Haus zu betreten. Ist nicht meine Schuld, dass er nicht da ist.«

»Dann lade ich die fertigen Kisten schon ins Auto«, bietet Gebre an und beäugt kritisch die Pappkartons. »Da werden wir allerdings ziemlich quetschen müssen.«

»Zur Not öffnen wir das Verdeck und stapeln möglichst hoch«, schlage ich vor. »Habe ich schon mal gemacht bei sperrigen Teilen. Regnet ja nicht.«

»Wie du meinst.« Gebre nimmt den größten Karton und trägt ihn zu meinem Auto, während ich mich auf den Weg ins Innere des Hauses, das vor einiger Zeit noch mein Heim war, mache. Am besten schaue ich zuerst im Schlafzimmer nach, ob Michael dort meine Sachen weggeräumt hat. Ich hoffe nur, dass er nichts weggeworfen hat.

Auf dem oberen Flur horche ich plötzlich auf. Aus dem Badezimmer dringen Geräusche. Rauschendes Wasser. Rauschendes Wasser, welches nun stoppt. Tapsende Schritte nackter Füße auf rauem Marmor.

Kurz bin ich unschlüssig, was ich machen soll, aber dann rufe ich laut in Richtung Bad: »Hier ist Daniel! Ich hole nur ein paar Sachen.«

Auf keinen Fall möchte ich Michael nackt oder nur mit einem Handtuch um die Hüften sehen, daher gehe ich entschlossen auf die Schlafzimmertür zu.

»Nein!«, erschallt es hinter der geschlossenen Badezimmertür, wo ich Michael poltern höre. Offensichtlich hat er etwas Gläsernes fallen lassen, was nun auf dem Boden zersprungen ist. »Fuck! Nicht ins Schlafzimmer!«

Erstaunt halte ich inne, um dann umso mehr zu beschleunigen. Wenn dort jetzt dieser Dennis – oder ein anderer Kerl – im Bett liegt, drehe ich frei. In Erwartung einer filmreifen Szene strecke ich die Brust heraus und halte mich kerzengerade, als ich die Tür aufreiße und mit der Klinke in der Hand stehen bleibe. Ich bin beinahe enttäuscht, als ich mich im Schlafzimmer umschaue. Hier ist kein Mensch. Kein Dennis oder ein anderer Typ. Warum schreit Michael dann so aufgeregt herum?

Mag sein, dass kein anderer Mensch anwesend ist, aber etwas anderes erregt meine Aufmerksamkeit. Der Tresor, der neben dem Kleiderschrank in die Wand eingelassen ist, steht weit offen. Auf dem Bett, das mit dunkelblauer Bettwäsche bezogen ist, liegen jede Menge Papiere. Es wirkt, als habe jemand Unterlagen sortiert. Die säuberlichen Stapel haben gewiss ein System, auch wenn es sich mir nicht auf Anhieb erschließt. Etwas Schlimmes oder Furchterregendes entdecke ich nicht. Was ist es dann, was ich nicht sehen soll?

Erst als ich laut ausatme, bemerke ich, dass ich die Luft angehalten habe. Was geht hier vor?

Um einen Blick auf die Dokumente zu werfen, trete ich näher ans Bett. Meine Neugier ist geweckt. Irgendetwas muss doch dabei sein, das nicht für meine Augen bestimmt ist.

Da sehe ich es. Am Rand liegt ein kleiner Stapel Briefe, zusammengehalten von einem ordinären Haushaltsgummi. Diesen Briefstapel habe ich niemals zuvor gesehen, da bin ich sicher. Trotzdem kommen mir die hellblauen Umschläge vage bekannt vor. Aber woher? Ich greife nach den Briefen und drehe die Vorderseite zu mir.

»Nein!«, schreit Michael, der mit einer Sporthose und einem T-Shirt bekleidet im Türrahmen erscheint. Sein Gesicht ist gerötet von der heißen Dusche und sein Haar noch feucht. Mir fallen seine nackten Füße auf. Um einen Fuß hat Michael ein Handtuch gewickelt, welches mit Blut beschmiert ist. »Bitte, ich kann das erklären.«

Ich verstehe nicht, was genau Michael in Panik versetzt. Das ändert sich, als ich erneut die Briefe betrachte und lese, an wen sie adressiert sind. Daniel Gerber. Ich fächere die Briefe auseinander. Alle sind an Daniel Gerber adressiert. Alle Briefe sind für mich, und alle sind geöffnet, obwohl ich sie noch nie in der Hand hatte.

»Die sind für mich«, sage ich tonlos. Heiße Tränen steigen mir in die Augen, denn ich habe die Handschrift längst erkannt. Den Namen des Absenders, falls er auf der Rückseite steht, brauche ich nicht erst lesen.

»Warum liegt ein Stapel Briefe an mich in deinem Safe? Geöffnet, obwohl ich sie nie zuvor gesehen habe?«, frage ich. Meine Kehle wird eng und ich schnappe hektisch nach Luft, bevor ich Michael anschreie: »Briefe meines Vaters!«

»Die Briefe hätten dich nur aufgeregt«, setzt Michael zu einer lahmen Erklärung an.

»Aufgeregt? Aufgeregt! Ich bin nicht in einem Alter oder einer Lebensphase, in der es schädlich wäre, sich aufzuregen«, kontere ich bissig. »Und warum entscheidest du, welche Art Kommunikation ich führe? Seit wann kommen die Briefe meines Vaters?«

»Wir waren etwa ein Jahr zusammen, als der erste Brief …«, flüstert Michael und verstummt auf halber Strecke.

Ich schnappe nach Luft. Ein Jahr? Dann hat Michael mir über Jahre Post vorenthalten.

»Wie praktisch, dass du es bist, der jeden Tag auf dem Heimweg zur Post gefahren ist und das Fach geleert hat. Da konntest du direkt eine Vorauswahl treffen und aussortieren, was mir nicht guttut. Wie aufmerksam von dir!«

Bei meinem Sarkasmus zuckt Michael zusammen. Es tut mir nicht leid. Das hat er verdient.

»Daniel, ich hatte Angst. Versteh das doch!«, fleht Michael.

»Angst? Bisher sind deine Erklärungen eher dürftig. Ist da noch mehr, was du von mir ferngehalten hast? Briefe, Unterlagen, keine Ahnung was? Menschen?«, schreie ich. Die Antwort ist jedoch unwichtig, da ich Michael kein Wort mehr glaube.

»Was ist hier los?!« Eine aufgebrachte Stimme und schnelle Schritte sind vom Flur zu hören.

Gebre erscheint hinter Michael und drängt ihn zur Seite. Er betritt das Zimmer, sieht das Bett mit den Unterlagen und mich. Sein Atem geht hektisch. Wahrscheinlich hat er das Gebrüll gehört und Schlimmes befürchtet. Ohne den Sachverhalt zu durchblicken, kommt er zu mir und stellt sich neben mich.

Gebre ist mein Freund, eine Tatsache, die ich selten so deutlich gespürt habe, wie in diesem Moment.

»Wer ist das?«, fragt Michael empört und deutet auf Gebre. Allerdings interessiere ich mich gerade nicht für seine Fragen.

»Er!«, schimpfe ich und zeige anklagend auf Michael. »Er hat mir jahrelang Briefe meines Vaters vorenthalten. Mein Vater, zu dem ich keinen Kontakt habe. Keine Ahnung, was drin steht in den Briefen, aber das ist egal. Das durfte er nicht. Nicht wahr, Gebre? Sag mir, dass er dazu kein Recht hatte!«

Gebre begeht nicht den Fehler, mich beruhigen zu wollen. Stattdessen ist er ebenso empört wie ich und wendet sich an Michael. »Du hast was? Spinnst du total?«

»Ihr versteht das völlig falsch«, beharrt Michael. »Ich wollte Daniel beschützen. Seine Eltern wollten ihn doch nicht mehr.«

»Sieht aber anders aus, wenn sein Vater ihm Briefe schreibt«, wirft Gebre ungehalten ein. »Vielleicht wollte er sich entschuldigen?«

»Gebre, die Briefe sind alle geöffnet«, erkläre ich und halte den Fächer aus hellblauen Umschlägen hoch. Die fransigen Papierkanten am oberen Rand sprechen eine deutliche Sprache. Ich stelle mir vor, wie Michael sie heimlich – wahrscheinlich noch im Auto – mit dem Finger aufgerissen hat, statt sie wie andere Briefe ordentlich mit dem eleganten Öffner zu bearbeiten.

»Du hast die gelesen?« Gebre schüttelt unwillig den Kopf. Sein Gesicht zeigt deutlich, wie angewidert er von Michaels Verhalten ist. Die Empörung meines Freundes tut mir gut.

»Als der erste Brief kam, war ich in Panik«, sagt Michael. »Dieses hellblaue Briefpapier … Und dann kein Absender. Daniel hat einen Lover, da war ich mir damals ganz sicher. Also packte ich den Brief in meine Jacke, konnte ihn aber nicht ignorieren. Wie ein glühender Barren brannte er in meiner Tasche, zog mich runter …«

»Nun wird mal nicht so prosaisch, du Arsch!« motzt Gebre ihn an. »Kannst ja ein Buch schreiben, wenn du alt und allein auf dein Leben zurückblickst. Mir egal! Aber jetzt rückst du mit der ungeschönten Wahrheit raus. Verstanden?«

Bei diesen temperamentvollen Worten kann ich mir ein Grinsen nicht verkneifen. Als ich zusätzlich Michaels fassungslosen Gesichtsausdruck betrachte, die aufgerissenen

Augen, der offen stehende Mund, da kann ich das Lachen kaum zurückhalten.

Michael räuspert sich verlegen und spricht weiter eindringlich zu mir: »Ja, ich habe den Brief geöffnet. Nach der ersten Erleichterung, dass er nicht von einem Liebhaber stammt, wusste ich nicht, wie ich dir sagen sollte, dass ich deine Post geöffnet habe. Aus Angst, dich zu verlieren, habe ich geschwiegen und von da an alle hellblauen Briefe abgefangen.«

»Und gelesen!«, ergänze ich.

Beschämt lässt Michael den Kopf hängen und nickt. Seine Stimme ist gedämpft, als er spricht. »Und gelesen. In den Briefen …«

»Stopp! Ich will von dir nicht wissen, was in den Briefen steht. Ab jetzt regele ich meine Sachen selbst. Ich lese meine Briefe selbst und entscheide selbst, was wichtig ist und was nicht, wie ich damit umgehe und wie nicht«, erkläre ich mit Nachdruck.

»Und deine Freunde werden dir beistehen, wenn du Hilfe brauchst«, fügt Gebre hinzu und drückt mir kurz die Schultern.

Michael reißt überrascht den Kopf hoch und starrt uns an. Was er wohl denkt, wer Gebre ist?

»Da staunst du, was? Ich habe jetzt Freunde. Richtige Freunde. Keine Bekannten, die eigentlich *deine* Bekannten oder Geschäftspartner sind. Sondern richtige eigene Freunde«, erkläre ich und kann die Genugtuung nicht aus meiner Stimme halten, obwohl meine Ausdrucksweise eher nach Grundschulniveau klingt.

»Willst du ihn eigentlich anzeigen?«, fragt Gebre mich und spricht, als wäre Michael überhaupt nicht anwesend.

Diese Überlegung befördert mich auf den Boden der Tatsachen zurück, auch wenn sie meine unerwartete Hochstimmung nicht komplett trüben kann.

»Anzeigen? Wie jetzt?«, gebe ich dämlich zurück.

»Anzeigen. Zur Polizei gehen. Es gibt doch so etwas wie Privatsphäre, oder? Und Briefgeheimnis?«

»Hör mal, Daniel! Nun mach mal nicht aus einer Mücke einen Elefanten!«, poltert Michael dazwischen. Offensichtlich fürchtet er die möglichen Konsequenzen.

»Ach, jetzt bin ich es, der es verbockt? Ist klar!«, gebe ich zurück.

Diese Auseinandersetzung erinnert mich an die Streitigkeiten, die Michael und ich in den letzten Zügen unserer gemeinsamen Zeit hatten. Zum ersten Mal bin ich froh, nicht mehr mit ihm in einer Beziehung festzustecken. Das Gefühl der Befreiung kämpft sich langsam nach oben. Wie ein Löwenzahn, der den Asphalt durchbricht. Und am Ende blüht.

»Du kannst alles behalten, was du je von mir bekommen hast. Alles! Aber bitte keine Anzeige, keine Polizei, kein Anwalt! Und vor allem keine Presse!« Michaels Stimme ist deutlich die Panik anzuhören. »Meine Firma, mein Ruf …«

Mitgefühl regt sich in mir, auch wenn ich weiß, dass er dieses nicht verdient. Aber ich will ihm nicht schaden. Er hat mich auf das Übelste verletzt, betrogen und belogen. Aber was hätte ich davon, wenn ich ihn vor Gericht zerren würde? Es würde eventuell seiner Arbeit schaden, seiner Firma, den vielen Mitarbeitern. Unter anderem Emir. Und Colin.

»Weißt du, Michael, gerade versuche ich, auf eigenen Beinen zu stehen. Und ich gestehe, dass ich es nicht kann.

Noch nicht. Aber ich werde es schaffen. Ich habe ernsthaft Ausgaben festgehalten, die ich mit der Kreditkarte getätigt habe. Irgendwann wollte ich dir die Summe zurückzahlen«, erkläre ich meinem ehemaligen Partner. Dem ehemaligen Mittelpunkt meines ganzen Seins.

»Das ist nicht nötig. Behalte das Geld!«, wirft Michael eifrig ein. »Und alles andere!«

»Genau das werde ich machen«, bestätige ich seine Worte. »Ich werde alles behalten und einen großen Teil davon verkaufen. Einen Teil des Erlöses werde ich als Startkapital für meine Zukunft nutzen. Den anderen Teil werde ich irgendeinem guten Zweck zukommen lassen. Betrachte es als Schmerzensgeld! Oder als Ablösesumme!«

Gebre grunzt amüsiert bei meiner Formulierung. Wahrscheinlich denken wir beide an Dennis, den neuen Spieler auf dem Platz. Dann jedoch wird Gebre wieder ernst.

»Wie wäre es mit der Aidshilfe?«, fragt er und schaut Michael, der bei diesen Worten ganz blass wird, provokativ ins Gesicht. »Du bist so ein Arschloch! Fickst rum und lässt Daniel glauben, er wäre safe bei dir. Du hast Glück, dass er in Ordnung ist. Großes Glück!«

Stumm schaut Michael mich an. »Daniel, ich wollte nicht … Ich bin …«

»… erbärmlich! Das bist du«, beende ich den Satz für ihn. »Ich habe dich geliebt. Und ich möchte glauben, dass du mich ebenfalls geliebt hast. Wir hatten gute Jahre, dachte ich zumindest. Aber dein Betrug lässt nun diese Jahre als Lüge dastehen. Und das verzeihe ich dir nicht. Du hast meine kostbare Lebenszeit, meine besten Jahre mit deinen Lügen besudelt. Du hast nicht achtgegeben auf mich und meine Gesundheit aufs Spiel gesetzt. Wie konntest du nur?!«

Meine Stimme wird immer lauter, als ich mich in Rage rede. Ich versuche nicht, mich zu regulieren, denn ich finde, das steht mir zu. Hier und jetzt schreie ich meine Wut, meine Enttäuschung und meinen Schmerz hinaus. Diese Gefühle sollen hier in Michaels Haus bleiben, damit ich hinaustreten und einen neuen Abschnitt in meinem Leben beginnen kann. Die neue Version von mir, Daniel 2.0, geht ohne diesen Ballast an den Start.

Sechsundzwanzig

Erschöpft und laut stöhnend lasse ich den Kopf auf meine verschränkten Unterarme sinken. Was für ein Tag! Ich sollte ihn aus dem Kalender streichen. Wie konnte sich mein Leben nur auf diese Art und Weise entwickeln? Wie konnte alles dermaßen aus dem Ruder laufen?

Dass es bedrückend für mich sein würde, in mein altes Zuhause zu gehen und meine Sachen zusammenzusuchen, habe ich geahnt. Auch Gebre hat mir auf dem Hinweg eindringlich Mut zugesprochen, als fürchtete er, dass ich einen Rückzieher mache. Aber keiner von uns hatte zu diesem Zeitpunkt eine Ahnung oder Vorstellung davon, welche Tragödie sich abspielen würde.

»Und du kannst echt alle Sachen behalten?«, fragt Celia aufgekratzt.

Als ich gemeinsam mit Gebre nach Hause kam, waren Emir und Celia geradezu verzückt von der Anzahl der Kartons, die wir hineintrugen. Nachdem wir die Kisten abgestellt hatten, wollte Celia neugierig einen Karton öffnen. Ihre Finger umfassten bereits eine Kante des Pappdeckels, als sie von Gebre freundlich daran erinnert wurde, dass dies nicht ihre Sachen wären. Schmollend hat sie ihre Hand zurückgezogen und das weitere Geschehen abgewartet.

Nun sitzen wir zusammen am Tisch in der Küche. Gebre überlässt das Erzählen mir, als wüsste er, wie wichtig es für mich ist, die Begebenheiten laut auszusprechen. Als ich berichte, dass Michael meine Post abgefangen und mir Briefe meines Vaters vorenthalten hat, reißen sowohl Celia als auch Emir entsetzt die Augen auf.

»Als ob!«, ruft Emir. »Das hat er nicht gemacht! Das … Das … Nee, so ein … Boah!«

Während Emir offensichtlich nach seinem Ausruf die Worte ausgegangen sind, ist Celia zwar ähnlich empört, aber weniger in ihrer Ausdrucksfähigkeit gestört. »Damit kannst du ihn nicht durchkommen lassen, diesen Dreckskerl. Du musst ihn anzeigen. Ich kenne einen Typen, der Jura studiert. Der weiß bestimmt, was man bei der Polizei sagen muss. Soll ich den mal fragen, womit man Michael Meany drankriegen kann?«

»Nee, lass mal. Nett gemeint, aber ich habe eine Abmachung mit Michael«, antworte ich.

»Ach, deshalb darfst du die Sachen behalten?«, fragt Celia schnippisch und unterbricht mich. »Damit du die Klappe hältst?«

Mir ist klar, dass nicht jeder mein Handeln versteht oder sogar gutheißt. Wenn ich ehrlich mit mir bin, weiß ich selber nicht, ob ich mein Einknicken vor mir rechtfertigen kann. Trotzdem verletzt mich Celias Reaktion. Dünnhäutig, wie ich gerade bin, gehe ich hoch wie eine Bombe.

»Versuch erst gar nicht, dich in meine Lage zu versetzen! Ich will schließlich nicht, dass du dich überanstrengst«, ätze ich. Wahrscheinlich bilden sich bereits rote Flecken an meinen Hals, weil ich mich dermaßen echauffiere. »Ich stehe vor dem Nichts. Ich kann nichts, habe nichts und versuche, bei meinem Absturz auf den Füßen zu landen. Was nützt mir gerade eine Anzeige bei der Polizei gegen Michael wegen was auch immer?«

Celia schweigt und schaut mich betreten an. Keiner sagt ein Wort.

»Richtig!«, fahre ich fort. »Nichts!«

Emir streicht mir beruhigend über die Schulter, während Gebre mir ein Glas Wasser zuschiebt. Meine Kehle schmerzt, was mir erst auffällt, als das Wasser sie kühlt.

Über die Tischplatte schiebt Celia mir zögerlich ihre Hand zu. Sie dreht sie so, dass ich meine Hand in ihre geöffnete Handfläche legen könnte. Ich nehme das Friedensangebot an und lege meine Hand in ihre. Unsere Finger drücken sich aneinander und damit unsere Auseinandersetzung in die Vergangenheit.

Als Emir seine Hand dazu und Gebre seine obenauf legt, fühle ich mich wie ein Kind, das gerade mit seinen besten Freunden eine geheime Bande gegründet hat. Keiner sieht sie, doch das macht sie nicht weniger real.

»Ich habe mich lange nicht mehr so geliebt gefühlt wie gerade jetzt«, flüstere ich ergriffen. Keiner sagt etwas dazu. Wir halten einfach unsere Hände.

»Wir sollten ins Bett gehen«, durchbricht Gebre nach einer Weile das verbindende Schweigen. »Was meint ihr?«

Wir lassen uns los, als die anderen sich von den Stühlen erheben. Ich hingegen bleibe unschlüssig am Tisch sitzen, da ich nicht weiß, was genau Gebre meint.

»Gute Idee!«, ruft Emir erfreut.

Und Celia ergänzt: »Das hatten wir schon viel zu lange nicht mehr. Und mit Daniel wird es super.«

Wird es das? Ich habe keine Ahnung, worum es geht. Wie kann es da mit mir super werden?

»Keine Angst. Komm einfach mit und lass dich von uns verwöhnen«, ermuntert mich Gebre und reicht mir seine Hand.

Ich greife zu.

Siebenundzwanzig

Als wir langsam die Stufen emporsteigen, halte ich Gebres Hand fest in meiner. Emir und Celia sind vorangegangen. Sie wirken fröhlich und unverkrampft, als gäbe es gleich eine Kissenschlacht.

Die Tür zu Celias Zimmer steht weit offen. Bisher war ich noch nie in diesem Raum. Als Gebre und ich eintreten, schaue ich mich neugierig um. Celias Gemach ist auffallend farbenfroh eingerichtet. An der Decke gespannte Tücher in warmen Farben nehmen dem Altbauraum die Höhe und lassen ihn heimeliger wirken. Das einfallende Licht wird ebenfalls von transparenten Tüchern vor den Fensterscheiben gefiltert, so dass der Raum in warmen Gelbtönen erglimmt.

Celia steht vor einer Kommode und hantiert mit einigen Gegenständen, die auf der Ablagefläche stehen. Gerade öffnet sie eine hohe Schatulle, entzündet ein Streichholz und hält die Flamme geschickt an die Spitze eines Räucherstäbchens, das sie zuvor in den Holzturm gesteckt hat. Kurz darauf pustet sie die Flamme aus und fächert dem Stäbchen Luft zu. Vorsichtig schließt sie den reichlich mit Schnitzereien verzierten Turm, aus dessen Öffnungen nun der Räucherduft entsteigt. Celias Tätigkeit hat etwas Zeremonielles. Jeder Handgriff sitzt und ist bedeutsam. Erst als alles zu ihrer Zufriedenheit ist, dreht sie sich um und legt sich zu Emir auf das Bett, welches ein Eigenbau aus Holzpaletten zu sein scheint.

Spätestens beim Anblick der Liegestatt verstehe ich, weshalb Celias Zimmer der Raum der Wahl ist. Die Bettfläche hat bestimmt eine Breite von zwei Metern und reicht für mehrere Personen. Außerdem lädt der ganze Raum ein, eine Auszeit zu genießen.

Während ich noch das Bett mit den weichen Kissen und Decken betrachte, ziehen Emir und Celia sich aus und knutschen dabei. Schon öfter hatte ich das vage Gefühl, dass zwischen den beiden etwas läuft. Mit dieser Vermutung liege ich offenbar nicht völlig daneben.

»Nun macht schon!«, ruft Celia aus dem Bett. »Raus aus den Klamotten!«

»Und rein ins Bett!«, ergänzt Emir lachend.

Als würde er sich an einem Badesee die Kleidung vom Leib reißen, um sich ins erfrischende Wasser zu stürzen, zieht Gebre sich lachend aus und schwenkt anschließend seinen Slip an einem Finger, bevor er ihn durch den Raum fliegen lässt.

»Achtung!«, ruft er und wirft sich auf das Bett, das unter der Belastung bedenklich knarzt.

Komm schon, du Feigling! Lass mal die Sau raus! Wenigstens das wirst du doch können!

Zügig, wenn auch mit weniger Schwung als Gebre, streife ich meine Kleidung ab und lege sie auf einen kleinen Stapel auf den Boden. Dann schiebe ich mich neben Gebre auf das Matratzenlager. Ich werde mit offenen Armen empfangen, eine Geste, die mir das Gefühl von Nervosität raubt und es durch Wohlgefühl ersetzt.

»Fühlst du dich noch immer geliebt?«, fragt Gebre grinsend.

»Ja«, gebe ich zu. »Mehr denn je.«

»Wunderbar«, flüstert mir Gebre ins Ohr und setzt einen sanften Kuss darauf. »Dann lass diese Liebe einfach zu. Vertrau dir! Vertrau uns!«

Neben uns unterbrechen Celia und Emir ihre Zärtlichkeiten und wenden sich uns zu.

»Hier bist du sicher«, beteuert Celia mit ernster Stimme. »Wir lieben uns und lassen alles fließen. Panta rhei! Lass es zu und sei, wer du bist!«

Auch wenn ihre Worte reichlich esoterisch klingen, verstehe ich, was sie ausdrücken.

Der Duft der Räucherstäbchen erfüllt den Raum, in dem ich mich fühle, wie in einer anderen Sphäre, einem Paralleluniversum. Die Schwaden wabern träge und umhüllen mich wie ein Schutz vor der Außenwelt. Mein Geist lässt sich davontragen und schwebt auf dem süßen und gleichzeitig holzigen Wohlgeruch dahin.

Langsam sinke ich nieder, lasse die Augenlider zufallen und schmiege mich an Gebres Brust. Emir legt seine Hand locker in meinen Nacken, während Celia meinen Kopf streichelt. Immer tiefer gleite ich in das tiefe Gefühl der Geborgenheit. Als Gebre sanft meinen Kopf an seine Schulter bettet, legen sich seine Lippen auf meine und erzählen von Vertrauen und Zuwendung. Ohne jeglichen Gedanken antworte ich und bewege meinen Mund gegen seinen. Meine Hände streichen über Gebres Rücken, suchen Halt in den festen Muskeln. Als Gebre mit seinen Fingern über meinen Kopf fährt und dabei über die kurzen Haare kratzt, grinsen wir uns an.

»Du Kämpfer«, raunt mir Gebre zu, was mir ein Kribbeln unter die Haut jagt.

Sieht er mich wirklich so? Bin ich ein Kämpfer? Werde ich ein Sieger sein?

»Ja«, sage ich. »Das bin ich. Aber nicht jetzt.«

»Ist klar.« Gebre nickt bedächtig. »Hier und jetzt bist du einfach ein Mensch.«

»Und ein Mann«, ergänze ich.

Emir schiebt sich zwischen uns und verwöhnt erst Gebre und dann mich mit seinen Küssen, während Celia lächelnd zuschaut. Ich genieße Emirs Berührungen, mag, wie er seine Hand von meinem Nacken langsam abwärts gleiten lässt. Er streicht meinen Rücken entlang, als genieße er jede Windung meines Körpers. Als er schließlich die Rundungen meines Hinterns ertastet, seufze ich aus tiefem Wohlbehagen. Diese Zärtlichkeit, die aus seinen Fingerspitzen fließt, überwältigt mich und füllt mich mit Liebe und Sehnsucht. Die sanften Berührungen verändern sich zu einem Zupacken voller Kraft. Ich werde weich und warm. Überall. Wunderbar.

Mir scheint es beinahe unfair, dass ich mein Wohlbefinden, das zu einem großen Teil Emirs Berührungen entspringt, hauptsächlich in meinen Küssen mit Gebre ausdrücke. Aber tief in mir ist das Wissen, dass hier und jetzt kein Platz für Eifersucht und Besitzanspruch ist.

Emir drückt mir einen Kuss in den Nacken und lässt seine Hände sanft wieder meinen Rücken hinaufwandern, bevor er sie von mir nimmt. Am Rascheln des Bettzeugs erkenne ich, dass er sich wieder Celia zuwendet.

Gebre fasst meine Hüften und dreht mich aus der Seitenlage auf den Rücken. Ich öffne die Augen und treffe seinen haltenden Blick. Das Gesicht. Der Mund. Die Lippen. Weichgeknutscht von meinen Küssen. Nie habe ich Gebre schöner gesehen.

Dieser sanfte Mund erkundet mein Gesicht, leckt und streichelt meinen Hals. Er wandert mein Schlüsselbein entlang bis zu meiner Schulter und schiebt sich so energisch in meine Achselhöhle, dass ich den Arm ein wenig anhebe, um Raum zu geben. Fasziniert beobachte ich, wie Gebre meine Achseln leckt, voller Genuss und Hingabe. Zum Glück geht er dabei nicht zaghaft vor, denn ich bin an der Stelle normalerweise kitzelig. Aber der Druck, mit dem Gebres Zunge meine empfindsame Haut bearbeitet, ist unverfälschtes Vergnügen. Meine freie Hand legt sich auf Gebres Nacken und streichelt fahrig die Haut zwischen den Schulterblättern.

Mir ist heiß und schwindelig, aber auf eine angenehme Art. Erregung pulsiert durch meinen Körper, breitet sich aus bis in die kleinsten Verästelungen meines Seins, steigert sich und strebt nach Erlösung.

Dennoch kann ich die Bremse in mir nicht komplett lösen. Und auch wenn ich ahne, woran das liegt, schäme ich mich, es auszusprechen.

»Alles klar, Daniel?«, fragt Gebre leise.

»Jaja«, antworte ich ausweichend.

»Jaja ist keine gute Antwort«, tadelt mich Gebre sanft. »Es soll dir hervorragend gehen und nicht …«

»Du hast recht«, flüstere ich ihm ins Ohr und unterbreche ihn damit. »Nenn mich ruhig Spießer. Aber können wir in dein Zimmer gehen? Allein?«

»Kein Problem!« Gebre rückt von mir ab und erhebt sich. Er reicht mir die Hand, und als ich diese ergreife, zieht er mich hoch.

Celia und Emir, die ihren Spaß miteinander haben, falls ich ihre Geräusche und Bewegungen richtig deute, bemerken uns kaum, als wir den Raum verlassen. In dem Moment bin ich dankbar, dass weder Gebre noch die beiden anderen meinen Wunsch nach Abgeschiedenheit kommentieren.

Hand in Hand gehen wir nackt über den Flur und zu Gebres Zimmer. Dort eingetreten, verschließt Gebre die Tür hinter mir.

»Privat genug?«, fragt er fürsorglich.

»Perfekt!«, antworte ich mit einem Grinsen und ziehe Gebre an mich.

Während ich vorhin Celias Reich in aller Ruhe angeschaut habe, schenke ich Gebres Einrichtung kaum Beachtung. Mir ist wichtiger, die Verbindung zwischen uns nicht zu unterbrechen und die Stimmung zu halten. Ohne Zögern sinken wir auf das Bett und machen an der Stelle weiter, an der wir für den kurzen Umzug unterbrochen haben. Gebre schmiegt sich an mich und küsst meine Kehle, während seine Beine sich mit meinen verschlingen.

Unwillkürlich bewegen sich meine Hüften und suchen den Kontakt zu Gebres, wobei meine Erektion an dessen kantigen Beckenknochen stößt. Gebre hält dagegen und reibt sich im Gegenzug an mir.

Mit einem tiefen Atemzug, als habe er einen langen Tauchgang vor sich, saugt er meinen Geruch ein, gleitet zügig an mir hinab und bringt seinen Mund zu meinem Schwanz. Ohne Zögern stülpt Gebre seine Lippen über mich und nimmt mich auf. Seine breite Zunge umschmeichelt meine Spitze, während seine festen Lippen mit perfektem Druck meinen Schwanz umfassen.

Mein ganzes Fühlen ist auf die Stelle konzentriert, an der sich Gebres und mein Körper verbinden. Meine Hüften streben nach oben und schieben mit jeder Bewegung meinen Schwanz tiefer in Gebres Mund. Ich schaue hinab und beobachte fasziniert, wie seine geschwollenen Lippen mein Fleisch umschlingen. Der Anblick ist obszön und macht mich an.

Ich lasse den Oberkörper nach hinten auf ein Kissen sinken. Den Nacken überstrecke ich, biete unbewusst meine Kehle an und reibe mit dem Hinterkopf auf dem Untergrund. Einerseits möchte ich, dass Gebre niemals aufhört, meinen Schwanz zu lutschen, andererseits möchte ich seine Lippen auf meinen spüren. Dilemma de luxe.

Als habe Gebre gespürt, dass ich mehr brauche, entlässt er mich aus seinem Mund, nur um mich augenblicklich in seiner Hand aufzufangen. Mit gekonntem Druck reibt er mein Fleisch, richtet sich derweil auf und bringt sein Gesicht näher an meines. Unsere Blicke treffen sich, gehen eine zärtliche Verbindung ein.

Als Gebres Lippen meine bedecken, schießen mir Tränen in die Augen. So lange hat mich kein Mensch mit Zärtlichkeit und gleichzeitiger Gier berührt. Ich habe das vermisst, bin ausgehungert. So sehr, dass es mich nun überwältigt. Daher dauert es nicht lange und mein Körper kapituliert. Der Angriff auf meine Sinne ist zu stark. Als der Orgasmus wie eine Welle über mir zusammenschlägt, gehe ich kurz unter, bevor ich spüre, dass mich Gebres Arme an der Oberfläche halten.

Ruhig und entspannt liege ich in der Umarmung. Mein Körper ist schwer und matt. Nach einiger Zeit fasse ich allerdings wieder klare Gedanken. Es ist mir unangenehm, wie viel ich genommen und wie wenig ich gegeben habe. Ich schulde Gebre etwas.

Am liebsten würde ich fragen, ob ich etwas für ihn tun könne, wie ich einen Ausgleich schaffen könne. Aber das würde meine Unzulänglichkeit und Unsicherheit noch mehr betonen, und das möchte ich nicht. Also gehe ich den direkten Weg, lege meine Hand auf Gebres Brust und lasse sie zielstrebig nach unten gleiten.

»Denk nicht mal daran!«

Verwundert halte ich in meiner eindeutigen Bewegung inne und wende mein Gesicht Gebre zu, so dass wir uns anschauen.

»Ähm … Echt jetzt?«, frage ich nach. »Warum?«

»Weil ich nicht möchte, dass du dich an mir abarbeitest, damit wir Gleichstand haben«, erklärt Gebre mir. »Ich möchte nicht, dass das zwischen uns so läuft.«

»Okay«, sage ich lahm. »Ich will nur nicht, dass du leer ausgehst.«

»Keine Sorge. Das werde ich nicht«, beruhigt mich Gebre. »Du brauchtest Zuwendung. Ich habe sie dir gegeben. Um mich kümmere ich mich gleich.«

»Wirke ich so bedürftig?«, frage ich alarmiert nach.

»Ja«, antworte Gebre ruhig und hebt die Hand, als ich etwas erwidern möchte. »Und das ist nichts Schlimmes, Daniel. Reg dich nicht auf! Zwischen uns ist alles in Ordnung.«

»Soll ich jetzt besser gehen?«

Ich habe keine Ahnung, was genau das zwischen uns ist und wie es läuft. Da es aber Gebres Zimmer ist, sollte wohl er bestimmen, ob ich bleibe oder nicht.

»Musst du für mich nicht, kannst gern bleiben«, antworte Gebre und lacht dann. »Wenn es dich nicht stört, dass ich mir einen runterhole und dabei an heiße Kerle denke, bin ich in exakt vier Minuten für dich zum Kuscheln da.«

»An heiße Kerle?«, schmolle ich gespielt. »Nicht an mich?«

»Ganz genau«, geht Gebre darauf ein. »Und nun genieß die Show!«

Das mache ich. Es ist faszinierend, Gebre zuzuschauen, wie er sich anfasst und verwöhnt. Er macht keinen Hehl daraus, zu zeigen, was er mag und dass es ihn aufgeilt, dass ich ihn beobachte. Falls wir nochmals gemeinsam auf einer Matratze landen sollten, weiß ich jedenfalls, wo ich ihn wie anfasse, damit es ihm gefällt.

Gebre hält sich an die von ihm vorgegebene Zeit und ergießt sich in seine Hand. Den Streifen in seinem Kopfkino hätte ich gern gesehen. Zuvorkommend reiche ich Gebre Sekunden später die Box mit Kosmetiktüchern, die neben dem Bett auf einer Kommode steht. Er zupft ein paar Tücher heraus und reinigt sich notdürftig. Offensichtlich ist er jedoch zu träge, um ins Bad zu gehen. Das kann ich verstehen. Diese Typen, die direkt aus dem Bett springen, um zu duschen, sind mir suspekt. Nach einem Orgasmus bin ich faul und genieße das schwere Gefühl in mir. Und klebrig zu sein, mag ich ebenfalls.

Gebre und ich atmen den Duft nach Mann und Sex ein, grinsen uns verschwörerisch zu und seufzen. Wir rücken näher aneinander und umschlingen uns. Erleichtert, dass ich nichts sagen muss, schlafe ich in Gebres Armen ein.

Achtundzwanzig

Diese neuen Küchenmöbel kenne ich nicht. Und wo ist die Kaffeemaschine? Als könnte ich das Bild damit schärfen, kneife ich die Augen zusammen und öffne sie erneut.

Eindeutig, das ist ein Kleiderschrank. Was macht der hier? Mein Blick fällt zur Seite. Als ich Gebre friedlich neben mir schlafen sehe, erinnere ich mich an gestern. Zum Glück ist es eine gute Erinnerung, nichts, was mir unangenehm wäre. Ich hatte eine besondere Zeit mit meinen Freunden. Es war schön, zärtlich und genau, was ich brauchte.

Gebres Atem geht tief und ist kurz vor dem Schnarchen. Es klingt jedenfalls nicht so, als würde er jeden Moment aufwachen. Ich allerdings glaube nicht, dass ich noch einmal einschlafe.

Vorsichtig schlage ich die Bettdecke ein Stück auf und rutsche mit möglichst wenigen Bewegungen an die Seite und schließlich aus dem Bett. Ich gehe in die Knie und greife auf den Boden, wo ich meine Kleidung vermute, fasse jedoch ins Leere. Tastend sucht meine Hand im Halbdunkeln den fadenscheinigen Flickenteppich ab, als mir einfällt, dass meine Sachen in Celias Zimmer sein müssen. Schließlich sind Gebre und ich letzte Nacht unbekleidet über den Flur gehuscht.

Auf Zehenspitzen schleiche ich zur Tür und öffne diese leise. Erst auf dem Flur entlasse ich den angehaltenen Atem. Lauschend hebe ich den Kopf. Es ist ungewöhnlich still im Haus. Celia und Emir schlafen wahrscheinlich ebenfalls noch. Anderenfalls hörte ich schon lebhafte Gespräche.

Entspannt aber lautlos gehe ich über die Treppe nach unten. Mein erster Weg führt mich ins Bad. Nach dem Pinkeln hüpfe ich schnell unter die Dusche, bevor ich durch den Flur in die Wohnküche gehe. Es ist so ruhig, dass ich mich wie ein Dieb im eigenen Haus fühle, auch wenn dies natürlich nicht mein Haus ist. Aber ein einfacher Gast bin ich inzwischen auch nicht mehr.

In der Küche angekommen, öffne ich zuerst ein Fenster zum Lüften. Die Luft ist abgestanden und angereichert mit Essensgerüchen von gestern. Draußen wird es langsam hell. Die frische Luft, die einströmt, weckt mich endgültig auf und erinnert mich unsanft daran, dass ich nichts anhabe. Schnell suche ich mir aus meinen Koffern ein paar Kleidungsstücke zusammen und ziehe diese über. Dabei fällt mein Blick auf den Stapel blauer Briefe, der auf meinem Bett liegt. Zügig räume ich ein paar schmutzige Teller und Gläser vom Esstisch und wische diesen mit einem feuchten Lappen sauber. Was immer in diesen Briefen steht, ich möchte diese nicht beschmutzen. Nachdem ich ein Glas Wasser getrunken und mir einen Kaffee gemacht habe, lasse ich mich am Tisch nieder. Ich bin bereit.

Zuerst überlege ich, ob ich alle Briefe herausholen und in eine zeitliche Reihenfolge bringen soll, aber dann nehme ich wahllos einen Bogen aus dem Umschlag und beginne zu lesen. Alleine die Schrift meines Vaters vor Augen zu haben, erscheint mir surreal. So lange Zeit habe ich nichts von ihm gehört und gesehen, und nun halte ich Briefe von ihm in der Hand, die mit ›Mein lieber Sohn‹ und ›Hallo Daniel‹ beginnen.

Nach drei Briefen mache ich eine Pause. Aus dem bisherigen Inhalt habe ich verstanden, dass meine Eltern nach viel Nachdenken und einigen Gesprächen den Kontakt zu mir suchten. Sie wollten mit mir reden und waren um Verständnis bemüht. Meine Augen brennen. Ich presse meine Handballen darauf und kann trotzdem die heißen Perlen nicht hindern, ihren Weg auf meine Wangen zu finden.

Ich mache mir nichts vor und bilde mir nicht ein, dass die Gespräche mit meinen Eltern einfach geworden wären, hätten sie vor ein paar Jahren stattgefunden. Aber sie wären möglich gewesen. Sie wurden mir aus reinem Kalkül vorenthalten. Und das macht mich unfassbar wütend und traurig.

»Darf ich reinkommen?«, fragt jemand hinter mir. Ich schrecke zusammen und wende mich um. Im Türrahmen steht Colin und schaut mich unsicher an.

»Was machst du denn hier?«, frage ich zurück. Meine Begeisterung hält sich in engen Grenzen. Hektisch versuche ich, meine Augen trocken zu reiben, womit ich es wahrscheinlich nur schlimmer mache. »Und wie kommst du überhaupt rein?«

Colins Stimme klingt patzig, vielleicht verletzt, als er sagt: »Guten Morgen, Daniel. Freust du dich nicht, mich zu sehen? Erstens wollte ich eigentlich zu Emir, der wohl noch schläft, und zweitens bin ich durch den Garten hereingekommen. Das Törchen und die hintere Tür stehen ja nahezu durchgehend offen. Ich war einfach so frei.«

Colin hat die Küche betreten und steht nun unschlüssig im Raum.

»Kaffee?«, frage ich und hoffe, dass er die weiße Friedensfahne erkennt.

»Gern«, sagt Colin sichtlich erfreut. »Aber bleib ruhig sitzen. Ich nehme mir selbst.«

Natürlich muss ich ihm nicht sagen, wo das Geschirr ist. Er ist ein Freund von Emir und kennt sich in der Küche aus. Mit einer Tasse in der Hand setzt sich Colin schließlich zu mir.

»Du weinst«, sagt er ruhig.

»Ja«, bestätige ich. »Ich bin unfassbar traurig.«

»Schlechte Nachrichten?«, fragt Colin mit einem Blick auf den Brief, der direkt vor mir liegt. Dann jedoch erblickt er die Menge an Briefen und reißt verwirrt die Augen auf. »Viele schlechte Nachrichten?«

Unschlüssig schweige ich. Bisher haben Colin und ich uns nicht gut verstanden. Seine gehässigen Bemerkungen habe ich nach wie vor im Ohr. Auch wenn er versucht, sich mir freundlich zu nähern, fällt es mir schwer, in ihm eine vertrauenswürdige Person zu sehen. Andererseits hat sich sein Verhalten mir gegenüber geändert. Er greift mich nicht mehr an und im Moment sieht er aus, als würde er mit mir leiden. Nicht zu vergessen, dass er ein Freund von Emir ist, und damit eigentlich kein Totalausfall sein kann.

»Es ist nicht direkt eine einzelne schlechte Nachricht, eher eine schlimme Situation«, beginne ich eine Erklärung, die Colin natürlich nicht auf Anhieb versteht. »Das sind Briefe an mich, Briefe meines Vaters, in denen er schreibt, dass er Kontakt zu mir wünscht und er sich entschuldigen möchte.«

»Ist das nicht etwas Gutes?« Colin schaut mich erwartungsvoll an.

»Vielleicht hätte es das sein können, wenn Michael diese Briefe nicht von mir ferngehalten und somit den Kontakt unterbunden hätte«, entgegne ich und lasse betrübt den Kopf hängen.

»Oh!«

»Das kann man wohl sagen!«, rufe ich erbost aus. »Michael hat sich zum Strippenzieher gemacht, damit ich agiere, wie es ihm passt. Er hat diese Briefe abgefangen und den Kontakt zu meinen Eltern verhindert, damit ich ihm uneingeschränkt zur Verfügung stehe.«

Schweigend starrt Colin mich an. Es dauert, bis er seine Sprache wiederfindet. »Das ist … Das ist widerwärtig. So ein Verhalten hätte ich ihm nicht zugetraut, und dabei traue ich ihm Einiges zu. Hat dein Vater denn mal versucht, dir eine Mail zu schicken?«

Der Gedanke ist mir bisher nicht gekommen, dabei liegt er doch nahe. Mein Vater ist Geschäftsmann und durchaus in der Lage, eine Mail zu schreiben. Wenn er es denn möchte …

»Keine Ahnung«, antworte ich ehrlich. »Angekommen ist keine bei mir. Aber was heißt das schon?«

Colin versteht offensichtlich, was ich damit andeuten möchte. Er ist clever genug zu schweigen, wenn es nichts zu sagen gibt.

»Kann ich dir irgendwie helfen?«, fragt er nach einer Weile, in der er in aller Ruhe seinen Kaffee trinkt.

»Du?«, entfährt es mir eine Spur zu schrill.

»Ja, ich!«, erwidert Colin mit Nachdruck und hat erneut diesen verletzten Unterton. »Tut mir leid, wie es bisher zwischen uns gelaufen ist. Ich war nicht immer nett zu dir.

Sorry! Aber wenn ich dir helfen kann, dann mache ich das. Echt!«

»Warum?«

»Weil ich gar nicht so ein Arsch bin, wie du denkst. Weil du Hilfe brauchst. Weil du bestimmt nicht ewig hier in der Küche pennen willst. Weil ich schon mal höre, wenn irgendwo eine Wohnung frei wird …«

»Fickst du mit einem Immo-Typen oder was?«, unterbreche ich ihn unhöflich.

»Quatsch!«, ruft Colin empört aus. »Ach, halt doch einfach die Klappe! Du hast keine Ahnung!«

»Wovon?«, frage ich. »Wovon habe ich keine Ahnung?«

»Guten Morgen zusammen!« Betont fröhlich betritt Emir in einem flatternden Morgenmantel aus glänzender Seide den Raum. Er wedelt übertrieben mit den Händen. »Puh, hier ist ja dicke Luft. Da komme ich wohl gerade rechtzeitig.«

»Ich wollte einfach nur freundlich sein und helfen«, sagt Colin leise zu mir, bevor er sich Emir zuwendet. »Guten Morgen, Emir. Sorry! Haben wir dich geweckt?«

»Schon gut, Col! Celia und ich waren gerade fertig miteinander«, sagt er und wackelt dabei mit den Augenbrauen. »Trotzdem solltet ihr euch nicht so anmeckern. Wie bockige Ziegen!«

»Ich bin nicht bockig!«, rufen Colin und ich wie aus einem Munde und verstummen sofort.

»Ah ja!« Emir kann sich das Lachen kaum verkneifen. »So ist das also.«

Weder Colin noch ich können uns das Grinsen verkneifen. Wir sind so blöd.

»Frieden?«, frage ich und halte Colin die Faust hin.

»Was sonst?«, erwidert er zu meiner Erleichterung und stößt mit seiner Faust an meine an.

»So ist brav«, kommentiert Emir zufrieden.

Ich räume die Briefe zur Seite. Auch wenn es mir unter den Nägeln brennt, möchte ich sie lieber für mich allein lesen. Und die anderen wollen bestimmt jetzt am Tisch frühstücken. Es würde mich nicht wundern, wenn Colin zum Frühstück bliebe. Warum war er eigentlich gekommen?

»Was wolltest du eigentlich von Emir?«, frage ich Colin. »Müsst ihr allein etwas besprechen? Soll ich gehen?«

»Ach, nicht so wichtig«, wiegelt Colin ab. »Nur etwas leihen. Bleib ruhig hier!«

Emir lässt verwundert die Augenbrauen in die Stirn rutschen, sagt aber nichts dazu. Stattdessen wendet er sich mir zu.

»Wo steckt eigentlich Gebre? Hast du ihn erledigt letzte Nacht?«, fragt er in süffisantem Ton und wackelt mit den Augenbrauen. »Da brannte echt die Matratze!«

Laut scharren die Stuhlbeine auf den Bodenfliesen, als Colin abrupt aufsteht und zur Tür eilt.

»Bin draußen!«, sagt er mit kratziger Stimme. »Eine rauchen!«

Damit verschwindet er durch die offen stehende Tür. Seine harten Schritte hallen laut im Flur.

»Hui«, sage ich lahm. »Was ist denn mit dem jetzt?«

Emir schaut seinem Freund verdattert hinterher, bevor er den Blick durch das Fenster nach draußen lenkt. Colin ist nicht zu sehen. »Seit wann raucht Colin?«

Neunundzwanzig

Als ich die Straße entlanggehe, sehne ich mich nach einem gemütlichen Mittag auf dem Sofa mit einem Buch in der Hand und Kaffee und Keksen auf dem Tisch. Das wäre in meiner Vorstellung eine passende Szenerie für einen Samstagnachmittag. Stattdessen hetze ich zu einem Termin. Ein Termin, der jedoch wichtig ist und mein Leben verändern könnte.

Daher ziehe ich den Kopf ein und die Schultern an meine Ohren, in der Hoffnung, damit dem schneidenden Wind weniger Angriffsfläche zu bieten. Der dünne Schal reibt unangenehm an meinem Hals. Er ist kratziger als er aussieht, so dass ich den angegebenen Anteil an Kaschmir ernsthaft bezweifle.

Für einen Moment bereue ich, nicht mit dem Auto gefahren zu sein, aber für die kurze Strecke schien mir der Spaziergang günstiger und weniger zeitaufwändig. Vielleicht ist der neue Daniel sogar umweltbewusst? Das wird die Zukunft zeigen.

In der Jackentasche halte ich den kleinen Zettel mit der Adresse fest in der Hand. Kurz vor dem Ziel schaue ich auf dem zerknüllten Papier nach, ob ich richtig bin. Die Oberfläche streiche ich mit den Fingerspitzen glatt, bis ich die Angaben überprüfen kann.

Ist das Colins Handschrift?

Ich schiebe den Gedanken beiseite und konzentriere mich. Da vorne muss es sein. Als ich in die entsprechende Richtung schaue, sehe ich mehrere Menschen auf das gepflegte Mehrfamilienhaus zugehen. Mein Mut sinkt etwas, aber ich straffe mich und gehe entschlossen weiter.

Als Emir mir vor ein paar Tagen den Zettel mit der Anschrift und dem Termin überreichte, dachte ich zuerst, dass er selbst von dieser Wohnungsbesichtigung gehört habe. Nach kurzem Zögern hat er jedoch preisgegeben, dass es Colin war, der an mich gedacht hat. Ein Umstand, der mich überrascht hat.

Offenbar hat Colin von einem Bekannten erfahren, dass eine Wohnung vermietet wird, und hat Emir gebeten, mir die Informationen zukommen zu lassen. Das finde ich sehr aufmerksam von ihm, aber gleichzeitig unpassend. Was kümmert ihn meine Zukunft?

Vor dem Haus angekommen, stelle ich mich leise murrend in die Schlange der Menschen, die sich für die Wohnung interessieren. Auch wenn diese vor dem Haus verhältnismäßig kurz ist, gehe ich davon aus, dass sie im Gebäude mehr als doppelt so lang ist. Mietwohnungen sind Mangelware und entsprechend begehrt.

Erleichterung macht sich in mir breit, als ich durch ein belauschtes Gespräch mitbekomme, dass im gleichen Gebäude noch mindestens zwei weitere Wohneinheiten zu besichtigen sind. Und so zweigen sich einige Besuchergruppen in andere Wohnungen ab, in denen sie von Maklern mit Fragebögen ausgestattet werden, falls ihnen diese nicht bereits vorab in die Finger gedrückt wurden.

Inzwischen bin ich bis zur Hauseingangstür vorgerückt. Mein Blick wandert erneut auf das Papier in meiner Hand, als wäre zwischenzeitlich eine bahnbrechende Erkenntnis darauf verewigt. Leider steht auf dem Zettel keine Wohnungsnummer, die mich weiterbringen würde. Unschlüssig lasse ich meinen Blick die Treppe hinauf wandern und entdecke Colin, der mit einem mir unbekannten Mann ein

Stück über mir steht. Ich wusste nicht, dass er ebenfalls anwesend sein wird, und bin entsprechend überrascht.

»Da ist er ja!«, ruft Colin begeistert aus, woraufhin ich mich unsicher umschaue, da ich nicht weiß, ob er konkret mich meint.

»Daniel, komm hoch!«, fordert Colin mich nun unmissverständlich auf.

Zügig steige ich die Stufen empor, bis ich zu Colin und seinem Begleiter aufschließe.

»Ich habe nicht viel Zeit, daher sollten wir uns direkt die Wohnung anschauen«, sagt der Begleiter, dreht sich um und geht uns voran.

»Alles wird gut. Er ist nett, nur etwas in Eile«, flüstert mir Colin beruhigend zu. Wenige Sekunden später stehe ich in einer kleinen, aber hellen Wohnung mit zwei Zimmern.

»Ich bin Martin, der Immobilienmakler, der sich von Colin um den Finger wickeln lässt«, stellt sich der Makler nun freundlich vor.

»Ich bin Daniel «, stelle ich mich ähnlich formlos vor. Allerdings fällt mir kein witziger Zusatz ein. Daniel, der keine Ahnung hat, wie er hierher geraten ist? Daniel, der keinen blassen Schimmer hat, in welcher Beziehung er zu Colin steht? Ob er überhaupt in irgendeiner Beziehung zu Colin steht? Bei dem Durcheinander ist es angebrachter, den Mund zu halten. Nix sagen, schlau gucken! Das wusste bereits meine Großmutter und hat mir diese Weisheit mitgegeben.

»Das dachte ich mir bereits«, gibt Martin zurück und lächelt. »Daniel, der eine Wohnung sucht, und zwar so dringend, dass er sich diese ansehen darf, besser: ansehen muss, bevor sie inseriert wird. Zumindest hat Colin es so drastisch dargestellt.«

Mit diesen Worten zwinkert er Colin verschwörerisch zu, während dieser mit sichtlicher Verlegenheit die Lippen aufeinander presst und die Spitzen seiner stylischen Schuhe betrachtet.

Ein klassischer Klingelton unterbricht unsere Vorstellung. Martin zieht sein Telefon aus der Tasche, schaut auf das Display und bedeutet mir, dass er das Gespräch annehmen muss. »Ist beruflich. Schau dich um!«

Damit wendet sich Martin ab und spricht mit einem Kunden. Seine Art, mit dem Gesprächspartner umzugehen, lässt mich grinsen. Er ist lebhaft und unterstreicht das Gesagte mit der freien Hand, was die Person am anderen Ende natürlich nicht erkennt, aber vielleicht trotzdem spürt. Mit seinem freundlichen und verbindlichen Naturell ist Martin bestimmt erfolgreich in seinem Metier.

›Fickst du mit einem Immo-Typen oder was?‹

Die Erinnerung an die letzte Begegnung mit Colin, als ich ihm diese Frage an den Kopf geknallt habe, schießt mir ins Hirn. Mich interessiert, wie Colin und Martin zueinander stehen. Sie gehen freundlich miteinander um, wirken jedoch nicht sehr vertraut. Ist da mehr als lose Freundschaft? Und was geht es mich an?

Erneut frage ich mich, warum Colin mir überhaupt bei der Wohnungssuche hilft. Drückt das schlechte Gewissen? Hat er Hintergedanken? Will er mich reinlegen? Oder hat er irgendeinen Vorteil dadurch?

»Wirklich nett, dass ich mir die Wohnung anschauen kann«, grummele ich unschlüssig und weiß nicht, wem ich überhaupt danken soll.

Immerhin gelingt es mir nun, die vielen Fragen von der Tafel meines Hirns zu wischen und mich auf die Räumlichkeiten zu konzentrieren. Dafür bin ich schließlich hier. Ich schaue mir eine Wohnung an. Nichts weiter.

»Und? Wie findest du die Wohnung?«, fragt Colin und nähert sich mir zögernd.

»Ganz ehrlich?«, frage ich gegen und lasse meinen Blick nochmals aufmerksam über meine Umgebung gleiten. »Sie gefällt mir. Sie ist klein, gerade geschnitten und die Lage ist in Ordnung. Außerdem ist die Küche keine totale Katastrophe. Wenn ich mir die Miete leisten kann ...«

Martin kehrt zu uns zurück. »Entschuldige nochmals die Unterbrechung. Aber ein Samstag ist meist ein geschäftiger Arbeitstag für mich. Jetzt bin ich ganz für dich da. Fragen?«

Ich schätze sehr, dass Martin mich als potentiellen Kunden ernst nimmt. Überhaupt mag ich ihn.

»Die Küche ist mit dabei?«, frage ich.

Da ich keine Erfahrung mit Wohnungssuche habe, weiß ich überhaupt nicht, worauf ich achten soll. Martin könnte mich total übers Ohr hauen und ich würde es nicht einmal bemerken. Vielleicht hätte ich jemanden mitnehmen sollen. Gebre und Emir haben viel mehr Lebenserfahrung als ich und wüssten, was zu tun ist.

Der Gedanke an meine Eltern steigt ohne Vorwarnung in mir auf und erinnert mich, dass da noch etwas Ungeklärtes in meinem Leben ist, das ich nicht mehr lange vor mir herschieben kann. Plötzlich fühle ich mich überfordert und schrecklich einsam. Würden andere nicht ihre Eltern oder Geschwister zu so einem Termin mitnehmen? Oder eben Freunde?

Als habe er gespürt, dass meine Stimmung sich ändert, stellt sich Colin neben mich, so nahe, dass seine Schulter die meine berührt. Ich schaue ihn an, sage aber nichts. Als unsere Blicke sich verhaken, lehne ich mich leicht an ihn, als wolle ich testen, ob er hält. Und er enttäuscht mich nicht. Colin stützt mich.

Interessiert betrachtet Martin uns und hat Mühe, ein Grinsen zu unterdrücken.

»Ja, die Küche ist mit drin. Die ist noch gar nicht so alt. Dass alles funktioniert, versteht sich von selbst«, preist Martin die Wohnung an. »Du hast gesehen, dass das Bad ein Fenster hat ...«

Martin redet munter weiter, aber ich höre nur mit einem Ohr zu, höchstens. All meine Sinne sind auf die Stelle gerichtet, an der Colin mich berührt.

Als Martin irgendwann an den Punkt gelangt, an dem er den Mietpreis für die Wohnung nennt, steige ich endlich wieder ins Geschehen ein.

»Das ist aber günstig«, bemerke ich erfreut. »Das kann ich sogar bezahlen.«

Verwundert stelle ich fest, dass es mir nichts ausmacht, zuzugeben, dass ich nicht viel Geld zur Verfügung habe. Mein neues Ich ist wie Berlin. Arm, aber sexy. Der Gedanke zaubert ein Grinsen auf mein Gesicht. Sexy, das gefällt mir. Am Rest arbeite ich noch.

»Also bist du interessiert? Sehr gut!« Martin scheint ehrlich erfreut.

»Haben wir noch ein paar Minuten Zeit?«, steigt Colin in das Gespräch ein. »Dann könnte Daniel nochmals rumgehen und ein paar Bilder machen.«

Dankbar nicke ich. Das ist eine gute Idee.

»Eine Viertelstunde habe ich noch. Fotografiere so viel du willst, Daniel. Mein Tipp: Schlaf eine Nacht darüber. Wenn du mich dann morgen anrufst, um zuzusagen, bist du wirklich sicher, dass diese Wohnung genau das ist, was du suchst.«

Er zwinkert mir grinsend zu und deutete mit theatralisch ausladenden Armbewegungen durch die Wohnung. Während ich jede Ecke meiner eventuell zukünftigen Wohnung betrachte und fotografiere, gibt Martin mir weitere Informationen über Lage und Maße und drückt mir eine Mappe mit Unterlagen in die Hand.

»Da vorne steckt meine Karte drin. Ich erwarte deinen Anruf. Morgen«, sagt er bei der Verabschiedung.

»An einem Sonntag?«, frage ich nach.

»Ganz genau«, bestätigt Martin mit einem Augenzwinkern. »Es ist doch dringend.«

Nachdem er jeden Raum nochmals kontrolliert hat, verschließt Martin sorgfältig die Wohnungstür. Lachend gehen wir die Stufen hinab. Unsere Wege trennen sich vor dem Haus, neugierig beobachtet von den Menschen, die noch immer für die andere Wohnung in einer Schlange stehen.

Als Martin zu seinem Wagen geht, einsteigt und mit einem Winken davonfährt, schauen Colin und ich ihm nach. Danach wissen wir offensichtlich nicht weiter.

»Dann noch einen schönen Tag«, sage ich. »Nochmals vielen Dank für die Vermittlungstätigkeit.«

Meine Worte klingen selbst in meinen eigenen Ohren gestelzt, aber in meiner Verlegenheit stütze ich mich auf eine gepflegte Wortwahl.

Colin scheint ähnlich unschlüssig zu sein, denn er schaut in alle möglichen Richtungen, nur nicht in meine. Bei meinen Worten jedoch fixiert er mich mit seinem Blick und grinst mutwillig. »Dass ich Provision nehme, ist dir bestimmt klar, oder?«

Da hast du es! Als wenn irgendjemand etwas umsonst machen würde! Für dich! Du hast keine Freunde, vergiss das nicht!

Die gemeine Stimme in meinem Kopf hat sich in letzter Zeit seltener gemeldet, aber komplett ausgezogen aus meinem Hirn ist sie offensichtlich nicht.

»Ähm … Nee«, stottere ich, bemüht, mir meine Enttäuschung nicht anmerken zu lassen. Aus einem mir nicht bekannten Grund hatte mir der Gedanke, dass Colin sich für meine Belange interessiert und einsetzt, gefallen. »Was willst du? Falls deine Vermittlung überhaupt Erfolg hat …«

»Einen Kaffee und ein belegtes Brötchen, gemeinsam mit dir«, antwortet Colin, den mein Verhalten offensichtlich amüsiert.

»Ähm», beginne ich und nehme mir vor, dieses verstolperte ›Ähm‹ nicht zur Gewohnheit werden zu lassen. »Kein Geld?«

»Was soll ich denn mit Geld?« Colin ist sichtlich erstaunt. »Wenn ich Zeit haben könnte?«

Ich erinnere ihn nicht daran, dass er von Zeit mit mir gesprochen hat. Mir fällt keine passende Entgegnung ein, daher bin ich dankbar, dass Colin das Sprechen wieder übernimmt.

»Da vorne ist ein Café«, sagt Colin und weist mit der Hand auf die gegenüberliegende Straßenseite.

Mein Blick folgt seinem Hinweis. Die Bäckerei wirkt selbst auf die Entfernung ordentlich und einladend. Falls ich demnächst hier lebe, kaufe ich dort vielleicht häufiger ein. Wer weiß?! Der Gedanke lässt ein warmes Gefühl in mir aufsteigen. Ich könnte mir eine Wohnung einrichten, in der ich zu Hause bin, in einem Viertel leben, in dem ich Nachbarn grüße und Ladeninhaber meine Lieblingssorte Brot kennen. Bei diesen Vorstellungen sieht die Zukunft gar nicht mal so übel aus.

»Gut!«, sage ich beschwingt und aus meiner plötzlichen Euphorie heraus etwas zu laut. »Attacke!«

Dreißig

Vor dem Café befinden sich zwei Stehtische, die von älteren Herren in warmen Jacken besetzt sind. Dickwandige Kaffeepötte stehen auf den Tischflächen und in Kunststoffaschenbechern qualmen Zigaretten. Ein kleiner Hund liegt in einem ausgepolsterten Korb unter einem der Tische und hat einen Wassernapf vor sich. Es wird laut erzählt und viel gelacht. Einer der Männer liest Schlagzeilen aus einer Zeitung mit vielen Bildern und kaum Text vor, die anschließend von allen Anwesenden ausgiebig kommentiert werden.

Auch wenn dieser Rentnertreff gemütlich wirkt, hoffe ich nicht, dass mein Leben in allzu naher Zukunft so aussieht. Ich grüße freundlich und erhalte ähnlich freundliche Antworten aus zahlreichen Kehlen. Als Colin und ich den Laden betreten, spüre ich die interessierten Blicke, die uns folgen.

Ein Mitarbeiter hinter der Theke winkt uns direkt zu sich und begrüßt uns.

»Hallo, ihr könnt hier auswählen und ich bringe es euch an den Tisch. Oder wollt ihr nur etwas zum Mitnehmen?«

»Sitzen ist super«, antwortet Colin und schaut in die Auslage. »Einen Kaffee und ein Käsebrötchen für mich. Falls du die frisch machst, dann gern mit viel Salat und ohne Butter. Bitte!«

Der junge Mann mit der dunkelblauen Schürze gibt sich betroffen. »Natürlich mache ich das frisch!«

Colin geht auf das Lachen ein. »Ich wollte keine Ehre verletzen, sondern nur sichergehen.«

Bevor das noch in einen Flirt übergeht, mische ich mich ein. »Dann nehme ich auch einen Kaffee. Und ein Brötchen mit Kiwiaufstrich. Bitte!«

»Auch eine gute Wahl!«, sagt der Typ hinter der Theke. »Macht meine Schwester selbst die Aufstriche. Superlecker!«

Colin und ich setzen uns an einen kleinen Tisch. Als Colin seine Unterarme abstützt, bemerken wir direkt, dass er wackelt. Wir drehen ihn ein wenig und rücken ihn ein paar Zentimeter zur Seite, falls es nur unebener Boden ist. Jedoch lässt das Wackeln nicht nach, so dass ich zwei Bierdeckel von der Fensterbank nehme und sie unter den Tischfuß klemme. Damit ist das Problem zumindest kurzfristig beseitigt.

»Ein Handwerker!«, witzelt Colin.

»Du hast doch keine Ahnung, was meine Hand alles werken kann!«, kontere ich und reiße entsetzt über meine zweideutige Bemerkung die Augen auf.

Was machst du denn?! Das ist Colin! Flirtest du etwa mit dem Mistkerl, der dich oft genug zur Weißglut getrieben hat? Du bist erbärmlich!

»Sag Bescheid, wenn du mir eine Vorführung geben willst.« Colins Stimme ist belustigt, aber er schaut mich so ernst an, dass es mir unpassend erscheint.

Als Colin merkt, dass ich dieses Thema nicht vertiefen möchte, schlägt er einen anderen Ton an. »Wie geht es dir?«

Diese Frage könnte nach Smalltalk klingen, was sie jedoch in Verbindung mit Colins forschendem Blick nicht macht. Er möchte es wirklich wissen, etwas von mir erfahren.

»Ganz gut«, antworte ich so wahrheitsgemäß, wie es mir möglich ist. »Könnte noch besser sein, aber ich arbeite daran. Mehr zu erwarten, wäre unverschämt. Eine eigene Wohnung wäre ein weiterer Schritt in eine gute Richtung.«

Der Theken-Typ erscheint und schiebt ohne ein Wort die Tablets zwischen uns, nickt freundlich und wendet sich ab. Offensichtlich möchte er das Gespräch nicht stören, was ich aufmerksam finde. Oft genug erlebe ich es anders.

»Ja, die Wohnung scheint optimal für dich«, bestätigt Colin. »Und sonst?«

»Ich penne weiterhin auf dem Sofa in der Küche bei meinen Freunden, aber es ermüdet doch langsam, uns alle. Sonst gehe ich zur Arbeit, um etwas Geld zu verdienen. Außerdem durchforsche ich mein Hirn auf der Suche nach einer Vorstellung, was ich mit meinem Leben anfange.«

»Aber du kommst über die Runden?«, hakt Colin nach.

Gleichzeitig beißen wir in unsere Brötchen und grinsen uns mit vollem Mund an.

Ob ich über die Runden komme? Ich hoffe, dass er mir nun nicht noch Geld anbietet. Dass er mir bei der Wohnungssuche hilft, ist seltsam genug. Es ist mir unangenehm, auch wenn Colin nicht überheblich oder gönnerhaft auftritt. Dennoch nagt der Gedanke, dass Colin miterlebt hat, wie ich sorglos auf der Sonnenseite gelebt habe und unsanft aus der Komfortzone geworfen wurde, an meinem mickrigen Ego. Ich war nicht aus eigener Kraft wohlhabend, was meinem vergangenen Leben eine bittere Note gibt. Aber ich gehörte zu einer Gesellschaft, die sich in dem Stadtteil, in dem ich mich gerade aufhalte, bestimmt keine Immobilie als Altersvorsorge oder Wertanlage anschauen würde.

»Ja, ich komme klar, habe noch ein paar Ressourcen«, antworte ich, ohne ins Detail zu gehen. Colin wird kaum erwarten, dass ich mit einem Schlag alle Karten auf den Tisch lege. Ich nehme meine Tasse und trinke einen Schluck Kaffee, der wirklich gut ist. Das Café steht auf meiner Favoritenliste noch bevor ich das mit der Wohnung unter Dach und Fach gebracht habe.

»Wenn ich helfen kann, sag mir Bescheid«, bietet Colin allgemein seine Hilfe an. »Und …« Sein Tonfall hat sich verändert, als er den Satz ins Leere laufen lässt.

Ich horche auf. »Und was?«

Colin versteckt sich hinter seiner Kaffeetasse, aber seine geröteten Ohren sind trotzdem deutlich erkennbar. Neben dem weißen Porzellan leuchten sie erst recht, was mich grinsen lässt.

»Vielleicht treffen wir uns mal?«, fragt Colin und atmet dabei in einem Stoß aus, als habe er seinen ganzen Mut zusammengenommen und nun verbraucht.

»Treffen? Wir?«, frage ich dämlich nach.

Colin sinkt zusammen und bemüht sich offensichtlich, mit dem Hintergrund zu verschmelzen.

»Ein total abwegiger Gedanke, ich weiß. Vergiss es einfach!«, wiegelt Colin hastig ab und lacht falsch.

»Nee, ich war nur überrascht«, sage ich lahm.

Die Situation überfordert mich und ich sage das Nächstbeste, das mir einfällt: »Ich muss los jetzt, muss gleich noch zur Arbeit.«

»Ja, ist in Ordnung, kein Problem«, geht Colin übereifrig darauf ein.

Zur Arbeit muss ich erst in ein paar Stunden und habe alle Zeit der Welt. Trotzdem möchte ich auf der Stelle hier weg.

Colin stopft sich den letzten Bissen seines Brötchens in den Mund. Vorhin wollte ich ihn eigentlich fragen, ob genug Salat darauf ist, aber jetzt ist es unpassend.

Ungelenk stehe ich auf und gehe zum Bezahlen zur Theke. »Alles zusammen bitte!«

»Gern«, sagt der nette Typ. »War alles recht?«

»Ganz wunderbar«, antworte ich und hoffe, dass es so ehrlich klingt, wie es gemeint ist. Ich unterstreiche meine Worte mit einem angemessenen Trinkgeld. »Stimmt so. Danke!«

»Danke auch. Schönen Tag noch!«

Mit diesen Worten verlassen wir die Bäckerei. Vor der Tür wendet sich Colin mir zu. »Danke für die Einladung!«

»Gern. Hör mal, ich muss wirklich los, habe es eilig. Bis demnächst mal!«

Wir wissen beide, dass ich lüge.

Einunddreißig

»Leise! Verdammt! Daniel hatte einen anstrengenden Tag und hat sich etwas hingelegt. Also Ruhe!«

Gebres Stimme dringt aus dem Flur an mein Ohr. Er spricht zwar absichtlich verhalten, aber gleichzeitig so eindringlich, dass es deutlich vernehmbar ist. Seine Rücksichtnahme rührt mich und zeigt erneut, wie aufmerksam er gegenüber seinen Mitmenschen ist. Ein kostbarer Freund.

»Sorry«, flüstert daraufhin Emir. »Aber ich kann nichts dafür, dass die Flaschen so klirren. Die schlagen ständig aneinander.«

»Tja, die Menge könnte auch etwas damit zu tun haben«, entgegnet Gebre, woraufhin er und Emir in ein albernes Kichern verfallen, wie Pubertierende, die einen geheimen Plan aushecken.

Obwohl ich meine Augen noch geschlossen habe, bin ich bereits halb wach. Meine Freunde versuchen dermaßen rücksichtsvoll zu sein, dass sie damit wahrscheinlich mehr Unruhe ins Haus bringen, als wenn sie ganz normal hereingekommen wären. Ihren guten Willen weiß ich dennoch zu schätzen.

Ich döse und genieße den letzten ungestörten Moment, bevor mein Wecker gleich geht, als die Küchentür sich quietschend öffnet. Leise Schritte kommen näher.

»Er schläft noch«, flüstert Emir.

»Nee, nicht mehr«, kläre ich auf. »Kommt ruhig rein, bin wach.«

»Mist! Haben wir dich doch geweckt?« Emir klingt zerknirscht. »Genau das wollten wir nicht.«

»Ist schon gut. Meine Zeit auf dem Sofa ist eh um«, beruhige ich ihn.

Gebre und Emir stellen ihre prallen Rucksäcke und Taschen auf den Stühlen ab und ziehen einige Glasflaschen hervor, die sie auf dem freigeräumten Tisch abstellen. Häufig ist die Tischplatte kaum erkennbar unter Werbeprospekten, Post, benutzten Tassen und schmutzigen Tellern. Beim Anblick der zahlreichen Einkäufe, besonders der Spirituosen, verstehe ich, weshalb der Tisch heute Morgen freigeräumt wurde.

Träge lockere ich meinen Nacken und reibe mir müde die Augen. Gegen eine weitere Stunde Schlaf hätte ich nichts einzuwenden gehabt. Mein Blick stellt sich mühsam scharf, als ich die bunten Flaschen mit Alkoholika auf dem Tisch mustere.

»O mein Gott! Was habt ihr vor?«, entfährt es mir. Abrupt setze ich mich auf.

»Ein bisschen Spaß haben«, antwortet Emir betont gelassen. »Und zwar mit guter Musik, tollen Menschen, Snacks und ein paar Drinks. Kein Besäufnis, nur sorgfältiges Vorglühen.«

Demonstrativ lassen Gebre und Emir einige Tüten Chips und Salzbrezeln auf die Tischplatte fallen. Soll das der Beweis sein, dass es auch etwas zu essen gibt?

»Na gut, immerhin bastelt ihr keine Mollis«, lenke ich ein.

»Mollis?« Gebre lacht laut auf. »Wer redet denn heutzutage noch von Mollis?«

»Immerhin weißt du, wovon ich rede, und zwar ohne zu googeln«, kontere ich, mein Gesicht heiß vor Verlegenheit.

»Ähm. Aber ich nicht!«, meldet sich Emir zu Wort. »Wovon sprecht ihr?«

»Molotowcocktails«, antwortet Gebre und nickt in Richtung Tisch. »Für deren Herstellung braucht man viele Flaschen.«

»Nee«, wendet sich Emir lachend zu mir, als sei er erleichtert. »So etwas machen wir nicht. Wir wollen doch Spaß haben!«

Hat er ernsthaft gedacht, ich ginge davon aus, dass hier Brandbomben gebaut werden? Darüber denke ich zum jetzigen Zeitpunkt nicht weiter nach. Manchmal ist Emir so ... Emir eben.

»Ich gehe mich dann mal aufhübschen«, verkünde ich und mache mich schlurfend auf den Weg in Richtung Bad.

Dort angekommen bin ich auf einen Schlag wach, da kühle Luft auf mich eindrischt. Wie so häufig habe ich vergessen, das Fenster zu schließen. Nun lasse ich es geöffnet, damit der Wasserdampf abziehen kann, wenn ich gleich unter der Dusche stehe. Die Lüftung und der Abzug sind nämlich seit einiger Zeit defekt, was bei geschlossenem Fenster unangenehm ist.

Ich putze mir die Zähne und steige danach in die Duschkabine. Schnell stelle ich die Wassertemperatur etwas kühler, von der Hitze werde ich sonst müde. Schließlich will ich gleich nicht ins Bett, sondern in den Club. Zumindest sagen meine Freunde, dass ich das will. Und die haben meist recht.

Als ich fertig bin und aus der Dusche steige, ist der Spiegel trotz geöffnetem Fenster beschlagen und die Luft feucht. Ein Unterschied zur Dusche ist im ersten Moment kaum wahrnehmbar. Ich ziehe mein Handtuch von dem Heizkörper und trockne mich ab. Da ich mich im Spiegel nicht erkennen kann, wische ich mit dem Handtuch darüber, eine Aktion, die ich direkt bereue, da ich die Nässe verschmiere. Das wird streifig aussehen, wenn es wieder getrocknet ist.

Ich öffne die Badezimmertür einen Spalt, damit die Feuchtigkeit auch in diese Richtung entschwinden kann.

Nachdenklich betrachte ich mich im Spiegel. Das Bild von mir wird klarer. Meine kurzen Haare gefallen mir noch immer. Ich trauere meinen Kinderlocken nicht nach und habe mir gestern noch sorgfältig den Kopf rasiert. Das ist jedes Mal ein gutes Gefühl. Ein Gefühl von Macht und Kontrolle.

Es ist lange her, dass ich in einem Club war. Mit Michael war ich häufig aus, aber meistens waren wir auf Veranstaltungen, Geschäftsessen und privaten Feiern. Auch wenn ich keine Angst vor dem heutigen Abend habe, stellen sich mir einige Fragen. Werde ich mich wohlfühlen? Wie ist das als nun offizieller Single? Werden mir Männer gefallen? Werde ich Männern gefallen? Kann ich mit dem potenziellen Interesse umgehen?

Welches potenzielle Interesse? Allein in der Ecke stehen wirst du, Nichtsnutz!

Schluss jetzt! Sobald ich in dieses Gedankenkarussell einsteige, nimmt es an Geschwindigkeit auf, bis es mich schwindelig ausspuckt. Schluss damit!

Ich benutze mein Deo und einen Klecks Feuchtigkeitsgel. Damit bin ich fertig. Rasiert habe ich mich heute früh zuletzt. Ein leichter Schatten im Gesicht lässt mich eine Verwegenheit zur Schau tragen, über die ich im Inneren nicht verfüge. Aber das braucht keiner zu wissen.

Im Slip und auf Socken kehre ich in die Küche zurück. Inzwischen bin ich diesbezüglich wesentlich weniger gehemmt, als ich es noch an meinen ersten Tagen in der WG war. In der Zeit meines Aufenthaltes hier haben mich alle nackt gesehen. Vielleicht muss ich nicht unbekleidet auf dem Küchentisch tanzen, aber für verschämtes Geziere ist es eindeutig zu spät.

Celia ist in der Küche, was mich verwundert innehalten lässt, da ich dachte, dass sie bereits außer Haus wäre.

»Alles okay bei dir? Geht es dir nicht gut?«, erkundige ich mich alarmiert. »Du wolltest doch mit Freundinnen …«

»Hallo, schöner Mann«, begrüßt mich Celia mit einem Augenzwinkern. »Keine Sorge, bin gleich weg. Ich habe mich mit der Zeit verhauen. Sehe ich gut aus?«

Nach Beifall heischend dreht sich die kleine Hexe einmal um sich selbst und grinst dabei selbstgefällig. Das violette Kleid mit den vielen unterschiedlich langen Zipfeln schmeichelt ihr und verleiht ihr einen Hauch Mystik.

Ich muss einfach ehrlich sein: »Du siehst zauberhaft aus! Fabulös!«

»So war es gedacht«, sagt Celia, leert ihr Wasserglas und stellt es auf der Küchenzeile ab. »Viel Spaß heute Abend!«

»Dir auch!«, erwidere ich, als Celia in den Flur entschwindet, wo sie sich eine Jacke überstreift und das Haus verlässt. Ich will noch mahnen, dass sie nicht allein heimkommen soll, schlucke die Worte jedoch hinunter. Schließlich ist Celia vernünftig und passt auf sich auf.

Wo stecken Gebre und Emir denn jetzt? Ich stehe vor der schwierigen Frage, was ich anziehen soll und benötige Emirs Hilfe.

Als hätten sie meine Not bis in die obere Etage gespürt, poltern meine Freunde die Stufen herunter und albern dabei herum. Lachend entern sie die Küche und reißen erstaunt die Augen auf, als sie mich kaum bekleidet vorfinden.

»Bleib so!«, ruft Gebre begeistert. »Das trifft das Motto des Abends perfekt.«

»Welches Motto? Slips? Socks? Naked?«, fragt Emir aufgeregt. »Habe ich etwas verpasst?«

»Heute ist Dirty-Danny-Night«, antwortet Gebre neckend. »Unser lieber Freund wird feiern und ficken, bis der Arzt kommt.«

»Solange er gut aussieht, der Arzt.« Emir lacht, als habe er einen nie dagewesenen Witz gemacht. »Und einen großen Schwanz hat.«

»Dass ich anwesend bin, habt ihr vergessen?«, werfe ich empört ein.

»Daniel!« Gebre klingt entsetzt. »Hast du mal in den Spiegel geschaut? Wie könnten wir dich übersehen?«

»Nun hör schon auf damit!«, wiegele ich ab. »Was soll ich anziehen?«

Mit meiner nüchternen Frage verbinde ich die Hoffnung, meine Freunde zurück auf ernsthafteres Terrain zu führen.

»Was ich von deinen Klamotten kenne, steht dir super, ist aber eher alltagstauglich«, gibt Emir zu bedenken. »Für Party ist das nix.«

»Sehe ich ähnlich«, bestätigt Gebre und grinst anzüglich. »Schöne Sachen, die jedoch einem Danny Diggler nicht gerecht werden.«

Ich überhöre das jetzt einfach. Hat Gebre gekifft oder was?

»Das mag stimmen, bringt mich aber nicht weiter«, sage ich neutral. »Lösungsvorschläge?«

»Ich leihe dir ein Shirt von mir«, bietet Gebre an.

»Und von mir bekommst du eine geile Latex-Hose.« Emir nickt begeistert und springt bereits auf. »Die ist dir vielleicht ein wenig eng.«

»Ey, was soll denn das …?«, unterbreche ich ihn. ›Geile Latex-Hose‹ klingt ungewohnt, aber vielversprechend. Aber ›ein wenig eng‹?

»Reg dich nicht gleich auf!«, mahnt Emir streng und hebt die Hand. »Du bist nicht dick, aber insgesamt etwas breiter als ich. Ist nun mal so. Du wirst in der Hose heiß aussehen. Glaub mir!«

»Das Material wird schmelzen, so heiß!«, ergänzt Gebre, der die Hose, von der Emir spricht, offensichtlich kennt.

»Na gut, dann her mit den guten Sachen! Einen Versuch ist es wert.«

Ohne Murren machen die beiden sich auf den Weg nach oben, obwohl sie gerade erst in der unteren Etage angekommen waren. Es wirkt auf mich, als hätten sie Spaß daran, mir bei meinen Schritten in ein anderes Leben zu helfen.

Zehn Minuten später stehe ich in der Küche, halte die Luft an und ziehe den Bauch ein. Allerdings begreife ich schnell, dass Letzteres nicht nötig ist. Erstens sitzt die Hose gut und zweitens schmiegt sich das Material angenehm an meine Formen.

Erkenntnis des Abends: Latex ist ein geiles Zeug.

Ich trete in den Flur, um mich im großen Spiegel zu betrachten. Das bin ich, aber in der clubtauglichen Version. Ich gefalle mir und bin damit nicht allein. Gebre und Emir treten an mich heran und nehmen mich in die Mitte. Wir schauen gemeinsam in den Spiegel und grinsen bei dem Anblick.

»Wow, wir drei zusammen – hotter than hell!« Emir bringt es auf den Punkt.

»Da hast du absolut recht. Dreh die Musik auf! Ich mixe die Drinks«, ruft Gebre ausgelassen.

Wir tanzen und singen, essen Salzstangen und Chips, während wir uns alberne Geschichten erzählen, anrührende Geschichten aus der Kindheit, peinliche Anekdoten aus der Pubertät. Wir lachen, hören aber auch gespannt zu. Dabei konsumieren wir Getränke, deren Namen ich nicht kenne. Es ist egal. Wir sind Freunde. Wir haben Spaß.

»Und?«, fragt Emir, dessen Tonfall verrät, dass er nicht mehr ganz nüchtern ist. »Vermisst du Michael? Gib es zu, mit uns ist es viel lustiger.«

Gebre hält die Luft an, als wäre ihm unangenehm, dass Emir mir solche Fragen stellt, als fürchte er, dass ich deswegen hochgehe wie eine Bombe. Aber es fällt mir nicht schwer, über diesen Teil meines Lebens zu sprechen.

»Nein, ich vermisse Michael nicht, aber es war nicht alles schlecht mit ihm. Der Spaß mit ihm war eben anders. Wir waren anders. Jetzt ist das Team Daniel und Michael jedenfalls Geschichte.«

»Dafür gibt es nun das Freunde-Team Gebre, Emir und Daniel«, ruft Emir mit der ihm eigenen kindlichen Begeisterung. »Best friends forever!«

Gebre schaut gespielt skeptisch, kann sein Grinsen jedoch nicht verstecken. »Na, ob das eine vergleichbare Alternative ist?«

»Ist es«, betone ich. »Vielleicht nicht vergleichbar, aber eine gute Alternative.«

»Dann sollten wir uns auf den Weg machen und feiern gehen. Nix gegen unsere Küche, aber da draußen wartet die

Welt auf uns.« Gebre schlägt die Faust in die Luft, bevor er sein Glas austrinkt und aufsteht.

Wir folgen seinem Beispiel und erheben uns. Jeder erledigt das finale Pinkeln, bevor wir uns anziehen und auf den Weg machen.

Als wir die Haustür hinter uns zuziehen, sagt Gebre: »Ich kenne einen Club, der ist genau richtig für uns.«

Da wir keine Einwände haben, gibt Gebre die Richtung vor.

»Da wartet die Welt auf uns?«, frage ich und höre, dass ich ein wenig mit der Zunge anstoße. Die frische Luft wird mir guttun, um auch weiterhin einen wunderbaren Abend zu haben.

»Ganz genau!«, bestätigt Gebre und drückt mir einen Kuss auf die Stirn. »Besonders auf dich!«

Zweiunddreißig

Beim Gehen merke ich, dass meine Sohlen leicht am klebrigen Boden anhaften. Es ist wahrscheinlich gut, dass man nicht alles erkennt, was sich in diesem Etablissement an der untersten Etage ansammelt. Bestimmt machen meine Stiefel schmatzende Geräusche, die ich bei der lauten Musik allerdings nicht hören kann. Mein Schritt passt sich dem Rhythmus der Musik an. So schwinge ich mich zwischen den vielen Menschen hindurch, begleitet von meinen Freunden.

Es ist nicht, als wäre ich noch nie in einem Club dieser Art gewesen. Aber das letzte Mal ist lange her und davor war es selten. Außerdem ist es ein völlig anderes Erlebnis, wenn man, wie ich damals, in einer Beziehung und mit seinem Partner unterwegs ist. Als Single und ungeübt auf diesem Gebiet fühle ich mich im Moment geradezu jungfräulich auf diesem Terrain.

Als Gebre, Emir und ich eine lange Theke erreichen, bestellen wir Getränke. Nach den süßlichen Drinks, die wir in unserer Küche eingenommen haben, ist mir jetzt nach einem herben Bier. Meine Freunde schließen sich mir an.

Mit den Bierflaschen in der Hand belegen wir ein Stück jenseits des Tresens einen Stehtisch, der gerade frei geworden ist. Ich lasse meinen Blick schweifen und verschaffe mir grobe Orientierung. Eine Tanzfläche, umrandet von einem Geländer aus Metall, befindet sich direkt vor uns. Die Musik scheint vielen Gästen zu gefallen, wenn ich das Gedränge beim Tanzen richtig deute. Auf der anderen Seite erkenne ich eine Empore mit einem weiteren Dancefloor, der kleiner zu sein scheint. Dort scheint eher die dunklere Knutsch- und Kuschelecke zu sein. Für die, die noch weiter gehen wollen, gibt es einen Darkroom, den ich allerdings auf Anhieb nicht erkenne. Sollte ich Bedarf haben, werde ich einfach dem Duft des Testosterons folgen.

»Warst du schon oft hier?«, fragt Emir an Gebre gerichtet. Er muss seine Stimme etwas erheben, um Gehör zu finden. Dennoch scheint bei der Lautstärke ein Gespräch möglich zu sein.

Gebre antwortet: »Auch erst zwei Mal.«

»Viele hübsche Jungs hier.« Emir zuckt mit den Schultern. »Aber eigentlich bin ich nicht auf der Suche.«

Interessiert schaue ich ihn an. Offensichtlich liest Emir die Frage, die ich nicht stelle, in meinem Gesicht und antwortet: »Ich bin ganz zufrieden, wie es gerade ist. Ich habe Celia und Gebre. Was könnte ich mir mehr wünschen?«

»Aber ich bin ein Spießer«, lenkt Gebre ein. »Ich möchte dauerhaft den Einen für mich, und so leid es mir tut, Emir, aber der bist nicht du.«

Emir seufzt schwer. »Ich weiß. Aber erst, wenn du verliebt und glücklich vergeben bist, werde ich die bittere Realität akzeptieren und dich emotional freigeben. Bis dahin halte ich an meinem bescheidenen Traum vom Glück fest.«

Gebre und ich starren Emir an. Seine Worte sind so poetisch formuliert, dass sie uns unwirklich erscheinen, besonders wenn man bedenkt, wo wir uns befinden.

Als ich gerade darüber nachdenke, ob Emir Trost benötigt, hebt dieser den Kopf und grinst frech. »Wenn für dich der Richtige kommt, Gebre, werde ich es dir gönnen. Bis dahin schadet es nicht, wenn wir Spaß und Sex miteinander haben. Schließlich sollst du nicht eingerostet sein, wenn Mr. Right auf der Bildfläche erscheint.«

Lachend weicht Emir aus, als Gebre ihm die Haare verwuscheln möchte. »Genau, Emir, wir sind Trainingspartner. So sieht es aus!«

Die Unterhaltung bestätigt den Eindruck, den ich bisher von der Beziehung zwischen den beiden hatte. Diese basiert auf Wertschätzung und Freundschaft. Außerdem scheinen Gebre und Emir sich attraktiv zu finden, da ich mir nicht vorstellen kann, dass sie sonst Sex miteinander hätten. Verliebtheit und gemeinsame Zukunftsvisionen sind mir bei ihnen bisher jedoch nicht aufgefallen.

»Ich werde mich mal umschauen. Kommt jemand mit?«, frage ich meine Freunde.

»Mal umschauen? Das klingt so unverbindlich«, zieht Gebre mich auf. »Wie in einem Laden, in dem man alles anschaut, aber nichts kauft. Ich komme mit und passe auf, dass du wirklich zuschlägst, wenn dir etwas … ähm … jemand gefällt.«

Gebre und Emir lachen und trinken ihr Bier aus. Emir klopft mir freundschaftlich auf die Schulter. »Geht ihr in Ruhe *shoppen*! Ich bin tanzen. Bis später!«

Gerade stelle ich meine inzwischen ebenfalls leere Flasche auf dem Stehtisch ab, als Gebre auf das Shirt, das er mir geborgt hat, deutet.

»Darf ich?«, fragt er zögernd.

»Was?«, erwidere ich ahnungslos.

Statt einer Antwort greift Gebre an den Ausschnitt und zieht diesen so, wie er eigentlich sitzen soll. Ich dachte, dass es niemandem aufgefallen wäre, dass ich das Oberteil nach hinten gezogen habe, aber das war wohl ein Trugschluss.

Ich mag das Shirt, das ich anhabe, aber der weite Ausschnitt ist ungewohnt für mich. Daher habe ich versucht, diesen etwas abzumildern, indem ich den Stoff hochgezogen habe.

»So ist es besser«, verkündet Gebre zufrieden. »Du hast schöne gerade Schlüsselbeine. Die soll doch jeder sehen, oder?!«

Gebres gespielt strenge Stimme zeigt mir, dass er mein Verhalten durchschaut.

»Gebre?« Ich vergewissere mich, dass ich die Aufmerksamkeit meines Freundes habe. »Ich bin solche Clubs nicht gewohnt. Die Menschen hier reden ungezwungen miteinander, flirten und tanzen.«

»Wahrscheinlich noch mehr als das«, sagt Gebre grinsend.

»Wahrscheinlich«, bestätige ich. »Ich bin nicht sicher, ob ich dafür gemacht bin.«

Fragend zieht Gebre die Augenbrauen hoch. Ich bemühe mich um eine rasche Erklärung, bevor noch Missverständnisse aufkommen.

»Also, dass ich für Jungs bestimmt bin, weiß ich, aber ich bin ungeübt darin, Kerle aufzureißen. Das bisschen Flirten, das ich kenne, ist lange her.«

»Daniel, das soll ein schöner Abend für dich sein. Mach einfach, wie es zu dir passt. Allerdings glaube ich wirklich, dass ein *Dirty Danny* in dir steckt. Lass ihn raus!«

Gebre hat recht. Vielleicht bin ich gerade unsicher in diesem Club. Ich muss mein Tempo finden und mein Verhalten definieren. Aber ich bin nicht verschüchtert oder verklemmt.

»Brauchst du noch mal den Spiegel, um zu sehen, wie heiß du bist?«, fragt Gebre.

Ich überlege, wie ernst er diese Frage meint. Allerdings steht meine Antwort schon fest. »Nee, nicht nötig. Die Blicke der Kerle sagen mir genug«, gebe ich mit einer Spur Überheblichkeit zurück.

Gebres Augen leuchten auf. »So ist es richtig!«

Gebre und ich verlassen den Stehtisch und schieben uns durch die Menge. Nach und nach gewöhne ich mich an die anerkennenden Blicke und Bemerkungen der Männer um mich herum. Es dauert nicht lange, da genieße ich die Bewunderung.

Als wir Emir auf der Tanzfläche entdecken, schließen wir uns ihm an. Erfreut wendet Emir sich uns zu, vergisst jedoch nicht den hübschen Typen, mit dem er flirtet. Mag sein, dass Emir nicht auf der Suche ist, aber einen Flirt lässt er nicht liegen. Für die Zeitspanne einiger Lieder tanzen wir zusammen und haben Spaß. Mir wird heiß und das Shirt haftet inzwischen feucht an meinem Oberkörper. Ich spüre ungenierte Blicke auf mir und frage mich, was die Kerle wohl gern mit mir anstellen würden. Eine erregende Vorstellung.

»Dass es hier einen Darkroom gibt, weißt du?«, schreit mir Gebre ins Ohr.

»Ja, weiß ich. Wieso?«

»Du vibrierst. Du strahlst Sex aus«, antwortet Gebre. »Ich gehe jede Wette ein, dass du hart bist, wenn ich dir an den Schwanz greife.«

Zum Glück macht Gebre das nicht. Aber ich. Nur zur Bestätigung.

»Ist es so offensichtlich?«, frage ich Gebre. Ich weiß nicht, wie ich es finden soll, dass mein Freund mich dermaßen problemlos lesen kann.

»Für mich schon«, erwidert er. »Daniel, versteck dich nicht! Du brauchst es? Dann hol es dir!«

Als wenige Minuten später der hübsche Junge neben Emir einen weiteren Freund in unsere Runde holt, ist mein Schicksal besiegelt. Der soll es sein. Unverhohlen betrachte ich den jungen Mann mir gegenüber, der mich ebenfalls mit seinen Blicken scannt. Er ist schmal und etwas größer als ich. Aus seinem etwas nuttigen Netzshirt ragen knochige Arme heraus, auf denen ich zu meiner Verwunderung keine einzige Tätowierung sehe. Das ist beinahe eine Seltenheit, wenn ich die anderen Kerle betrachte. Die Statur des Typen ist mir eigentlich egal, da ich keine besonderen Vorlieben bei der Figur eines Mannes habe. Angetan hat es mir dagegen sein Gesicht. Seine Wangen werfen perfekte Schatten, ohne ausgemergelt zu sein. Die Lippen sind schmal und wirken fest. Große runde Augen, deren Farbe ich leider nicht erkennen kann, schauen mich interessiert an. Der Blick ist herausfordernd. Die Brauen schieben sich in die Stirn.

»Hallo«, sage ich wenig originell.

»Hi«, erwidert mein Gegenüber. »Ich bin Kim.«

»Schön.« Dann fällt mir ein, dass es zielführend wäre, mich ebenfalls vorzustellen. »Daniel.«

Kim lacht, offenbar amüsiert über meine knappen Aussagen. »Viel reden möchtest du offenbar nicht. Sollen wir lieber ficken?«

»Ja!« Ich kann kaum glauben, dass ich zustimme. Hoffentlich hat Kim nicht nur einen Scherz gemacht. Fuck! Das wäre unangenehm. Ich suche bereits nach einer schlagfertigen Erwiderung, als Kim spricht.

»Super, du gefällst mir. Du siehst gut aus und bist nicht zimperlich.« Kim neigt seinen Kopf näher an mein Ohr und raunt: »Wir werden Spaß haben.«

Als Kim die Hand hebt und mir sanft über den Kopf streicht, schmelze ich in die Berührung. Ich habe Freunde, ein Leben und Spaß. Soweit ist alles in Ordnung. Aber von einem Mann verlangend angefasst zu werden, das ist eine Sensation.

Kim überstreckt den Hals, als er die Flasche mit einem Wodka-Mix austrinkt. Als ich die Bewegungen seiner Kehle beobachte, schlucke ich trocken. Der Anblick der Schweißtropfen auf seiner Haut, die sich aus seinem auffallend hellen Haar lösen, ist erregend. Ich verfolge die sich windende Bahn, die die einzelnen Perlen entlanglaufen.

Entschlossen drückt Kim die leere Flasche seinem Kumpel in die Hand und schaut mich an. Mit einer nickenden Kopfbewegung dreht er sich um und geht los, als gäbe es keine andere Möglichkeit, als dass ich ihm folge. Was ich auch mache, nachdem ich mich versichert habe, dass meine Freunde registrieren, wohin ich verschwinde. Tonlos formt Gebre mit seinen Lippen *Viel Spaß!* Und ein Lächeln. Dann mache ich mich auf den Weg, damit ich Kim nicht aus den Augen verliere. Er braucht nicht zu wissen, dass ich keine Ahnung habe, wo der Darkroom sich befindet.

Kims helle Haare sind gut in der Menge auszumachen. Gerade als ich zu ihm aufschließe, bleibt er stehen, um sich nach mir umzuschauen. Er lächelt, als er sieht, dass ich direkt hinter ihm bin.

Ein Vorhang aus Plastikstreifen wie in einem Schlachthaus befindet sich vor uns. Kim fasst meine Hand und zieht uns in den dunklen Schlund. Ein Schild mit der Aufschrift *Dunkelkammer! Bitte nicht stören!* Ist das Letzte, was ich erkenne.

Meine Augen brauchen Zeit, um sich an die Dunkelheit zu gewöhnen. Einmal stolpere ich in Kim hinein, da ich zu spät erkannt habe, dass er abgebogen ist. Mehr als Schatten und Schemen nehme ich nicht wahr. Dafür haben andere Sinne genug zu entdecken. Die Luft ist stickig. Der schwere Geruch von Sperma und Schweiß kriecht in meine Nase und setzt sich dort fest. Stöhnen und Seufzen dringt an mein Ohr und macht unmissverständlich klar, zu welchem Zweck sich Männer an diesem Ort treffen.

In einer Nische schiebt Kim mich an die Wand. Mein Rücken in dem verschwitzten Shirt trifft auf rauen Putz. Auf der Suche nach Halt greifen meine Hände nach hinten, bleiben aber erfolglos.

»Versuch es weiter oben!«, weist Kim mich an und schiebt bereits mein Shirt hoch. Interessant. Mein Begleiter kennt sich offensichtlich in diesem Raum aus.

Ich strecke die Arme nach oben und taste an der Wand entlang, bis ich eine Metallstange unter meinen Handflächen spüre und zugreife. Die Position ist zwar unkomfortabel und garantiert mir morgen Verspannungen in den Schultern, aber sie zwingt mich, mein Becken nach vorne zu schieben, was mir das Gefühl gibt, mich verrucht zur Schau zu stellen.

Kim streichelt meinen Oberkörper und küsst meinen Bauch rund um den Nabel. Zielstrebig zieht er seine Hände an meinen Seiten entlang nach unten, bis er auf den Bund meiner Hose trifft. Seine Finger tasten suchend zu meiner Körpermitte und ziehen den Reißverschluss meiner Hose auf. Der Latex haftet an meiner Haut und lässt sich nicht leicht hinunterschieben. Trotzdem gelingt es Kim, meinen Schwanz und meine Eier freizulegen. Ein kühler Luftzug streift mich an meinen empfindsamen Stellen.

Inzwischen haben sich meine Augen an die Lichtverhältnisse gewöhnt. Wo ich gerade noch ohne Hoffnung auf freie Sicht war, bin ich nun überrascht. An den Wänden befinden sich vereinzelte Lampen, die schwaches gelbliches Licht verströmen. Damit ist es zumindest hell genug, um die Silhouetten einiger Körper und sogar wenige Gesichtszüge zu erkennen. Ich fühle mich, als würde ich im Dunkeln unter altmodischen Straßenlaternen stehen. Unter anderen Umständen könnte es romantisch sein. Gerade ist es hingegen vor allem erotisch. Das Licht taucht die Szenerie in etwas Geheimnisvolles, und ich fühle mich verwegen.

Es macht mich an, als ich erkenne, dass ein paar Männer uns beobachten. Das ist schmutzig. Das ist geil.

Provokant kippe ich mein Becken, da ich weiß, dass ich in dieser Haltung gut aussehe. Schließlich habe ich dies ausgiebig vor dem Spiegel geübt, um Michael zu gefallen.

Kim geht vor mir auf die Knie, legt seine Hände an meine Seiten und hält mir seinen Mund hin wie ein Loch, in das ich stoßen soll. War mein Schwanz vorhin interessiert, so ist er nun knüppelhart und verlangt nach Berührung, nach Reibung. Also nehme ich meinen Schwanz leicht in die Hand und halte ihn an Kims Lippen. Ohne Zögern schiebe ich mich durch den Rahmen seiner Lippen in ihn hinein. Sofort spannt Kim seinen Mund und saugt mich ein, als wolle er mich ohne Vorarbeit in seinen Schlund ziehen. Da hat es aber jemand nötig – und das bin nicht ich.

»Kannst es nicht abwarten, was?«, stöhne ich begeistert.

»Mmh!« Sein Brummen sendet eine köstliche Vibration auf meine Haut.

Unwillkürlich lasse ich meine Hüften im Rhythmus seines Saugens gegen ihn stoßen. Kims zunehmende Bemühungen zeigen, wie sehr es ihm gefällt. Breit umschlingt seine Zunge meine Spitze, presst sich dagegen, bevor sie wieder die komplette Rundung leckt. In stetigem Auf und Ab treibt mich Kim dem Höhepunkt näher. Als er seine Hand um meine Hoden legt und gekonnt zugreift, mit dem genau richtigen Druck, kann ich mich nicht mehr halten. Der süße Schmerz der Lust stößt mich in den Abgrund.

»Ich … Ich«, stammele ich in der Hoffnung, dass Kim begreift, was mit mir los ist. Er zieht den Kopf zurück und streckt mir sein Gesicht entgegen.

Ich bin dankbar, dass es nicht komplett dunkel ist, denn um nichts in der Welt hätte ich diesen Anblick verpassen wollen. Kims Gesicht glüht. Seine Lippen beben. Hemmungslos spritze ich mein Sperma auf seine Wangen, so dicht an seinem Mund, dass er es auflecken kann, wenn er möchte. Seine Entscheidung.

Als das Rauschen in mir nachlässt, quetsche ich den letzten Tropfen aus mir und schmiere ihn auf Kims Stirn. Ich bin so eine Sau!

Das scheint Kim jedoch nichts auszumachen, denn er lässt seine Zunge vorwitzig in den Mundwinkel gleiten und probiert von mir. Frech grinst er mich an und hat wohl verstanden, warum ich das gemacht habe.

Ich überlege gerade, auf welche Art ich mich bei Kim revanchiere, als ein Mann an uns herantritt und uns anspricht.

»Interessiert an einem Dreier?«, fragt er heiser vor Erregung und räuspert sich. Offensichtlich hat er uns beobachtet und hatte Gefallen daran.

Seine Anfrage interessiert mich absolut nicht, aber Kim sieht das offenbar anders.

»Also, ich wäre dabei«, antwortet er und wendet sich an mich. »Daniel …«

»… ist nicht interessiert«, wird er energisch unterbrochen. Die Stimme kommt aus einer dunklen Nische. Erst als die Person einen Schritt auf uns zu und damit in das dämmrige Licht macht, sehe ich einen schlanken Mann.

»Gib du ruhig die Bitch!«, sagt der Unbekannte zu Kim, der bei diesen Worten grinst und nicht beleidigt zu sein scheint. »Daniel bleibt bei mir.«

Als der Mann mir sein Gesicht zuwendet, werden seine Züge kurz erhellt. Und in diesem Moment rutschen Puzzleteile ineinander. Die Silhouette, die Stimme, die Vermessenheit. Das ist Colin.

»Was machst du denn hier?«, frage ich aufgebracht. »Und warum mischst du dich ein?«

»Ganz ruhig, mein Bester«, antwortet Colin gelassen, bevor er sich erneut den anderen zuwendet. »Ihr verschwindet besser. Ihr habt doch zu tun. Go ahead!«

Mit diesen Worten fasst er mich am Oberarm und zieht mich mit in die düstere Ecke, aus der er gekommen ist. Colin drängt mich so weit nach hinten, dass ich völlig in der Dunkelheit verschwinde, und stellt sich vor mich. Das ist aufregend. Ich fühle mich weniger eingekesselt als abgeschirmt und beschützt.

Er hat dich beobachtet, hat hier gestanden und zugeschaut, wie Kim dir den Schwanz gelutscht hat. Bestimmt hat er sich einen runtergeholt, während du …

Mit der Stimme kommen die Fantasien. Die Vorstellung, dass Colin sich an mir aufgegeilt haben könnte, macht mich an. Hatte er sich dabei in der Hand? Hat er abgespritzt? Wäre ich kühner, würde ich nun nach ihm tasten und mir Gewissheit verschaffen. Stattdessen werde ich selbst hart. Schon wieder. Härter als zuvor. Mein Atem beschleunigt sich und ich könnte mich in erotischen Gedanken verlieren, wenn da nicht …

»Du wolltest doch nicht ernsthaft mit denen gehen, oder?« Colin klingt angewidert, was mich ärgert.

»Und wenn schon? Was geht es dich an?«, erwidere ich patzig, auch wenn ich wirklich nicht auf den Dreier einsteigen wollte.

»Wenn Steve Typen für einen Dreier sucht, meint er eher drei Mal drei Kerle«, erklärt Colin mir flüsternd, aber eindringlich. »Kim weiß das genau und hätte dich ohne mit der Wimper zu zucken mitlaufen lassen. Wenn du also möchtest, dass eine halbe Fußballmannschaft über dich drüberrutscht, dann beeil dich. Du kannst die beiden noch einholen. Deine Wahl, Daniel!«

»Nee, lass mal«, lenke ich ein.

»Wollt ihr da nur quatschen?«, ertönt eine laute Stimme hinter Colin. »Dann macht besser Platz und geht mit den anderen Pussys an der Bar Cocktails schlürfen.«

»Halt die Klappe!«, meckert Colin zurück. »Ich ficke hier in Ruhe meinen Kerl und bin fertig, wenn ich fertig bin. Verstanden?!«

Der Typ antwortet nicht, sondern verschwindet einfach.

»Colin! Ich … Wir?«, stammele ich herum.

»Wie hätte ich ihn sonst loswerden sollen?«, erläutert Colin gelassen.

Wobei? Ist er wirklich so gelassen, wie er sich gibt?

»Sieht so aus, als hättest du mir den Arsch gerettet«, sage ich. Meine Wangen werden heiß und ich bin froh, dass man meine Verlegenheit im Dunkeln nicht sehen kann. Aber vielleicht hören? »Ähm … Du weißt schon, wie ich das meine.«

»Den Arsch gerettet«, wiederholt Colin meine Worte mit unverhohlener Belustigung. »Das kann man schon so sagen.«

»Das soll nicht bedeuten, dass ich im Gegenzug nun für dich hinhalte«, stelle ich klar.

»Ist schon gut. So will ich das sowieso nicht. Krieg dich ein!« Colins Stimme klingt erstickt, als hätte er Mühe, seine Haltung zu wahren.

»Danke jedenfalls für dein Eingreifen.« Die Worte sind tief empfunden. Ich hoffe, dass Colin das heraushört. »Habe das zuerst nicht verstanden, aber jetzt schon. Danke!«

»Bekomme ich einen Kuss? Als Dank?«

Zuerst denke ich, dass ich mich verhört habe, aber Colin hält dermaßen hörbar den Atem an, dass ich die Spannung, die plötzlich in der Luft liegt, beinahe greifen kann.

Ein Kuss? Mit Colin? In welchen Mist reitest du dich denn jetzt hinein? Bloß nicht! Das wird eine Katastrophe!

»Ja«, antworte ich und spüre im nächsten Moment Colins Hände auf meinen Schultern. Als könne er keinen weiteren Moment abwarten, zieht er uns aneinander und legt seine Lippen auf die meinen. Sein Mund ist fest, aber sanft. Er presst sich an meinen, überfällt mich, ist fordernd, hungrig, und gleichzeitig liebkosend und großzügig.

Ich versuche, mir Colin vorzustellen, das Bild, das ich von ihm habe, aber es gelingt nicht. Der Colin, den ich kenne, ist nicht anwesend, oder zumindest nur ein Teil davon. Colin ist der Mund, der mich um den Verstand küsst, der Mund, der, wenn er keine gehässigen Bemerkungen ausspeit, eine Süßigkeit ist.

Hingerissen von diesem mir unbekannten Colin stürze ich mich in den Kuss und hole mir alles, was er zu geben hat. Und das ist viel. Wir umschmeicheln uns, streicheln und locken. Colin verwöhnt mich in seinem Mund, bevor er mich sanft freigibt, um mir direkt zu folgen.

Als wir uns nach Atem ringend voneinander lösen, erfasst mich Schwindel. Mit weit aufgerissenen Augen starren wir uns an. Was war das denn? Was machen wir hier?

Colins Hände halten meinen Nacken und streichen über meine Wangen. Die Zartheit der Berührung entflammt in mir ein Wohlbehagen, das ich mir nicht erklären kann. Warum fühle ich mich so gut?

Langsam lässt Colin seine Hände an mir hinabgleiten. Ich wünsche mir, dass er meinen Arsch greift und mich an sich presst. Meinen harten Schwanz will ich an ihm reiben, will die Bestätigung, dass ihn die Situation ebenso aufheizt wie mich.

Aber Colin schlingt seine Arme um mich und hält mich sicher und zärtlich an seine Brust gepresst. Für wenige

Sekunden stehen wir bewegungslos da, versunken in den Armen des anderen. Dann löst sich Colin von mir und dreht sich zur Seite. Ich kann sein Gesicht vage erkennen.

»Das war besser als ein Fick«, sagt Colin und ich höre sein Lächeln in der Stimme. Er räuspert sich umständlich, bevor er weiterspricht. »Mach's gut! Geh nicht mit Fremden mit!«

Auch wenn das bestimmt ein Scherz sein soll, schwingt echte Besorgnis mit.

Colin dreht sich ein letztes Mal um und in dem schummerigen Licht ahne ich sein mutwilliges Grinsen mehr, als ich es sehe.

»Übrigens siehst du heiß aus, wenn du kommst.«

Dreiunddreißig

Die Personaldecke im Sauna-Tempel ist nach wie vor dünn und löchrig. Jeder der Mitarbeiter kommt früher und geht dafür später. Es fehlt an allen Ecken und Enden an Arbeitskräften. Auch ich übernehme einige zusätzliche Tätigkeiten, so dass ich kaum Zeit für eine Pause habe.

Meine Füße schmerzen und ich bin müde. Heute Morgen habe ich bereits im Drogeriemarkt gearbeitet. Danach hatte ich Zeit, etwas zu essen und mich eine halbe Stunde auf meinem Bett auszuruhen, bevor ich mich auf den Weg hierher gemacht habe. Immerhin ist ein Ende dieses anstrengenden Tages in Sicht, denn in einer halben Stunde habe ich Feierabend.

»Herr Gerber, wie angenehm, Sie hier zu treffen.« Tom Steffens passiert mit seiner Tasche in der Hand die Rezeption, wendet sich mir jedoch sofort zu, als er mich erblickt. Sein freundliches Lächeln erhellt meine müden Gedanken.

»War alles zu Ihrer Zufriedenheit?«, erkundige ich mich aufmerksam. »Ich habe gar nicht mitbekommen, dass Sie heute hier sind.«

»Was ich sehr bedauere«, erwidert Steffens charmant. »Aber Ihre Kollegin hat mich fast so freundlich empfangen, wie Sie es bestimmt gemacht hätten.«

»Ganz bestimmt!«, bestätige ich grinsend.

Der Kerl flirtet mit dir. Merkst du das nicht?

Warum ermahnt mich meine innere Stimme? Ich bin ungebunden und keiner Person Rechenschaft schuldig. Warum sollte es mich stören? Vielleicht macht es mir sogar Spaß? Vielleicht steige ich darauf ein?

»Arbeiten Sie noch lange heute?«, informiert sich Steffens interessiert bei mir. Sein intensiver Blick hält mich gefangen.

»Nein, in einer halben Stunde habe ich es geschafft für heute«, antworte ich. »Dann kann ich endlich die Füße hochlegen.«

Das nennst du Flirten? Du klingst wie ein alter Malocher! Etwas mehr Nonchalance bitte!

»Vielleicht gehe ich noch auf ein Feierabendbier in den Pub bei mir um die Ecke«, setze ich gestelzt nach, um nicht langweilig zu wirken.

»Ach wirklich? Darf ich Sie begleiten? Ein Bier wäre jetzt genau das Richtige, ähm, also gleich, meine ich.« Steffens ist sichtlich und hörbar aufgeregt. Ein abgebrühter Flirtmeister scheint er nicht zu sein, was irgendwie rührend und liebenswert ist.

Vielleicht sollte ich besser zügig darüber nachdenken, in welche Lage ich mich nun gebracht habe. Will ich mit Steffens den Abend ausklingen lassen? Was erhofft er sich davon? Und was hätte ich davon?

Ich durchbreche meine Gedankenspirale und antworte aus dem Bauch heraus. »Gern. Aber dann müssten Sie extra auf mich warten«, gebe ich zu bedenken.

»Das mache ich gern«, antwortet Steffens unverzüglich. Seine angenehme Stimme lässt mich glauben, dass er meint, was er sagt. »Ich verschwinde in die Lounge um die Ecke, damit ich mich davon abhalten kann, Sie die ganze Zeit zu beobachten und bei der Arbeit zu stören. Bis gleich!«

Mit einem albernen Grinsen schreitet Steffens davon und lässt mich mit heißen Wangen zurück.

Schließlich reiße ich mich zusammen und mache mich wieder an die Arbeit. Hinter meinem Rücken wird mächtig getuschelt. Ein Kichern meiner Kollegin offenbart, dass ich immerhin für gute Unterhaltung der Mitarbeiter gesorgt habe. Schade, dass es dafür keinen Bonus gibt.

Vierunddreißig

»Du willst wirklich nicht kommen?«, fragt Emir zum wiederholten Mal.

»Emir! Hör mir zu! Ich habe nicht gesagt, dass ich nicht will. Es ist halt so, dass ich bereits eine Verabredung habe«, antworte ich, ebenfalls zum wiederholten Mal. »Beim nächsten Auftritt deiner Band sagst du einfach früher Bescheid. Dann komme ich bestimmt. Schließlich will ich dich mal live auf der Bühne erleben.«

Emir ist vorläufig besänftigt, vielleicht auch geschmeichelt, und schaut gedankenverloren durch das Fenster in den Garten. Wir frühstücken gerade zusammen in der Küche. Gebre ist bereits unterwegs zum Fitness-Studio, wohingegen Celia noch schläft. Als ich gestern Abend pinkeln musste und durch den Flur in mein kleines Bad ging, hörte ich eindeutige Geräusche von oben. Die Freuden einer WG! Es klang jedenfalls nach lustvoller körperlicher Anstrengung, weshalb mich nicht wundert, dass Celia nicht aus dem Bett kommt. Was mich eher wundert, ist die Tatsache, dass Emir schon auf den Beinen ist. Aber vielleicht ist er aufgeregt wegen des Konzertes heute Abend.

»Bisher hast du nicht viel von deiner Band erzählt. Welche Musik ihr macht oder so.«

»Du hast nie gefragt. Ich habe gehofft, dass du es dir einfach irgendwann anhörst. Heute Abend wäre eine Möglichkeit …« Emir kann es nicht lassen, was zwar ein wenig nervt, aber gleichzeitig amüsiert.

»Emir, hör auf damit! Ich werde mir deine Musik schon noch anhören. Versprochen!«

»Verrätst du, was so wichtig ist, dass du nicht kommen kannst?«, fragt Emir neugierig.

Ich lache und grinse Emir frech an. »Kommen kann ich bestimmt, aber mit dem Erscheinen an zwei Orten gleichzeitig wird es schwierig.«

»Haha«, gibt Emir schwach lächelnd zurück und streckt mir die Zunge heraus.

»Ich bin heute mit Tom Steffens verabredet«, antworte ich nun ernsthafter.

»Schon wieder?« Emir klingt aufgebracht und wenig begeistert. Seit wann interessiert er sich für meine Verabredungen?

»Was soll das heißen?«, frage ich erstaunt nach. »Wir haben uns zwei Mal auf ein Bier getroffen.«

»Ach nix! Der Steffens ist in Ordnung«, lenkt Emir ein, beißt in sein Brot und kaut stoisch auf dem Bissen, bevor er weiterspricht. »Frage mich halt nur, was da läuft zwischen euch.«

»Tust du das? Warum? Wir gehen aus und haben wahrscheinlich einen schönen Abend. So war es jedenfalls beim letzten Mal. Zufrieden?«, gebe ich zurück.

»Gönne ich dir. Wirklich. Von Herzen«, brummt Emir. »Vor kurzem habe ich mit Colin gesprochen und es klang, als …«

»Was hat er gesagt? Wenn er pikante Details aus dem Darkroom ausgeplaudert hat, bringe ich ihn um«, brause ich auf und merke zu spät, dass ich derjenige bin, der gerade zu viel offenbart.

»Ähm, von Darkroom hat er nichts erwähnt.« Emir gibt sich keine Mühe, sich sein Grinsen zu verkneifen. »Aber ich bin ganz Ohr, Dirty Danny. Immer her mit den schmutzigen Geschichten!«

»Nein! Da war nix!«, beeile ich mich zu sagen, auch wenn es gelogen ist. Irgendetwas war da zwischen Colin und mir, auf jeden Fall etwas, das Emir nichts angeht.

»Jedenfalls klang er so, als würde er sich ebenfalls freuen, wenn du heute Abend kommen würdest. Also erscheinen, meine ich«, sagt Emir und streckt mir erneut übermütig die Zunge heraus.

»Colin ist heute Abend da?«, frage ich plötzlich aufgeregt.

»Ja, natürlich. Er ist doch unser …«

»Guten Morgen, Jungs!« Mit einem herzhaften Gähnen betritt Celia die Küche. Sie räkelt sich und streckt dabei beide Arme hoch, was ihr Shirt hochrutschen lässt, so dass man ihren weichen Bauch sehen kann.

»Guten Morgen, meine Göttin!« Wie immer ist Emir hin und weg, sobald Celia die Bühne betritt. Und die ganze Welt ist Celias Bühne.

»Guten Morgen, mein Hübscher!« Celia lässt sich auf Emirs Oberschenkel sinken und schlingt ihm ihre Arme um den Hals, bevor sie ihn küsst. Sie sehen schön zusammen aus.

»Guten Morgen, mein Freund!«, begrüßt Celia nun auch mich, greift über den Tisch und drückt meine Hand. Die kleine Geste wärmt mich. Ich freue mich, dass Celia mich nicht übergeht.

»Guten Morgen, meine Freundin!« Ich stehe auf und nehme einen Becher aus dem Schrank, den ich mit Kaffee fülle und Celia reiche.

»Danke«, sagt Celia und schenkt mir ein Lächeln.

»Habe ich unterbrochen?«, fragt sie und schaut uns nacheinander an.

»Ja, aber ist in Ordnung. Daniel kommt nicht zu unserem Konzert heute«, sagt Emir, verzieht den Mund zu einem kindlichen Schmollen und deutet mit dem Zeigefinger auf mich. »Schimpf mit ihm!«

»Böser Daniel! So geht das nicht!«, schimpft Celia mich lachend aus.

»Beim nächsten Mal ganz bestimmt«, beteuere ich wie eine alte Schallplatte, die immer wieder an die gleiche Stelle zurückspringt, und stoße Emir unter dem Tisch mit dem Fuß an. »Freunde?«

»Klar, für immer!«, antwortet dieser gutmütig.

»Ich gehe mal duschen«, sage ich nach einem Blick auf die große Wanduhr. »Dann könnt ihr in Ruhe beim Frühstück knutschen.«

»Ey! Du gehst doch nicht unseretwegen?«, ruft Celia empört aus.

»Nicht nur. Ich habe noch ein paar Dinge zu erledigen.«

Ich räume mein Geschirr in die Spülmaschine und verlasse die Küche in Richtung Bad.

Bis eben habe ich mich auf den Abend mit Tom gefreut. Nach der Begegnung bei der Arbeit in der Sauna hatten wir einen schönen Abend. Kurz, weil ich wirklich müde war, aber unterhaltsam und entspannend. Wir waren schnell beim Du und haben uns gut verstanden. Bei der Verabschiedung verabredeten wir uns für die Woche darauf und hatten ein ebenfalls gelungenes Treffen in einer Billard-Bar. Und für heute hat mich Tom zum Essen bei sich eingeladen.

Warum habe ich plötzlich keine Lust mehr darauf? Seit Emir erwähnt hat, dass Colin heute Abend zu dem Konzert kommt, flattern mir die Gedanken aufgeregt im Kopf herum und schlagen mit den Flügeln.

Colin! Immer wieder Colin! Warum wühlt mich dieser Mistkerl so auf?

Fünfunddreißig

Beim letzten Mal haben wir uns in einer Billard-Bar mit Bistro getroffen, die auf halbem Weg zwischen unseren Wohnungen liegt. Nicht, dass ich eine richtige Wohnung hätte. Und nicht, dass ich vorher gewusst hätte, wo Tom genau überhaupt lebt.

Nun aber hat er mir seine Adresse gegeben, und ich soll ihn in seinem Zuhause besuchen. Er kocht für mich. Einerseits rührt mich diese Aktion. Es schmeichelt mir, dass er sich Mühe für mich macht. Andererseits frage ich mich, ob dies nicht allzu intim ist. Wir sind schließlich kein Paar, nicht einmal richtige Freunde. Allerdings habe ich direkt zugesagt, daher kann das Unterfangen so verkehrt nicht sein.

Beherzt betätige ich den Klingelknopf aus Messing, neben dem ein Schild mit der Gravur *Steffens* angebracht ist. Das schmiedeeiserne Tor in gemauerten Pfeilern verleiht dem Eingang etwas Gediegenes und macht neugierig auf das Haus dahinter.

»Hallo?«, dringt aus der Gegensprechanlage.

»Daniel hier«, antworte ich und zucke überrascht zusammen, als das Tor mit einem Summen aufspringt. Das Gefühl, erwartet zu werden, gefällt mir. Ich schwelge darin, während ich über den Weg aus Schiefernaturstein gehe.

Der kleine Vorgarten ist gepflegt. Zwischen den Büschen und Blumen erhellen einige Solarleuchten den Weg und Teile des Grundstückes. Die professionelle Gestaltung lässt einen gehobenen Lebensstandard vermuten, einen Standard, der dem ähnelt, den ich mit Michael hatte. Sollte mir das ein mulmiges Gefühl geben? Oder ein Gefühl von

Wehmut? Ich halte inne und horche in mich. Nein, ich trauere meiner Vergangenheit nicht hinterher. Gewiss bedauere ich einige Geschehnisse. Dennoch gebe ich mir Mühe, die guten Zeiten in Erinnerung zu halten und nicht ausschließlich verbittert an die gemeinsame Zeit mit Michael zu denken. Es gelingt mir nicht durchgehend, aber immer öfter.

Hinter mir fällt das Tor scheppernd ins Schloss, als sich vor mir die Haustür öffnet und Tom im Durchgang erscheint. Seine Silhouette zeichnet sich deutlich ab. Der Schein der Flurbeleuchtung setzt seine schlanke Gestalt ansprechend in Szene.

»Hallo mein lieber Gast«, begrüßt Tom mich lächelnd.

»Hi, Gastgeber«, gebe ich flapsig zurück, woraufhin Tom einen Schmollmund zieht. Es macht mir Spaß, ihn ein wenig aufzuziehen, da er meist auf meinen Humor eingeht.

»Autsch!« Theatralisch taumelt Tom zur Seite, als hätte meine Begrüßung ihn tatsächlich getroffen.

»Na gut«, lenke ich lachend ein. »Guten Abend, lieber Gastgeber.«

Sofort streckt sich Tom zu seiner vollen Größe und ist *geheilt.* »Schon besser. Komm rein!«

Ich betrete das Haus und schaue mich um, während ich mir im Flur die Schuhe von den Füßen streife.

Tom schließt die schwere Messingtür, tritt zu mir und deutet auf meine Sockenfüße. »Hättest du nicht gemusst. Aber vielen Dank!«

Ich schaue auf die knallroten Socken, in denen seine Füße stecken, und fühle mich mit meinen schwarzen Strümpfen wie ein Spießer.

»Willst du das Haus sehen?«, fragt Tom.

»Ist es unhöflich, wenn ich sage, dass mir die untere Etage erstmal reicht?«, stelle ich eine Gegenfrage.

»Nein, überhaupt nicht«, beruhigt mich Tom lachend.

Er geht vor und deutet auf verschiedene Türen und Durchgänge. »Gästetoilette, Arbeitszimmer, Treppe nach oben, Garage. Hier geht es zum Salon. So nannte es meine Mutter immer.«

»Das ist dein Elternhaus?«, frage ich interessiert.

»Ja. Meine Eltern sind tot, keine Geschwister«, antwortet Tom. »Sie waren Unternehmer und haben dieses Haus gebaut. Es sollte ein Heim für eine Familie und gleichzeitig repräsentativ sein. Wie du wahrscheinlich bemerkst, atmet es den Charme der 80er Jahre. Das soll auf jeden Fall so bleiben, aber Einiges habe ich bereits renoviert.«

»Cool!«

Wir erreichen den Wohnbereich, der mich auf Anhieb begeistert. »Wehe, du tauschst jemals diese grünen Lampen aus. Die sind der absolute Hammer! Und der Tisch erst!«

»Für die Lampen wurden mir schon astronomische Summen geboten«, gesteht Tom kopfschüttelnd, als könne er das kaum glauben, und deutet auf den Esstisch. »Setz dich! Das Essen ist gleich fertig. Ich schau mal nach.«

Der Salon ist durch eine große Schiebetür, die halboffen steht, von der Küche getrennt. Als Tom hindurchgeht, schiebt er die Türelemente komplett auf, so dass wir uns unterhalten können, während er sich um das Essen kümmert.

»Ich hoffe, du hast keine allzu hohen Ansprüche«, ruft er und sucht gleichzeitig Topflappen aus einer Schublade. »Es gibt einen Nudelauflauf mit Gemüse. Als Dessert habe ich eine kleine Auswahl aus dem Feinkostladen gekauft.«

Ich betrachte den gedeckten Tisch. Er ist hübsch angerichtet, aber nicht übertrieben dekoriert. Sieht es so aus, wenn man einen Bekannten zum Essen einlädt? Ich habe keine Erfahrung mit so etwas.

Woher auch? Du bist das Spielzeug von diesem Typen geworden, da wusstest du gerade, dass du auf Jungs stehst. Und richtige Freunde hattest du auch nicht. Tolles Leben!

Resolut schiebe ich die gehässigen Gedanken zur Seite. Das ist vorbei!

»Ich bin nicht besonders verwöhnt«, gebe ich zurück und merke, dass das seltsam klingen könnte. »Wenn es so schmeckt, wie es duftet, mache ich mir keine Sorgen.«

»Du bist lieb.« Lachend arbeitet Tom in der Küche. »Und sehr großzügig, wenn du mir bezüglich des Essens einen Vertrauensvorschuss gibst.«

Ich mag die leichte Unterhaltung und die Stimmung zwischen uns. Als ich eine Packung Streichhölzer am Rand der Tischplatte sehe, fällt mein Blick auf die Kerzen in stilvollen Leuchtern neben den Tellern. Worauf warte ich noch? Wenn hier alles vorbereitet liegt, wird es wohl in Ordnung sein, wenn ich die Kerzen anzünde, was ich unverzüglich mache. Tom scheint es zu gefallen. Als ich in Richtung Küche schaue, treffe ich seinen Blick und erkenne das zufriedene Lächeln in seinem Gesicht. Er nickt mir zu, sagt jedoch nichts.

Mit den Händen in den Hosentaschen, damit ich mich davon abhalte, alles anzufassen, schlendere ich an den Regalen und Vitrinen entlang. Dabei entdecke ich einige interessante Bücher, darunter auffallend viele Bildbände mit cineastischen Themen, was nicht verwunderlich ist, da Tom schließlich in der Film- und Fernsehbranche tätig ist. Für

Musik scheint er sich ebenfalls zu interessieren, wenn ich die umfangreiche Sammlung an CDs und Schallplatten betrachte.

»Wenn du Musik hören möchtest, kannst du gerne etwas aussuchen«, sagt Tom. »Ich warne höchstens vor meiner Heavy-Metal-Sammlung ganz links im Regal.«

»Nee, lass mal. Ich hatte heute schon ausreichend Geräusche. Von mir aus bleibt es bei der Ruhe.«

»Soll mir nur recht sein. Ich war heute in der Stadt einkaufen und wurde die ganze Zeit mit Werbung und Musik bedudelt.«

Es folgt eine Pause, in der Tom die quietschende Tür des Backofens öffnet und die Auflaufform herausnimmt. »Fuck!«

Ich höre einen lauten Knall und eile in die Küche. Offensichtlich hat Tom die Auflaufform auf die Edelstahlablage der Spüle geworfen. Jaulend hält er sich die Hand, atmet immer wieder hektisch ein und aus.

»Was …?!«, frage ich aufgeregt.

»Verbrannt!«

Ich ziehe seine Hand unter die Spültischarmatur, stelle den Hebel auf Kalt und drehe den Wasserhahn auf. Das Wasser spritzt auf und läuft anschließend über den rechten Daumen.

Vor Schmerz rollt Tom eine Träne aus dem Augenwinkel. Er möchte sie fortwischen, geniert sich wahrscheinlich vor mir, aber ich bin schnell und wische den Tropfen mit meiner Fingerspitze weg.

»Hey, ist schon gut.« Ich versuche zu trösten, empfinde meine Worte jedoch als unbeholfen. »Lass die Hand unter dem kalten Wasser!«

Damit lasse ich Tom los und drehe mich zum Backofen, um zu kontrollieren, ob dieser ausgeschaltet ist, was er ist. Ich stelle den Kurzzeitwecker auf zehn Minuten.

»Es geht schon besser«, sagt Tom und will seine Hand zurückziehen.

»Nix da! Zehn Minuten! Die sind länger, als man meint«, erwidere ich streng, was mich selbst zum Lachen bringt.

»Ist ja schon gut, Dr. Daniel«, lenkt Tom grinsend ein. »Mist, jetzt wird das Essen kalt.«

»Ich stelle es eben in den Backofen. Der ist noch warm«, biete ich meine Hilfe an. Als ich nach den Topflappen greife, fällt mir etwas auf. Grinsend halte ich die Stoffteile hoch und wedele damit.

»Ähm, hast du vielleicht noch ein zweites Paar?«, frage ich.

Tom schaut von seiner Hand auf und erkennt sofort das große Loch in einem der Lappen. »Super! Jetzt weiß ich wenigstens, wie das passieren konnte. In der Schublade unter dem Backofen müssten noch Topfhandschuhe sein.«

Nachdem ich die Lade geöffnet habe, entdecke ich sofort das Gesuchte und untersuche es übertrieben kritisch, bevor ich mir die Handschuhe überziehe. Tom verdreht lachend die Augen. Schnell verstaue ich den Auflauf im warmen Backofen.

Als die Uhr mit einem schrillen Signalton das Ende der zehn Minuten verkündet, schalte ich diesen ab, öffne den Kühlschrank und entnehme dem obersten Türfach eine Brandsalbe.

»Woher wusstest du …?« Toms Stimme ist die Verwunderung deutlich anzuhören.

»Wer Topflappen ordentlich in der Schublade unter dem Backofen hat, verwahrt auch Brandsalbe griffbereit im Kühlschrank«, antworte ich lachend.

Vorsichtig fasse ich nach der verletzten Hand. Tom lässt es sich gefallen. Mit der freien Hand greift er nach einem sauberen Küchentuch und reicht es mir, eine Handlung, die ich nicht verstehe.

Unsere Blicke kreuzen und halten sich. Tom weicht nicht aus, bis ich es erkenne. Er möchte, dass ich mich um ihn kümmere. Interessant.

Also nehme ich das Tuch und tupfe vorsichtig die Hand trocken, bevor ich ein wenig Salbe auftrage. Tom schweigt und genießt. Mit einem Nicken in Richtung Oberschrank zeigt er mir, wo ich Pflaster finde. Kurz lasse ich ihn los, damit ich alles Nötige herausholen kann. Mit der Küchenschere, die ich von einem Haken nehme, schneide ich ein großes Stück der Meterware ab. An ein paar Stellen schneide ich es ein, damit ich gleich eine ordentliche Kappe aus Pflaster kleben kann. Als ich fertig bin, hält mir Tom seinen Daumen vor den Mund und grinst frech.

»Na gut«, murmele ich und gebe einen Kuss auf den verbundenen Finger.

»Danke«, flüstert Tom mit rauer Stimme.

Nachdenklich betrachte ich Tom. Zum ersten Mal seit wir uns kennen habe ich ein seltsames Gefühl in seiner Gegenwart. Ich kann nicht genau den Finger darauflegen, aber …

»Lass uns essen, so lange es noch warm ist!«, fordert Tom mich auf und unterbricht damit meine Gedanken.

»Gute Idee! Jetzt nehme ich aber die Auflaufform«, bestimme ich und scheuche Tom aus seiner eigenen Küche.

Folgsam geht er zum Tisch und schenkt bereits Wasser und Wein ein, als ich die schwere Keramikform auf einem Untersetzer abstelle.

»Ich habe dich gar nicht gefragt. Magst du ein Glas Wein? Oder etwas anderes?«, erkundigt sich Tom etwas verspätet.

»Ist in Ordnung so«, antworte ich.

»Wäre nett, wenn du das mit dem Löffel machen würdest«, sagt Tom und wackelt mit seinem weißen Daumen. »Ich bin schwer verletzt und kann schlecht greifen.«

»Kein Problem.« Ein grunzendes Lachen kann ich mir dabei jedoch nicht verkneifen. »Schwer verletzt, ist klar.«

Sechsunddreißig

Mag sein, dass Tom kein raffiniertes Gericht zubereitet hat, aber dafür ist es schmackhaft. Der einfache Auflauf ist so fein abgeschmeckt, dass er nicht langweilig ist.

Tom und ich haben einen schönen Abend mit einem guten Essen und einer guten Unterhaltung, die mühelos fließt. Wir kommen nicht in die Verlegenheit, nach Themen suchen zu müssen, da wir einige gemeinsame Interessen haben. Wie ich liest Tom gern und ist nicht begrenzt auf ein bestimmtes Genre. Er bietet an, mir ein paar Bücher über Filmgeschichte auszuleihen, was ich sehr freundlich finde.

Natürlich kommen wir irgendwann auf das Thema Arbeit und somit zu Michael. Zuerst druckst Tom zögerlich herum, aber als er merkt, dass ich nicht in Tränen ausbreche, wenn wir Michael erwähnen, erzählt er lebhaft von seinen Tätigkeiten und scheut auch nicht, Michaels Namen auszusprechen.

»Wie weit bist du eigentlich mit deiner Trauerarbeit?«, fragt Tom irgendwann harmlos.

»Wer ist denn tot?«, gebe ich zurück und hoffe, dass ich nicht allzu begriffsstutzig wirke.

»Deine Beziehung zu Michael. Ihr als Paar. Ein bedeutender Teil deines Lebens«, antworte Tom ruhig und hält mich fest im Blick.

»Ach, so meinst du das«, sage ich und schinde mit dieser Floskel erst einmal Zeit. Was soll ich dazu sagen? »Es ist nicht so, dass ich mal eben alles hinter mir gelassen habe. Dafür war es eine zu lange gemeinsame Zeit. Aber es ist viel passiert und ich musste feststellen, dass ich bei einigen

Dingen Scheuklappen aufhatte. Ein paar unschöne Dinge habe ich schlicht ausgeblendet.«

Interessiert zieht Tom die Augenbrauen hoch und legt dabei den Kopf schief. Offenbar erwartet er nun eine ausführlichere Beschreibung, aber ich habe nicht vor, vor ihm meine schmutzige Wäsche zu waschen. Ich bin wütend auf Michael, enttäuscht und verletzt. Dennoch gebe ich mir Mühe, einigermaßen fair zu bleiben. Das gelingt mir nicht immer. Schließlich bin ich auch nur ein Mensch. Aber ich giere nicht danach, ihn vor anderen Menschen, und erst recht nicht vor Geschäftspartnern, schlecht zu machen. Was hätte ich davon? Vielmehr ist mir daran gelegen, irgendwann einen Schlussstrich zu ziehen und dann gestärkt aus dieser Schlacht zu gehen. In meinem Leben brauche ich endlich eine eigene Richtung.

All diese Überlegungen verbleiben in meinem Kopf. Ich mag Tom, aber ich habe nicht das Bedürfnis, meine komplette Gedankenwelt vor ihm auszubreiten. Dafür ist unsere Bekanntschaft zu frisch und unser Verhältnis nicht vertraut genug. Außerdem verwirren mich die gelegentlichen Schwingungen zwischen uns. Was will er von mir? Ich werde den Eindruck nicht los, dass er andere Erwartungen an unsere Treffen hat als ich.

»Aha?« Als ich nicht weiterspreche, versucht Tom mich zu animieren. Er möchte mehr wissen, was ich bereits erwartet habe.

»Nee, das bleibt zwischen Michael und mir«, sage ich. In Gedanken füge ich ›und zwischen Gebre, Emir und Celia‹ zu. Diese Menschen zähle ich zu meinen Freunden. Genau genommen sind sie die einzigen Freunde, die ich habe.

Tom zähle ich nicht dazu, auch wenn er ein Bekannter ist, den ich mag.

»Aber er hat dich nicht verletzt oder so?«, hakt Tom nach. Ich honoriere seine Besorgnis, halte ihn dennoch auf Abstand. »Also körperlich, meine ich.«

»Nein, alles gut. So etwas gab es nicht«, antworte ich.

»Dann bin ich beruhigt. Mich interessiert, ob du schon so weit bist, dass du an eine neue Beziehung denken kannst«, sagt Tom.

Wieder spüre ich seinen eindringlichen Blick auf mir. Warum wundert es mich nicht, dass unser Gespräch in diese Richtung verläuft? In mir schrillt eine Alarmglocke – noch leise.

»Warum?«

»Weil ich eine Beziehung mit dir möchte«, antwortet Tom schnörkellos. »Erinnerst du dich an unsere erste Begegnung? Seit ich damals mit Georg Biesig bei Michael im Wohnzimmer saß und du hereinkamst, interessierst du mich. Natürlich war mir klar, dass du Michaels Partner warst, aber das hat nichts geändert. Manchmal habe ich etwas über dich erfahren, wenn Emir sprach. Als ich hörte, dass es zwischen Michael und dir aus ist, war ich schockiert und ich hatte Mitgefühl mit dir. Aber ehrlich gesagt, habe ich gleichzeitig frohlockt, heimlich, versteht sich.«

Tom macht eine Pause und forscht in meinem Gesicht nach einer Regung. Aber ich bin äußerlich und innerlich starr, höre einfach zu, was er sagt. Das kommt jetzt doch unerwartet, wie unverblümt er seine Gedanken darlegt.

»Dass wir uns in der Sauna begegnet sind, halte ich für ein Zeichen, dass das Schicksal uns zusammenführt«, ergänzt Tom. »Ich habe damals nur so getan, als wüsste ich deinen Namen nicht mehr, um mein Interesse an dir nicht zu auffällig zu zeigen.«

Mir ist mulmig. Wo bin ich denn jetzt hineingeraten? Auch wenn ich Tom mag, sehe ich uns nicht als Liebespaar. Die Alarmglocke wird lauter.

Offensichtlich liest Tom meine Bedenken und mein Zögern aus meinem Gesichtsausdruck.

»Ich fühle mich zu dir hingezogen, bin dabei, mich in dich zu verlieben. Fühlst du es nicht auch?«, fragt er inbrünstig. »Oder bin ich zu spät? Gibt es einen anderen?«

Auf jeden Fall fühle ich nicht das Gleiche wie er. Von Verliebtheit ihm gegenüber ist bei mir keine Spur. Aber die andere Frage verunsichert mich. Warum erscheint auf meinem inneren Monitor plötzlich Colins Gesicht?

Ja, warum wohl? Bist du so blöd oder tust du nur so?

»Ich weiß nicht«, antworte ich. »Dass ich mich nicht auf diese Art zu dir hingezogen fühle, weiß ich genau. Tut mir echt leid, Tom. Da ist keine Verliebtheit. Aber ob es einen anderen gibt? Da bin ich mir gerade nicht so sicher.«

Tom ist enttäuscht. Das Gefühl lässt sein Gesicht zusammenfallen. Der Mann, den ich bis eben vor mir hatte, erschlafft wie ein Luftballon, der von einer Nadel getroffen wurde.

Offenbar hat er emotional bereits mehr in mich investiert, als er mit seinem ›bin dabei, mich in dich zu verlieben‹ ausdrücken konnte oder wollte. Ich bin erschrocken darüber, dass mir das bisher bei keiner unserer Begegnungen aufgefallen ist. Wahrscheinlich war ich zu sehr damit beschäftigt, unbekümmert die schöne gemeinsame Zeit zu genießen.

»Ich kann dir auch etwas bieten.« Tom klingt verzweifelt, was meinen Verdacht bestätigt. Er hat sich Hoffnungen gemacht. »In der Nähe ist eine Wohnung frei geworden, die ich mir angeschaut habe. Die wäre ideal für dich. Ich würde das bezahlen. Oder du könntest direkt zu mir ziehen. Dir gefällt doch das Haus so gut.«

Fassungslos starre ich ihn an. Das hat er nicht ernsthaft vorgeschlagen!

Widerstand regt sich in mir, noch schwach.

Los, Feigling! Jetzt zeigt sich, wer du wirklich bist. Leg dich schon rein ins gemachte Nest!

Der Widerstand in mir wächst, wird so stark, dass er die fiese Stimme in mir erstickt.

»Tom, ich mag dich als Freund. Aber was du gerade vorschlägst, klingt nicht nach einer Beziehung auf Augenhöhe. Eine Wohnung, die du bezahlst ...«

Bald werde ich eine Wohnung haben, aber eine, die ich selbst bezahle.

Tom hebt energisch die Hand und unterbricht mich: »Das reicht dir nicht? Na gut, dann noch ein Auto dazu. Und ich gebe dir eine Kreditkarte. Besser?!«

Aus dem anfänglich leisen Ton der Alarmglocke ist inzwischen ein unüberhörbarer Lärm in meinem Kopf geworden. Schrillen, Dröhnen und Pfeifen mischen sich zu einer Kakophonie, von der mir schlecht wird. Ich fühle mich, als hätte ich einen Migräneanfall.

Den Tränen nahe, schiebe ich den Stuhl zurück und erhebe mich. Meine Schultern sacken kraftlos hinab. Tom begreift nicht, worum es mir geht. Ich bin enttäuscht von ihm und von mir. Wie konnte ich diese Entwicklung übersehen? Und wie kann er mir einen solchen Vorschlag machen? Bin ich für andere wirklich nicht mehr als Dekoration?

»Tom, hör mir zu! Ich gehe jetzt und komme nicht wieder. Ich werde mich nicht mehr mit dir treffen. Hier ist Schluss!«, sage ich bestimmt.

Ich drehe mich um und wende mich dem Flur zu. Auf keinen Fall möchte ich meine Jacke vergessen und Tom damit einen Vorwand liefern, Kontakt zu mir aufzunehmen.

Im Wohnzimmer höre ich einen Stuhl umfallen, als Tom aufsteht. Mit schnellen Schritten folgt er mir.

»Michael war gut genug, um deine Bedürfnisse zu befriedigen. Und ich? Ich nicht?« ruft Tom mir nach. Als er mich erreicht, fasst er nach meinem Oberarm, den ich ihm entreiße. »Ist dir das Arrangement nicht bequem genug?«

Obwohl ich mir vorgenommen habe, nicht in eine Diskussion einzusteigen, schaffe ich es nicht, seine anklagenden Fragen unkommentiert zu lassen. Ich wende mich ihm zu, damit er alles deutlich versteht.

»Deine Wortwahl hilft mir ungemein«, sage ich in einer gefährlichen Ruhe, die mich selbst verwundert. Allerdings schreie ich dafür jetzt umso lauter. »Ich will kein Arrangement! Und ich will es nicht bequem! Ich will etwas Echtes! Etwas Lebendiges! Ich …!«

Dass ich hier nicht mehr sein möchte, weiß ich seit einigen Minuten. Aber seit diesem Moment weiß ich zudem, wo ich lieber sein möchte.

Ungeschickt quetsche ich meine Füße in meine Boots. Die Socken legen sich unter meinen Fußsohlen in Falten, was sich nachher beim Gehen rächen wird. Aber gerade ist es mir egal. Ich muss hier weg. Als ich meine Jacke unwirsch vom Haken ziehe, höre ich, wie ich den Aufhänger abreiße. Ebenfalls egal.

Die schwere Messingtür lässt sich einfacher öffnen, als ich gedacht habe. Lautlos schwingt sie auf. Ich drehe mich nicht um, sondern laufe zügig den Weg zur Straße entlang. In der Zwischenzeit hat es offensichtlich geregnet, denn die großen Steinplatten sind rutschig unter meinen Schuhsohlen. Die Umgebung sieht auch grüner und dunkler aus, als noch vorhin.

Als ich das Tor hinter mir lasse, drehe ich den Kopf ein wenig zur Seite und sehe aus dem Augenwinkel Tom im erleuchteten Hauseingang stehen. Wie am Anfang.

»Tschüss Gastgeber!«, flüstere ich, während der Hohn in mir dröhnt.

Ich laufe los. Dahin, wo es unbequem, aber lebendig ist. In meine Richtung.

Siebenunddreißig

Vielleicht wäre es besser gewesen, ich hätte den Bus genommen, aber ich wollte allein sein und laufen. Menschen um mich herum hätte ich nicht ertragen. Die Bewegung hat mich etwas zur Ruhe kommen lassen, während die klare feuchte Luft mein Hirn gereinigt und die Schlieren auf meinen Gedanken weggewischt hat.

Nach der Kälte des Abends trifft mich die Hitze in dem Club verstärkt. Ich zahle einen geringen Eintrittspreis und betrete den kleinen Vorraum. Es gibt eine bewachte Garderobe, aber mir ist nicht danach, meine Jacke abzulegen. Nachdem ich wie auf der Flucht Toms Haus verlassen habe, ist mein Körper noch in Alarmbereitschaft. Da ist noch immer dieses Rauschen in mir, als wütete ein Sturm, der mein Blut aufpeitscht. Ich habe zwar nicht vor, hier in Panik herauszurennen, aber das ist bisher nicht in jeder Körperzelle angekommen.

Rauchschwaden ziehen in den Eingangsbereich und lenken meinen Blick auf einen Durchgang zu einem Hinterhof, in dem sich die rauchenden Gäste eng aneinandergedrängt aufhalten.

Der eigentliche Veranstaltungsraum ist gut gefüllt. Ich erblicke eine Theke und habe mit einem Mal Durst. Leider ist die Schlange ziemlich lang und ich möchte erst einmal Gebre und Celia finden. Ich schaue mich suchend um und entdecke meine Freunde neben einer breiten Säule. Gebre sieht mich und winkt begeistert.

Als ich bei den beiden ankomme, fällt mir Celia um den Hals. Im ersten Moment überfordert mich ihre Begeisterung, aber dann fällt mir ein, wie vehement ich abgewiegelt habe, heute Abend hier zu erscheinen, da ich schließlich eine Verabredung hatte. Ich habe keine Lust, von dem misslungenen Abend bei Tom zu berichten und nehme mir vor, mich dazu nicht nötigen zu lassen, auch nicht von meinen Freunden.

»Daniel!«, schreit mir Celia ins Ohr, was mich zusammenzucken lässt. »Du hier? Was ist los?«

»Pläne geändert«, antworte ich ausweichend. »Mehr wirst du heute nicht von mir erfahren.«

Abrupt entlässt Celia mich aus der Umarmung und hält mich auf Armeslänge von sich. Sie schaut mir fest in die Augen. Ich weiche nicht aus.

»Okay«, sagt sie. »Ich freue mich jedenfalls, dass du hier bist und damit bin ich gewiss nicht allein.«

Keine Ahnung, ob diese Aussage eine tiefere Bedeutung hat, aber mir ist nicht nach Nachfragen und Forschen.

»Cool, dass du doch noch gekommen bist«, sagt Gebre und klopft mir auf die Schulter. »Ich geh dir mal ein Bier holen. Du siehst aus, als könntest du eines gebrauchen.«

So mag ich das. Meine Freunde fragen mich nicht aus und lassen es darauf beruhen, obwohl sie wahrscheinlich vor Neugier platzen und wissen wollen, warum ich nicht bei meiner Verabredung bin.

»Sind sie nicht toll?«, fragt Celia und nickt mit dem Kopf in Richtung Bühne, von der ich allerdings nicht viel erkennen kann, da ich direkt hinter dem Betonpfeiler stehe.

»Das ist die Band?«, frage ich nach ein paar Sekunden erstaunt. Bisher habe ich nicht besonders konzentriert gelauscht. Dafür bin ich nun beeindruckt von dem Solo eines Klaviers.

»Ja?«, gibt Celia erstaunt zurück und lässt die Augenbrauen in die Stirn rutschen. »Du hast keine Ahnung von der Musik, die sie machen. Stimmt's?!«

Ich fühle mich wie ein schlechter Mensch, der ich wahrscheinlich auch bin, aber Celia hat recht. Ich habe nie nachgehakt, wenn Emir erwähnte, dass er zur Bandprobe müsse. Als er sagte, dass er in einer Band spielt, bin ich schlicht davon ausgegangen, dass es eine Art Rockband ist. Was ich hier höre, ist jedoch eher – wie soll ich es benennen? – wie Chanson, aber auf Deutsch. Für die Musikrichtung gibt es bestimmt einen wohlklingenden Namen, der mir jedoch nicht bekannt ist. Ich Banause!

Das Musikstück endet und das Publikum bricht in begeisterten Applaus aus. Celia strahlt glücklich und stolz. Sie hält die Daumen hoch in Richtung Bühne, wo garantiert Emir zu ihr herüberschaut. Die beiden sind so wunderbar miteinander.

Gebre kommt mit Getränken zurück an den Stehtisch und lädt alles auf der Tischplatte ab. Wie versprochen hat er eine Flasche Bier für mich mitgebracht und schiebt mir diese nun herüber. Wir stoßen an und ich trinke den ersten Schluck, als wäre ich tagelang ohne Wasser durch die Wüste gekrochen.

Da keiner der beiden es von sich aus anspricht, nehme ich meinen Mut zusammen und frage nach: »Wollte Colin nicht kommen? Ist er schon da? Oder schon wieder weg?«

Gebre und Celia schauen mich verwundert an und wollen wohl gerade etwas sagen, als das quietschende Geräusch einer Rückkopplung uns zusammenfahren lässt.

»Sorry, ich lerne es wohl nie«, spricht eine männliche Stimme lachend in das Mikrofon. Die Gäste steigen kurz in das Lachen ein, bevor sie aufmerksam zuhören. »Gleich habt ihr es geschafft. Das ist der letzte Song. Wahrscheinlich singe ich dieses Lied nur ein einziges Mal, denn in dem Text stecken meine ganzen Liebesschmerzen. Das schaffe ich nicht ständig. Danke für eure Aufmerksamkeit!«

Ich kenne die Stimme und kann es kaum fassen. »Das ist …«

Einer der Musiker zählt an und die Band beginnt eine ruhige Melodie. Ich schließe den Mund wieder. Auf keinen Fall möchte ich das Lied verpassen.

Spätestens als der Sänger mit dem mir bekannten schwachen Akzent zu singen beginnt, weiß ich es. Colin. Kein Zweifel.

Das Intro des Liedes leitet perfekt zur ersten Strophe. Als Colin voller Kraft zu singen beginnt, lausche ich gebannt.

Nächtens ausgeträumt von mir,
eine Zukunft hell mit dir.
Erster Blick, der auf dich fiel,
entfernte mich von meinem Ziel.
Warst nicht frei auf deinen Beinen,
in anderen Armen als in meinen.
Belegt war auch dein golden Herz,
nie bekannt mir war der Schmerz.

Nur ein Zeichen, und dieses Leben beginnt.
Den Mund voller Tränen, kannst du mich verstehen?
Nur ein Zeichen von dir, und unser Leben beginnt.

Dich halten wie einen Geliebten,
vergessen die Leiden und was wir besiegten.

Vorbei die Tage, an denen wir hassen,
bin dunkel genug, dich leuchten zu lassen.
Hattest kein Heim, für dich keinen Ort,
bei mir nun zu Hause, mehr als ein Wort.
Hüte deine Seele, trage dich durch das Leben,
habe nichts, doch das werde ich dir geben.

Nur ein Zeichen, und dieses Leben beginnt.
Den Mund voller Tränen, kannst du mich verstehen?
Nur ein Zeichen von dir, und unser Leben beginnt.

Wirst gehen deine eigenen Wege,
daneben ich, keinen Stein ich lege.
Erde werde ich dir sein,
in mich du schlägst deine Wurzeln ein.
Wirst dennoch fliegen, frei und wild,
gebe dir Auftrieb, stark bis mild.
Bist du lebendig ohne mich?
Kannst du schweben ohne mich?

Die letzten Worte haucht Colin nur noch hin, bevor seine nun raue Stimme erstirbt. Weint Colin? Wenige Sekunden ist es still und dann brandet Applaus auf. Einige Zuhörer in meinem Blickfeld wischen sich heimlich über die feuchten Augen.

Gebre und Celia starren mich an und scheinen irgendetwas zu erwarten.

»Mensch, Daniel! Tief in dir drin weißt du es doch. Geh und erlöse ihn!«, spricht Gebre eindringlich auf mich ein. »Colin ist völlig am Ende.«

Ich weiß es doch? Was denn?

Was ich weiß, ist, dass ich zu Colin muss. Ich kann nicht länger hier herumstehen. Also zwänge ich mich zwischen Betonpfeiler und Stehtisch hindurch, rempele unsanft ein paar Leute zur Seite, während ich mich in Richtung Bühne schiebe.

Colin steht noch auf dem Podium und hält sich mit beiden Händen am Mikrofonständer fest. Starr blickt er geradeaus ins Nichts. Sein verzerrtes Gesicht zeigt, dass er den Beifall nicht genießt. Er hat Schmerzen.

Ich dränge mich seitlich durch die Menge, so dass ich langsam in Colins Blickfeld gerate. Die Hoffnung, dass er mich überhaupt bemerkt, ist gering, aber ich bin fest entschlossen, ihn auf mich aufmerksam zu machen.

Als ich etwa zwei Meter entfernt vor ihm stehen bleibe, löst sich Colins Starre und geht nahtlos in ein Zittern über. »Daniel?«

Aus den Boxen quietscht und jault es erneut und mein Name schallt durch den ganzen Raum. Wo ist denn der Schalter, mit dem man dieses verdammte Mikrofon ausstellt? Von dem Lärm aufgeschreckt, fummelt Colin hektisch an dem Griff des Mikros herum, schaltet es aus und drückt es vorsichtshalber einem mir unbekannten Typen aus der Band in die Hand. Für diese Maßnahme ist es jedoch eh zu spät, da uns die Aufmerksamkeit aller Anwesenden längst sicher ist. Es ist mir egal, denn mein Fokus liegt ausschließlich auf Colin. Dessen offensichtliche Nervosität macht mir Hoffnung auf etwas Wunderbares.

Ein letztes Mal bin ich durch ein mir bekanntes Gesicht abgelenkt, denn ich entdecke an der Seite im Halbdunkeln Emir, der grinst und anzüglich mit den Augenbrauen wackelt. Sein Blick ruht auf uns. Offensichtlich erwartet er etwas Spannendes. Mir wäre lieber, wenn alle von der Bühne verschwinden würden, was jedoch niemanden interessiert. Ich gehe weiter, bis ich an der Kante der Bühne direkt vor Colin stehe.

»Geht es in dem Lied um mich?«, platze ich heraus und schaue zu Colin hinauf. »Um uns?«

Erschrocken reißt Colin die Augen auf. Er wirkt in die Enge getrieben, als suche er einen Fluchtweg. Zögernd strecke ich meinen Arm hoch und greife nach seiner Hand, immer auf der Hut und in der Angst, einen Schritt zu weit zu gehen. Colin lässt mich seine Hand halten und hält trotzdem seinen Blick mit meinem verhakt. Ich steige auf die Bühne und schwanke dabei kurz, als ich mich hochschwinge. Zu meiner Freude spüre ich an meiner Hand, wie Colin mich hält und zu sich zieht.

»Ja«, sagt er und lächelt befreit. Für einen Moment gaukelt mein Hirn mir ein anderes Bild vor: Colin und ich, glücklich, strahlend, mit verschränkten Händen und dem anderen Versprechen gebend.

»Ja, ich auch«, sage ich leise.

»Hä, wie jetzt?«, fragt Colin verstört und lässt meine Illusion bersten. In dem Moment reiße ich mich zusammen, damit ich im realen Leben eine angemessene Konversation zustande bringe.

»Schon gut. Ich war in Gedanken mindestens hundert Schritte weiter«, stammele ich in dem Versuch, dem peinlichen Moment zu entkommen.

Colin schaut auf unsere Hände und begreift offensichtlich, denn er wird rot. »Oh, ach so …«

Nun steht er vor mir, Colin, in einem gleißenden Lichtstrahl, den der Techniker meiner Meinung nach jetzt ausschalten könnte, lächelt verwirrt und ist schöner als je zuvor. Colin, dessen Bemerkungen mich oft genug wütend gemacht haben, der mich verletzt hat mit seinen Worten, dessen Verhalten ich nach und nach durchschaue, vielleicht sogar begreife, auch wenn ich es nicht gutheiße.

Das ist der gleiche Colin, der mir nicht aus dem Kopf geht, der sich in einem Darkroom einen Kuss von mir erbeten und damit mein Herz zum Stolpern gebracht hat.

Langsam drehe ich den Kopf, langsam genug, dass Colin ausweichen könnte.

Colin weicht nicht aus.

Achtunddreißig

Unser Kuss ist zart. Wir schauen uns ungläubig in die Augen. Was machen wir hier?

»Ist das Zeichen genug?«, flüstere ich an seinem Ohr, nachdem ich mich von Colin gelöst habe.

»Wir müssen von dieser verdammten Bühne runter«, fordert Colin statt einer Antwort, während die Menge um uns begeistert johlt. Einige *Ahs* und *Ohs* dringen an unsere Ohren.

»Watt'n Scheiß! Hätte ich gewusst, dass der für Typen singt, wäre ich gar nicht erst gekommen«, beschwert sich ein Mädchen, das wohl gern Groupie geworden wäre, lautstark. »Dachte, es gibt hier Material abzugreifen.«

»Halt die Klappe! Hast doch nix kapiert, du hohle Nuss!«, kontert ein anderer Gast.

Die Stimmen und Geräusche umschwirren meinen Kopf. Colin hat recht. Wir müssend dringend von der Bühne hinunter, und am besten ganz aus diesem Laden raus.

Ich ziehe Colin an den Bühnenrand und springe hinunter. Es schmerzt kurz in meinen Fußknöcheln, da ich die Höhe und meinen Schwung offensichtlich unterschätzt habe. Schnell drehe ich mich herum und strecke meine Arme nach Colin aus. Der wird schon wieder rot, lässt sich jedoch von mir hinab helfen. Mein Verlangen, ihn in meinen Armen zu spüren, wird übermächtig, so dass ich ihn kurz an mich ziehe und halte.

Am liebsten würde ich Colin auf die Arme nehmen und aus diesem Etablissement tragen, aber ich bin mir sicher, dass ihm das nicht gefallen würde. ›Trage dich durch das

Leben‹ hat er eben noch gesungen, wobei ich davon ausgehe, dass das in einem übertragenden Sinn gemeint ist.

Musik vom Band setzt ein und lenkt die übrigen Besucher ab, da nun einige auf die Tanzfläche stürmen. Colin und ich haben Mühe, gegen den Strom zu dem Stehtisch zu gelangen, an dem Gebre und Celia uns erwarten. Ich weiß nicht, wie viel sie gesehen haben, aber sie wirken bei unserem gemeinsamen Anblick zufrieden. Gebres Blick fällt auf unsere Hände und ein strahlendes Lächeln macht sich auf seinem Gesicht breit. Emir kommt von der anderen Seite zu uns. Er klopft Colin auf die Schulter.

»Toller Auftritt!« Anerkennend verzieht er die Mundwinkel. »Du überraschst mich immer wieder, Colin. Und die Zuhörer auch. Sie kommen vor allem für dich.«

»Daniel kommt heute Nacht nicht nach Hause«, verkündet Colin in völliger Ruhe. »Er wird bei mir sein. Wir haben viel zu reden.«

»Reden?!«, ruft Celia lachend aus. »Ihr enttäuscht mich!«

»Vielleicht knutschen sie auch?«, spinnt Gebre den Faden weiter.

»Und ficken!«, ergänzt Emir freudestrahlend, offensichtlich davon überzeugt, das einzig Richtige zu sagen.

»Null Romantiker«, zischt Celia ihm zu und schlägt ihm erbost auf den Unterarm. Emir reißt seinen Arm hoch und reibt ihn in völligem Unverständnis darüber, was er angestellt haben soll.

Lachend wiegele ich ab. »Wir beginnen mit Reden und Knutschen. Der Rest wird sich finden.«

Dann wende ich mich an Colin: »Ich verbringe also die Nacht bei dir? Ist das eine Einladung?«

»Eine Einladung mit Nachdruck«, antwortet Colin. »Wenn du nicht zusagst, muss ich nachhelfen. Aber du sagst zu, oder?!«

Dieser Hauch Unsicherheit gefällt mir ausgesprochen gut an Colin. Er ist noch immer Colin, der ein Mistkerl sein kann, aber ich weiß längst, dass er viel mehr ist. Freundlich, hilfsbereit, aufmerksam … und hübsch anzusehen ist er ebenfalls.

»Ja! Dann lass uns hier verschwinden!«, fordere ich ihn auf.

»Geh ruhig«, sagt auch Emir gespielt gönnerhaft zu Colin. »Ihr Sänger habt beim Abbauen eh immer den leichtesten Part. Mikro ausschalten und fertig. Wir machen den Rest schon. Habt Spaß!«

Wie aus dem Nichts erscheint ein Arm in unserem Blickfeld und reicht Colin eine Jacke und einen Rucksack. Da er die Sachen anzieht, gehe ich davon aus, dass es seine sind.

Gebre klopft mir grinsend auf die Schulter und wendet sich dann wieder dem Gespräch am Tisch zu.

Für einen kurzen Moment schauen Colin und ich uns an, ruhig und dennoch aufgeregt. Wir grinsen blöd. Zitternde Fingerspitzen berühren meine, und ich greife entschlossen zu. Wir quetschen uns durch die Menschenmenge dem Ausgang zu. Hin und wieder spricht jemand Colin an und gratuliert zum gelungenen Auftritt. Er bedankt sich höflich, bleibt jedoch nirgendwo stehen. Die Hand in meiner hat sich inzwischen beruhigt. Draußen vor der Tür angekommen, stellen wir fest, dass es in der Zwischenzeit erneut zu regnen begonnen hat.

»Was soll's?«, sagt Colin belustigt. »Ich muss eh duschen. Bühnenluft ist berauschend, solange man auf der Bühne steht. Danach ist sie nur noch muffig.«

In mir steigt das Bild einer gemeinsamen Dusche mit Colin auf, welches ich beiseiteschiebe. Der Gedanke daran ist anregend. Allerdings ist diese Vertraulichkeit zum jetzigen Zeitpunkt zu früh. Es wäre riskant, unsere aufblühende Verbindung mit übereilter Intimität zu ruinieren.

Gemeinsam gehen wir durch die Straßen. Der Regen durchnässt uns behäbig und lässt die Luft glitzern. Straßenlaternen tauchen die Szenerie in sanftes Licht. Entlang an altem Gemäuer gehen wir unseren Weg, von dem ich nicht weiß, wo genau er hinführt, da ich nicht weiß, wo Colin wohnt.

Ich halte mich einfach dicht bei ihm und genieße das gelegentliche Kribbeln, wenn unsere Hände sich begegnen. Das ist manchmal zufällig und manchmal von Colin initiiert, wenn er mich in die richtige Richtung zieht.

Colins Haar, dessen tiefschwarze Farbe ich häufig heimlich bewundert habe, glänzt durch die Feuchtigkeit wie Klavierlack. Ich ersehne das Privileg, mit den Fingern die dicken Strähnen ertasten zu dürfen. Dabei möchte ich nicht wühlen, sondern sanft sein Haar und seine Haut streicheln.

Wir sprechen nicht miteinander, sondern kommunizieren das Wenige durch Blicke und Berührungen, als hätten wir uns abgesprochen, Gespräche für eine ruhige Umgebung aufzusparen.

»Da vorne lebe ich«, sagt Colin und deutet auf eine Doppelhaushälfte in einer ruhigen Straße, in die wir gerade abgebogen sind. Da ich nicht weiß, was ich dazu sagen soll, rede ich einfach nicht und hebe einen möglichen Kommentar für die Inneneinrichtung auf.

Colin schiebt ein niedriges Tor, welches nur angelehnt war, auf und geht vor. Wir durchqueren einen kleinen Vorgarten, der komplett im Dunkeln liegt.

»Bleib einfach dicht bei mir«, sagt Colin. »Beleuchtung ist das Nächste, das ich installieren werde.«

»Kein Problem«, gebe ich lachend zurück. »Ich bleibe gern dicht an dir dran.«

Im schwachen Licht fange ich das Lächeln ein, das über Colins Gesicht schwappt. Als er die Haustür aufschließt und öffnet, winkt er mich heran. Er betritt vor mir das Haus und schaltet direkt die Lampen im Flur ein.

Ich folge und streife hinter der Haustür meine Stiefel ab. Kurz schaue ich mich um, bevor ich meine Jacke ausziehe und an einen Haken an der Garderobe hänge, ähnlich wie Colin es gemacht hat.

Mein Gastgeber geht voran in das offene Wohnzimmer und schaltet eine Stehlampe und ein paar Tischlampen ein.

Als ich die karge Möblierung erkenne, fällt mir ein, dass Colin wahrscheinlich noch nicht lang hier lebt. Da ich oft genug mitbekommen habe, wie gigantisch das Arbeitspensum in den Firmen der Film- und Fernsehbranche ist, hatte Colin bestimmt bisher kaum Gelegenheit, sich um die Einrichtung und Gemütlichkeit seiner Behausung zu kümmern.

»Schön ist anders! Weiß ich selbst, aber demnächst habe ich Urlaub. Dann werde ich Farbe an die Wände bringen und mir über Möbel Gedanken machen. Bisher ist mein Haus kaum mehr als eine Schlafstätte«, erklärt Colin.

»Schon gut. Du sprichst mit jemandem, der seit Wochen in einer Küche lebt«, gebe ich lachend zurück.

»Was sich bald ändert«, sagt Colin und steigt in mein Lachen ein. Er weist mit der Hand zu einem alten Sofa, auf dem Decken und Kissen durcheinander liegen, und wir setzen uns.

»Dank deiner Hilfe«, ergänze ich und nicke bedächtig mit dem Kopf. »Vielen Dank noch mal. Die Wohnung ist super. Ich habe ein gutes Gefühl dabei. Hoffentlich kommt nicht noch irgendetwas dazwischen.«

»Du kannst mich gern zur Einweihungsparty einladen, wenn es so weit ist.« Colin schaut mich abwartend an und grinst dabei schief.

»Wir albern herum«, sage ich ernst. »Merkst du das auch?«

»Ja.« Colins Stimme wird leiser. »Wir haben keine Ahnung, wie wir ein Gespräch führen sollen und bleiben deshalb an der Oberfläche. Aber wir haben Dinge zu klären. Wichtige Dinge!«

»Treffende Analyse! Und jetzt? Warum hilfst du mir? Zum Beispiel bei der Wohnungssuche?«, frage ich und bin fest entschlossen, die Dekoration durch Floskeln wegzulassen. Zur Unterstützung – oder eher als Ausgleich – greife ich nach einem Sofakissen, damit meine Hände etwas zum Knautschen haben.

»Weil ich möchte, dass es dir gut geht. Weil ich finde, dass du ein schönes Heim haben sollst«, antwortet Colin unverblümt. »Warum bist du nicht bei Tom heute Abend? Wie kann es, dass du doch noch zum Konzert gekommen bist?«

Colin weiß von meiner Verabredung mit Tom? Woher? Da fällt mir auf Anhieb nur Emir ein, der eine Bemerkung gemacht haben könnte. Aber dann ist es mir egal. Es tut nichts zur Sache und würde nur erneut ablenken.

»Ich mag Tom«, beginne ich und lasse an dieser Stelle aus, dass das Mögen eher der Vergangenheit angehört. Vielleicht erzähle ich Colin irgendwann mehr. Aber nicht jetzt. »Aber ich bin nicht in ihn verliebt. Mit ihm würde es schnell in einer Sackgasse enden. Als Tom mir Komfort anbot, wusste ich, dass ich eine Beziehung wie mit Michael nicht mehr möchte. Diese Zeiten sind endgültig vorbei.«

»Und wieso bist du zum Konzert gekommen?«, wiederholt Colin.

»Ich brauchte Freunde um mich herum«, antworte ich. »Menschen, die mich so annehmen, wie ich bin. Die nicht erwarten, dass ich mich reibungslos in ihr Leben einfüge. Gebre, Emir, Celia. Und …«

»Und was?«, hakt Colin nach, als ich nicht weiterspreche. »Ich höre!«

»Ich habe gehofft, dass du auch dort sein würdest«, gestehe ich Colin – und mir selbst zum ersten Mal. »Ich habe mir so sehr gewünscht, dich zu sehen. Ich kann es selber kaum fassen.«

»Aber es war doch klar, dass ich dort sein werde.« Colins Gesicht drückt komplettes Unverständnis aus, auch wenn dahinter versteckte Freude lauert. »Das ist schließlich meine Band.«

»Ähm, an der Stelle muss ich gestehen, dass ich wohl ein ganz mieser Freund bin«, gebe ich unbehaglich zu. »Ich habe Emir nie nach seiner Musik gefragt. Er hat gesagt, dass er Bass in einer Band spielt und ich habe mir automatisch eine Rockband vorgestellt. Ich habe mich niemals erkundigt, in welche Richtung das geht oder mit wem er dieses Musikprojekt am Start hat.«

»Du wusstest also gar nicht, dass ich der Sänger der Band bin?« Colin schnaubt beim Lachen unfein durch die Nase.

»Nö! Ich stand hinter dem Betonpfeiler, an dem Tisch mit Gebre und Celia, als ich die Musik hörte und mir die Stimme bekannt vorkam. Wenn du singst, ist dein schwacher Akzent mehr als sexy.«

Colin lacht erneut auf und strahlt mich an. »Das ist die nette Umschreibung dafür, dass ich den Akzent beim Singen schlechter verbergen kann als beim Sprechen.«

»Das sollte ein Kompliment sein. Als ich deine Stimme hörte, hat alles in mir gekribbelt. Du klangst so wehmütig. Und der Text ...«

Mein Hals wird eng, als mir einzelne Fragmente des Liedes in den Sinn kommen. Hat er das wirklich über mich geschrieben? Das ist verwirrend, fühlt sich jedoch auch wie eine Ehre an.

»Ich habe mich in dem Moment in dich verliebt, als wir uns das erste Mal begegnet sind«, sagt Colin. »Und fast genau so lang liebe ich dich. Aber du warst der Partner von Michael und damit für mich unerreichbar. Egal, wie sehr ich mich nach dir sehnte und wie toll ich dich fand, das Leben, das du mit Michael führtest, kotzte mich an. Jedes Mal wenn ich dich mit ihm erlebte, dachte ich, dass das doch alles nicht genug für dich ist. Dass du mehr verdient hast ...«

»Das hast du mich oft genug hören und spüren lassen«, erinnere ich ihn.

»Ja, mein Verhalten war nicht in Ordnung. Das tut mir einerseits leid und andererseits wieder nicht. Häufig konnte ich meine Klappe nicht halten und habe meinen Unmut ausgedrückt. Es tut mir leid, dass ich dich verletzt habe. Aber der Meinung, dass das nicht das passende Leben für dich war, bin ich noch immer. Dafür entschuldige ich mich nicht.«

Trotzig reckt Colin sein Kinn und verschränkt die Arme vor der Brust. Renitenz steht ihm. Seine Attitüde strahlt unbeugsame Schönheit aus.

»In Ordnung. Langsam begreife ich. Du erwartest aber nicht, dass ich schlecht über meine Zeit mit Michael rede. Oder? Das war sie nämlich nicht. Sie ist vorbei. Das sollte reichen.«

»Nein, das erwarte ich nicht. Aber ich bin froh darüber, dass sie vorbei ist. Bin ich jetzt ein schlechter Mensch? Egal! Als ich mitbekam, dass Michael dir gegenüber nicht ehrlich ist, dass er dir nicht so treu ist, wie ihr es vereinbart habt, wollte ich, dass du das erfährst. Ich konnte nicht danebenstehen und zuschauen, wie er dich verarscht. Und ja, ich habe darauf gehofft, dass sich irgendwann eine Chance für mich ergibt.«

»War das etwa deine Absicht? Dich zwischen uns zu drängen?«, frage ich nach und möchte das nicht glauben.

Colin reißt die Augen auf und widerspricht empört: »Ich habe mich dir gegenüber gewiss nicht immer nett verhalten, aber so etwas würde ich nicht machen. Betrogen hat Michael dich schon selber. Das war nicht ich. Bitte sag, dass du nicht angenommen hast, dass ich in diese Richtung etwas initiiert habe!«

»Nein, nicht ernsthaft«, sage ich rasch.

»Kannst du dich noch an unsere erste Begegnung erinnern?«, fragt Colin verträumt.

»Nicht konkret«, gestehe ich und denke angestrengt nach. »Es war bei Michael in der Firma …«

»Genau, du kamst herein und wolltest zu Michael.« Colin unterbricht mich, was mir egal ist, und beginnt eine detaillierte Schilderung unseres ersten Aufeinandertreffens. »Ich war gerade an der Rezeption, stand neben einem Sekretär und sagte dir, dass er für Besucher nicht zu sprechen wäre, woraufhin du ziemlich ungehalten geworden bist. Du warst wunderschön, deine Wangen gerötet vor Empörung. Ich war dir auf Anhieb verfallen, wollte dich in ein Gespräch verwickeln, fragen, wer du bist und was du in der Firma machst. Alles wollte ich von dir wissen. Da kam Michael aus seinem Büro und begrüßte dich. Innerhalb einer Sekunde war deine Empörung verschwunden und dein Fokus lag ausschließlich auf ihm. Euer Umgang war so offenkundig vertraut, dass kein Zweifel aufkam, wie ihr zueinander standet. Ich dachte, ich müsste sterben, so hat es mich zerrissen. Rasch habe ich mich hinter einer professionellen Maske versteckt, habe dich freundlich begrüßt, als Michael dich als deinen Freund vorstellte.«

»Das hat aber nur bedingt geklappt mit der Professionalität, und nur bei der ersten Begegnung. Meistens warst du herablassend mir gegenüber, arrogant, als wäre ich den Dreck unter deinen Schuhsohlen nicht wert«, wende ich ein. Meine Brust schmerzt, wenn ich an die vielen Situationen denke, in denen Colin mich hat auflaufen oder blöd dastehen lassen.

»Du hast recht. Ich war … Ist blöd jetzt, aber ich kenne passende Beschimpfungen nur in meiner Muttersprache«, Colin bricht ab und errötet. »Ich wollte dich aus diesem Leben befreien, dich erwecken, aber …«

»Was denn?«, hake ich nach. »Was aber?«

»Ich wollte dich erwecken, aber küssen ging ja nicht«, beendet Colin nun den Satz. Er grinst und verzieht dabei verlegen die Mundwinkel. »Ich wollte der Prinz sein, der … Du weiß schon! Aber da war immerhin Michael an deiner Seite. Es sollte wohl kein Märchen geben mit uns.«

»Auf ein Märchen verzichte ich gern, auch wenn die Stelle mit dem Prinzen nicht übel klingt«, erwidere ich grinsend und winke genervt ab, bevor ich ernst werde. »Aber Küssen geht doch. Mittlerweile. Würde mir gefallen.«

»Echt?«

»Colin! Ernsthaft! Wie viele Zeichen brauchst du noch?«, setze ich ungeduldig nach. »›Nur ein Zeichen‹ hast du gesungen. Hier ist es, ist schon das Zweite. Und Dritte. Und …«

Damit beuge ich mich vor und küsse ihn. Ich überrumple ihn, knutsche ihn ganz ohne Reue über den Haufen. Nichts bereue ich. Ich bin da, wo ich sein soll. Es ist richtig. Dieses Leben beginnt.

Neununddreißig

Colin keucht und lässt den Kopf nach vorne sinken. Das Wasser strömt über seinen Körper und umspült die blasse Haut. Sein Haar klebt an seinem Kopf, bedeckt die Stirn, während der Nacken akkurat ausrasiert ist.

Behutsam halte ich Colin an den Schultern, bis er sich von der ersten Erschöpfung erholt hat. Als er mir schließlich sein Gesicht zuwendet, legt er eine Hand an die geflieste Wand der Dusche und hält sich selbst aufrecht.

»Das war …«, beginnt er und schüttelt grinsend den Kopf.

»… ganz nett?«, vervollständige ich frech grinsend und freue mich, dass es mit Colin lustig ist. Gerade noch habe ich ihm energisch einen runtergeholt, was natürlich eine ernste Angelegenheit war. Aber es war befreiend für uns beide, so dass wir nun gemeinsam lachen können.

»Ganz nett? Genau! Ich wollte duschen, um den Bühnendreck loszuwerden. Mehr nicht!«, sagt Colin, weiterhin in Gedanken versunken und den Kopf schüttelnd. »Konnte ich doch nicht ahnen, dass du mir in die Dusche folgst und mich um den Verstand polierst.«

»Gern geschehen«, erwidere ich selbstgefällig. »Sei nachsichtig mit mir, dass ich es nach der Knutscherei auf dem Sofa nicht geschafft habe, dich ziehen zu lassen.«

Colin zu küssen ist ein Vergnügen jenseits meiner Vorstellungskraft. Es ist sanft und dennoch erotisch, erregend und gleichzeitig gemütlich, frisch und im gleichen Moment vertraut.

Als Colin aufstand, da er unbedingt unter die Dusche wollte, war ich irritiert, dass ihm das so wichtig ist. Da erklärte er mir, dass er unter den Bühnenscheinwerfern stark schwitzt und nach den Auftritten regelrecht verklebt ist. Ihm war anzumerken, dass er sich nicht wohlfühlt. Das mochte ich auf keinen Fall, mich von ihm trennen allerdings auch nicht. Also bin ich ihm gefolgt, habe an die Tür zum Bad geklopft und bin eingetreten, als Colin überrascht die Tür öffnete. Er schien sich jedoch rasch mit meinem Erscheinen arrangiert zu haben, da er mich an sich riss und wir dort weitermachten, wo wir kurz vorher auf der Couch unterbrochen haben. Diesmal allerdings mit der Erweiterung, dass wir uns gegenseitig auszogen. Als wir nackt waren, schob ich Colin unter die Dusche. Er stellte das Wasser an, prüfte die Temperatur und zog mich an sich. Colin roch nach Schweiß und schwach nach muffigem Zigarettenrauch, als hätte er solidarisch als Nichtraucher in der Raucherecke gestanden, um mit seiner Band den Auftritt zu besprechen. So stelle ich mir zumindest das unprofessionelle Musikerleben vor. Colin und ich haben uns gegenseitig gewaschen, obwohl das bei mir aus hygienischen Ansprüchen kaum nötig war. An der Art, wie wir uns berührten, spürten wir, dass es um die Zärtlichkeiten ging. Wir brauchten die Fingerspitzen auf unserer Haut, die reibenden Handflächen an unseren empfindsamsten Stellen. Voll Staunen beobachteten wir den jeweils anderen, wie er auf dem Höhepunkt der Lust erstarrte und sich mit einem Seufzen oder Knurren über unsere Hände ergoss. Mit Ehrfurcht und Freude erkannten wir uns, sahen, wer wir sind und bekamen eine Ahnung, wer wir gemeinsam sein können.

»Bist du fertig mit deiner Duschroutine?«, frage ich Colin und bringe mich damit selbst zurück ins Hier und Jetzt.

»Ja«, antwortet Colin. »Sauber genug!«

Sauber genug wofür? Die Frage spreche ich nicht laut aus, um Colin nicht zu bedrängen. Stattdessen lecke ich kurz über seine Schulter und sage: »Auf jeden Fall schmeckst du sauber und lecker.«

Lachend öffnet Colin die Dusche und greift nach einem großen Badetuch mit blauen Blockstreifen.

»Leider habe ich nur eines griffbereit«, sagt er und schlingt das Handtuch um uns beide, damit wir uns trocknen können.

»Eine Katastrophe!«, erwidere ich lächelnd und genieße die Situation, wie wir uns bibbernd gegenseitig abtupfen. Kurz darauf jagen wir uns lachend durch den Flur.

»Wo ist dein Bett?«

»In meinem Schlafzimmer«, antworte Colin knapp. Er scheitert bei dem Versuch, sein Grinsen zu unterdrücken.

»Witzig! Das Lachen wird dir noch vergehen.«

»Versprochen?« Colin wackelt gespielt anzüglich mit den Augenbrauen und sieht dabei bezaubernd aus.

»Versprochen!«

»Was willst du in meinem Bett? Außer mir mein Lachen stehlen.«

»Mit dir schweben.«

Ich fasse Colin an der Schulter und drehe ihn zu mir. Ohne Zögern drücke ich ihm meine bebenden Lippen auf die seinen. Kurz und heftig.

»Ach, so nennt man das jetzt. Interessant!« Colin kann seine Erregung kaum aus der Stimme halten, auch wenn er versucht, einen lockeren Tonfall beizubehalten.

»Nicht *man* … *Wir* nennen das so.«

»Dann komm! Lass uns schweben!«

Vierzig

Im Türrahmen stehend schaue ich Colin zu, wie er unbekleidet und selbstbewusst auf sein Bett gleitet. Er rutscht nach oben und schaltet eine Tischlampe ein, die am Kopfende auf einer Kommode steht. Das grelle Licht blendet, so dass ich schnell die Augen zusammenkneife. Hektisch sucht Colin erneut nach dem Schalter, um das Licht zu dimmen. Als ich mich entspanne und meine Augen sich an das wärmere Licht gewöhnt haben, gleitet mein Blick flüchtig durch den Raum, bleibt aber an nichts hängen. Außer an Colin.

»Ich kenne dich kaum«, spreche ich meine wirren Gedanken aus, »aber ich weiß inzwischen, dass du so viel mehr bist als der Arschloch-Colin, den du bisher gegeben hast. An dir gibt es noch eine Menge zu entdecken.«

Ich mag das Lächeln, welches über Colins Gesicht huscht. Es ist herausfordernd und frech, obwohl es in den Mundwinkeln zittert. Der Mann vor mir ist noch immer der Typ mit der scharfen Zunge, der mich mit wenigen Worten verletzen kann, dass ich innerlich blute. Aber zur gleichen Zeit ist er der Typ, der sich nicht zu helfen wusste und voller Verzweiflung verbal um sich schlug, als er machtlos seinen Gefühlen ausgeliefert war. Er ist der, der ähnlich wie ich, keine Ahnung hat, wie das mit uns weitergeht und sich trotzdem darauf einlässt und sich in diese Erfahrung stürzt. Kopfüber und ohne Garantie auf ein Happy End.

Das Wissen, dass er sich seit der ersten Begegnung zu mir hingezogen fühlt, berauscht mich und gibt mir eine Macht, die ich niemals ausnutzen und gegen Colin einsetzen darf. Das wäre grausam.

»Dann lern mich kennen«, sagt Colin und öffnet auffordernd seine Beine. »Können wir mit dem körperlichen Teil anfangen? Und meinen schmutzigen Charakter auf später verschieben?«

»Tolle Idee!«, antworte ich und trete näher an das Bett heran. »Wie praktisch, dass wir uns erst gar nicht angezogen haben nach der Dusche. Da kann ich direkt kontrollieren, ob du schön sauber bist.«

Hoffentlich findet er mich nicht albern, aber mein Dirty Talk ist ziemlich eingerostet, falls ich überhaupt über einen verfüge.

»Dann kontrollier mal!«, fordert Colin. »Außen und innen. Wie es sich gehört!«

Colin ist mit seiner Bettsprache auf jeden Fall origineller als ich. So viel steht fest. Seine Stimme wird leiser, als ginge ihr der Atem aus.

Ich mag die Stimmung zwischen uns. Wir sind heiß, wissen, was wir wollen. Trotzdem ist es nicht erdrückend, sondern luftig und leicht. Es hat etwas Unbedarftes.

Langsam, damit Colin mich ausgiebig bewundern kann, nähere ich mich dem Bett und rutsche auf das Ende. Ich halte Colins Blick und schiebe mich zu ihm hoch. Als ich nach seinem Fuß greife, quietscht Colin auf und lacht so sehr, dass er sich verschluckt und kratzig hustet. Dass er dort kitzelig ist, merke ich mir. Bestimmt wird sich irgendwann eine Gelegenheit bieten, in der ich mein Wissen schamlos ausnutzen kann. Als ich den Fuß einige Sekunden ruhig und fest halte, beruhigt sich Colin. Ich setze Küsse auf seinen Unterschenkel und lecke die feinen Haare darauf. Mit der Zunge ertaste ich die Gänsehaut, die nun seine Beine überzieht. Er lacht nicht mehr. Jetzt schon. Das ist fast zu leicht.

Gemächlich wandere ich mit meinen Küssen hoch, genieße ausgiebig die zarte Haut an den Innenseiten der Oberschenkel und folge dem Duft, der mir die eindeutige Richtung weist. Als ich Colins Hoden von unten mit der Nase anschiebe, höre ich ein Grunzen, welches Ungeduld verrät.

Obwohl ich nicht auf endloses Vorspiel stehe, möchte ich vor dem nächsten Schritt Colins Körper näher kennenlernen. Daher lasse ich mich nicht hetzen.

»Wie gründlich willst du denn noch kontrollieren?«, fragt Colin und klingt, als wäre er schon jetzt kurz vor dem Abspritzen.

»Sehr gründlich«, necke ich ihn.

»Fuck! Das habe ich befürchtet«, murrt Colin und lässt resigniert den Kopf ins Kissen fallen.

Das Streicheln seiner schlanken Beine ist ein Vergnügen für mich. Bewundernd lasse ich meine Hände über die Muskeln, die sich fest unter der blassen Haut abzeichnen, gleiten. Ich stelle mir vor, wie sie sich anspannen, wenn sie sich um mich legen und mich an ihn ziehen. Bei dem Gedanken bin ich hart. Meine Atmung beschleunigt sich und eine Hitzewelle überspült mich.

Sehnsüchtig sucht meine Zunge nach Colins zarter Haut und leckt die kleinen Falten. Dabei genieße ich die Hitze an meinen Wangen.

Meine Ellbogen bohren sich in die Matratze, als ich mein Gewicht darauf stütze und mich so hoch schiebe, dass ich Colins Körpermitte vor mir habe. Ein letztes Mal betrachte ich sein Gesicht, registriere den glasigen Blick unter zufallenden Lidern. Dann sperre ich alles, was ich sehe, bewusst aus. Wie erwartet, schärfen sich die übrigen Sinne und ich nehme Colins Duft deutlich wahr. Der Geruch nach Duschgel und Frische wird zunehmend von seinem Aroma verdrängt. Die Haut unter meinem Mund erwärmt sich mit jedem Kuss und jedem Streicheln meiner Finger. Sanft zupfe ich mit den Lippen an der Haut der Hoden, tupfe Küsse an der Leiste entlang und wandere mit dem Mund zurück zwischen Colins Beine, wo ich meine Wange in das kurze Haar, das seinen harten Schwanz umsäumt, reibe. Feuchtigkeit trifft auf meine Haut. Gerade noch widerstehe ich, die Augen zu öffnen. Ich muss es nicht sehen, um zu wissen, dass die Perlen der Lust an Colin entlanglaufen. Ich höre leises Seufzen, spüre die erhitzte Haut unter mir, registriere die anspornenden Bewegungen. Schon jetzt mag ich Colins Sexgeruch und die Laute, die er von sich gibt. Als ich die Feuchtigkeit von seiner Haut lecke, kann ich seinen Geschmack dieser Aufzählung hinzufügen. Dabei sind wir noch ganz am Anfang. Das Zusammensein mit Colin könnte gefährlich für mich werden. Gefährlich, weil lebensverändernd und süchtigmachend.

Innerlich lege ich einen Schalter um und höre auf zu denken. Es ist an der Zeit, mit allen Sinnen aufzunehmen, was sich zwischen uns entwickelt. So viel wie möglich werde ich abspeichern, damit ich es für mich bewahren kann.

Als dauere es ihm zu lange, schiebt Colin seine Hüften hoch und erinnert mich auf eindeutige Weise daran, dass ich eine Mission zu erfüllen habe. Ich reibe meine Nase noch einmal durch das Haar, inhaliere tief und brumme wohlig dabei. Dann lecke ich genussvoll an der heißen Haut entlang, bis ich die Spitze erreiche, über die ich meinen Mund stülpe.

Für viele Menschen bedeutet Genuss, dass man etwas langsam macht oder in kleinen Happen konsumiert. Das habe ich noch nie verstanden. Wenn ich etwas mag, dann möchte ich viel davon, vielleicht sogar alles, und zwar schnell – und genieße dabei trotzdem.

Colins heller Schwanz gefällt mir. Ich mag ihn. Also verschlinge ich ihn voller Inbrunst, lasse meinen Mund darüber fallen, bis die anatomische Grenze erreicht ist. Ich lutsche das heiße Fleisch, lecke und verwöhne. Alles. Schnell. Jetzt.

Für raffinierte Techniken bin ich zu sehr aus der Übung, aber Colin scheint meine ungestüme Art zu gefallen. Würde er sich mir sonst entgegen drängen?

Bevor ich zu einer Antwort komme, spüre ich Colins Hand an meiner Schulter, die mich wegschiebt. Ich entlasse ihn aus meinem Mund und schaue ihn fragend an, als er seine Hand um seinen Schwanz legt. Mit überstrecktem Nacken und verkrampftem Gesicht ergibt er sich dem Ansturm und spritzt ab.

»Oh!« Colin betrachtet sein Sperma, das auf meiner Brust klebt und grinst. »Sorry!«

Lachend schaue ich an mir hinunter und schmiere mit dem Finger durch die Feuchtigkeit auf mir. Ich beuge mich zu Colin hinunter.

»Never sorry in our bed!«, flüstere ich ihm ins Ohr und hoffe, dass mein Englisch nicht zu stümperhaft klingt.

Offensichtlich versteht Colin, was ich meine, denn ich spüre sein Nicken. Plötzlich rutscht er tiefer, öffnet seinen Mund und zeigt darauf.

»Da hinein! Jetzt!«, befiehlt er, was mich im ersten Moment schockiert.

Habe ich das richtig verstanden?

»Du meinst …?«

»Rede ich Chinesisch?« Colin wird ungehalten. »You! Into! My mouth! Now!«

Dafür reichen meine kargen Englisch-Kenntnisse gerade noch.

Natürlich erfülle ich Colins Wunsch. Gern. Gründlich.

Einundvierzig

»Ich liebe dich, Daniel«, flüstert Colin. »Ich liebe dich schon lange. I love you. Deeply. For so long. I adore you. My Danny boy.«

Er scheint es in den Raum zu sprechen. Jedenfalls ist er nicht mir zugewandt, nicht direkt an meinem Ohr.

Colin klingt glücklich, als sei es eine Freude für ihn, seine Gefühle laut auszusprechen. Und das in seiner Muttersprache, was melodisch klingt und seine Aussage authentisch macht.

Überfordert bleibe ich starr liegen und halte die Augen geschlossen. Was wird von mir erwartet? Erwartet Colin überhaupt etwas von mir?

Auch wenn ich nicht vorhabe, mich schlafend zu stellen, brauche ich gerade einen Moment für mich, um mir eine Reaktion zu überlegen. Mir fällt jedoch nichts ein.

Ich strecke mich unter der Bettdecke und lockere meine Glieder. Dann drehe ich mich und schaue Colin in aller Ruhe an. Es ist intim, einen Menschen morgens im Bett zu betrachten.

Bisher rührt Colin sich nicht. Er lässt mich ihn erkennen. Seine gerötete Haut ist bestimmt warm. Meine Finger zucken und wollen streicheln. Auf Colins Wange erkenne ich den Abdruck eines Kissens, der das Gesicht wie eine Narbe unterteilt und ihn verwegen aussehen lässt. Dieser Eindruck wird unterstrichen von dem wirren schwarzen Haar, welches ich zum ersten Mal nicht zurechtgemacht sehe.

Unangebrachter Stolz überkommt mich, als ich Colins wunden Mund sehe. Die geschwollenen Lippen sind mein Werk. Und ich habe es gut gemacht.

Das ist Colin, der Mann, den ich geküsst und gefickt habe. Klingt nicht gerade romantisch, das höre ich selber, aber es ist das, was ich gerade sehe.

Was mache ich nun mit der Liebeserklärung?

Meinst du, du hast dich verändert? Bist du auch nur einen Schritt weiter als vor Monaten? Dann sei ehrlich!

Mit einem Knurren weise ich die Stimme in meinem Kopf in ihre Schranken. Ich möchte jetzt nichts hören, aber es ist zu spät. Ich habe sie längst gehört und kann sie nicht ignorieren. Bin ich noch immer der Feigling von vor ein paar Monaten? Oder stehe ich zu dem, wer ich bin und was ich fühle? Und was ist das überhaupt, was ich fühle?

»Ich liebe dich nicht«, sage ich und erschrecke mich darüber, wie kalt die Worte aus meinem Mund klingen.

Colin ruckt mit dem Kopf vom Kissen hoch. Er reißt die Augen auf und starrt mich an. Wahrscheinlich hat er nach meinem ausgiebigen Schweigen nicht mit einer Erwiderung gerechnet. Vielleicht wäre es besser gewesen, ich hätte geschwiegen.

Ich sehe, wie sich Colins Mund bewegt, aber kein Laut geht über seine Lippen.

»Fuck! So knallhart sollte das nicht klingen«, sage ich und reibe mir mit der Hand über die Augen.

»Es klang aber ehrlich«, sagt Colin mit rauer Stimme und räuspert sich.

»Das war es«, gebe ich zu. »Hör mal, Colin, hör mir gut zu! Da sind viele Grautöne. Ich mag dich, sehr sogar. Ich fühle mich gut bei dir. Wenn ich sage, dass ich dich nicht liebe, dann meine ich damit, dass ich dich jetzt im Moment noch nicht so liebe, wie es wahrscheinlich möglich ist zwischen uns. Aber ich habe ein gutes Gefühl, ein Gefühl voller Wärme und Hoffnung, dass sich zwischen uns etwas Großes entwickeln kann und wird. Verstehst du?«

Nachdenklich betrachtet Colin mich und nickt dabei leicht mit dem Kopf, den er nun in der Hand abgestützt hat. Er wirkt nicht, als wolle er mich gleich aus dem Bett schubsen, was mich unglaublich erleichtert. So ungeschickt, wie ich mich gerade anstelle, hätte er durchaus Veranlassung dazu.

»Dann wollen wir mal schauen, wie wir aus dem guten Gefühl voller Hoffnung die große Liebe machen«, flüstert er, als ihm Tränen in die Augen steigen. »Ich glaube, dass ich verstehe, was du meinst. Das war übrigens eine ergreifende Nicht-Liebeserklärung. Hat mich überzeugt!«

»Ist es so einfach?«, hake ich nach. »Du bist nicht verletzt oder beleidigt?«

Colin denkt einen Moment nach, bevor er antwortet. »Im ersten Moment hat es mich eiskalt erwischt. ›Ich liebe dich nicht‹. Echt mal, das hättest du einfühlsamer sagen können. Aber ich verstehe, was du meinst. Während ich dich schon lange heimlich liebe, ist es für dich eine neue Erkenntnis, dass zwischen uns etwas wie Liebe möglich ist. Wir sind frei, haben Zeit und können es sich entwickeln lassen. Ich glaube, dass du mich auch lieben kannst. Jetzt warte ich ab, genieße unsere gemeinsame Zeit und freue mich auf den Tag, an dem dir klar wird, dass ich der einzig Wahre bin.«

»Du bist unglaublich!«, stoße ich aus. Mit so viel Großmut und Geduld hätte ich nicht gerechnet.

»Oh ja, das bin ich«, bestätigt Colin selbstgefällig. »Weißt du, Daniel, mir ist wichtig, dass du dich entfaltest, kennenlernst, wer du wirklich bist, zu welchen Leistungen du fähig bist. Ich werde nicht über Michael schimpfen, aber die Beziehung zu ihm hat dich dauerhaft eher eingeschränkt. So etwas möchte ich nicht. Ich möchte, dass du alleine zurechtkommst. Das größte Geschenk für mich wird sein, wenn du dich schließlich aus dieser Freiheit heraus zu mir hingezogen fühlst und dein Leben mit mir verbringen und gestalten möchtest.«

Die Worte, die Colin zu mir spricht, machen mich demütig. Er zeigt ein Einfühlungsvermögen, welches ich selten kennengelernt habe und welches ich ihm bis vor kurzem nicht zugetraut hätte. Es geht ihm um mich, um meine Entwicklung, mein Wohlbefinden. Er macht keine Vorschriften und Beschränkungen, sondern freut sich darüber, wenn ich selbst herausfinde, wohin mein Weg führt.

»Aber du bist bei mir, oder?«, frage ich überwältigt nach.

»Word up! Ich will doch nicht den Moment verpassen, in dem dich die erhoffte Erkenntnis packt«, antwortet Colin und zwinkert mir zu. Bei ihm klingen die Worte ernst und dennoch leicht. Sie haben Gewicht, aber sind nicht erdrückend.

»Ich werde in die kleine Wohnung ziehen«, sage ich und weiß selbst nicht, welche genaue Botschaft ich damit vermitteln will.

»Davon bin ich ausgegangen«, sagt Colin und betrachtet mich nachdenklich.

»Ich dachte, dass du vielleicht möchtest, dass ich bei dir einziehe …«

Ich bin beinahe enttäuscht, dass Colin das offensichtlich nicht möchte.

»Daniel!«, ruft Colin aus und verdreht dabei leicht genervt die Augen. Dann setzt er sich auf und wird ernst. »Du musst noch viel lernen. Natürlich ist es eine Option, dass wir zusammenwohnen. Aber es ist nur eine Option von vielen. Ich gebe zu, dass ich mir ein Zusammenleben mit dir wünsche – irgendwann mal. Aber es muss weder sofort noch hier sein. Wenn die richtige Zeit ist, werden wir das wissen. Vielleicht suchen wir uns auch ein anderes Haus oder was auch immer. Alles, wenn es an der Zeit ist. Nicht, weil du meinst, dass ich das wünsche.«

»Langsam kapiere ich es«, besänftige ich ihn. »Ein wenig fürchte ich, dass unsere Beziehung für dich nicht verbindlich ist, wenn alles so lose und frei ist. Ich kenne das eben nicht.«

»Ich liebe dich, Daniel«, sagt Colin eindringlich und nimmt dabei mein Gesicht in seine schmalen Hände, die angenehm warm sind und mir ein behagliches Gefühl geben. »Ich liebe dich unabhängig davon, ob du mich liebst, wo du wohnst, welchen Beruf du ergreifst, welche Kleidung du trägst, welche Frisur du bevorzugst … Klingt das in deinen Ohren unverbindlich?«

»Nein«, hauche ich atemlos. »Ich glaube nicht, dass mich jemals jemand auf diese Art geliebt hat. Wow!«

»Gewöhn dich daran!«

»Na gut. Vielleicht könnte ich dir in der Zwischenzeit nahebringen, wie anziehend und begehrenswert ich dich finde. Ich könnte dir zeigen, wie gerne ich Zeit mit dir verbringe, auch im Bett. Vielleicht könnten wir damit anfangen …«

Colin verstärkt den Druck seiner Hände, so dass ich ihm nicht entwischen kann, als er seinen Mund auf meinen presst und mich somit zum Schweigen bringt. Als ob ich von ihm wegwollte!

Unsere Küsse sind voller Verehrung und Hoffnung. Sie erzählen von einer Zukunft, die noch im Nebel liegt und dennoch vorgezeichnet ist.

»Ich mag deinen Mund«, stöhne ich zwischen unseren Liebkosungen.

»Das hast du gestern Abend eindrucksvoll demonstriert«, gibt Colin mit einem Lachen zurück und reibt sich mit der Fingerspitze einen geröteten Mundwinkel. Ich werde Colin später etwas Hautpflege zukommen lassen, wo immer sie nötig ist.

Mein Freund entfernt sich etwas von mir und dreht sich auf den Bauch. Sein Blick über die Schulter ist herausfordernd, als er mit einem Nicken an sich herab deutet. Mit den Füßen strampelt er die Bettdecke weg und wackelt mit dem Arsch.

»Übrigens habe ich eine weitere hübsche Körperöffnung, in die dein Schwanz gut passen würde.«

Überrascht über seine Offensive klappt mir der Mund auf. Deutlicher geht es nicht.

»Hübsch?«, frage ich dämlich nach. »Muss ich das etwa wieder gründlich kontrollieren?«

Er nickt gespielt ernsthaft und wiederholt meine Worte von gestern: »Sehr gründlich.«

»I'll do my very best«, seufze ich und hoffe, damit dem Engländer in ihm zu schmeicheln.

Colin versteht den Scherz. »Same procedure as every day?«

Ich lasse das unbeantwortet und widme mich meiner Aufgabe. Sehr gründlich.

Langsam beuge ich mich über Colins Rücken und küsse seinen Nacken. Als ich ein Bein über ihn schwinge, lasse ich meinen Schwanz über seinen Hintern gleiten. Zufrieden spüre ich, dass Colin sich mir entgegenstreckt und an mir reibt.

»Hat es da jemand nötig?«, raune ich in seinen Nacken.

»Dringend«, stöhnt Colin gedämpft ins Kissen.

Nachdem ich noch einige Male in den schlanken Hals vor mir gebissen habe, tastet Colin blind mit der linken Hand nach der Schublade seines Nachttisches und fummelt daran herum.

»Brauchst du Hilfe?«

Erleichtert lässt er die Hand sinken. »Ja, könntest du mal in die Schublade greifen?«

Offensichtlich denkt Colin, dass ich weiß, wonach er suchen wollte, denn eine genauere Erklärung gibt er nicht dazu ab. Also recke ich mich zur Seite und öffne die kleine Lade. Direkt vorne an findet sich eine Tube Gleitgel und eine Packung Kondome.

»Sehr subtil, Colin!« Ich wette, dass er das Lachen in meiner Stimme hört.

Colin hat zwar das Gesicht weitestgehend in der Bettwäsche vergraben, aber ich verstehe ihn trotzdem. »Ach komm, wir wissen doch beide, was wir wollen. Wozu lange zieren?«

»Ich mag dich. Und deine Denkweise gefällt mir ausgesprochen gut.«

Ich lasse die Gegenstände, die ich der Schublade entnehme, neben uns auf das Laken fallen. Die werde ich später brauchen, aber erst einmal habe ich anderes mit Colin vor.

Erneut nehme ich die Küsse in seinem Nacken auf. Ich genieße Colins Geschmack an dieser Stelle. Er ist sauber und angenehm auf der Zunge, aber genug mit frischem Schweiß durchsetzt, dass er ein eigenes Aroma hat. Ich empfinde es als Ehre, dass ich diesen unverfälschten Colin-Geschmack erkunden darf. Ohne Hast wandern meine Lippen die Wirbelsäule entlang, hüpfen über die kleinen Täler des Rückens und haben dennoch ein klares Ziel. Als sich Colins Rundungen andeuten, greifen meine Hände zu und kneten die Muskeln. Es ist das reine Vergnügen, das feste Fleisch in den Handflächen zu spüren. Sanft führe ich meine Hände auseinander und hebe den Kopf, um den Anblick auf Colins Loch aufzunehmen.

Viel Zeit gibt mir Colin dafür nicht, da er seinen Arsch hochstreckt und sich mir anbietet. Und ich bin auch nur ein Mann. Ich will da rein.

Trotzdem reiße ich mich zusammen und lasse mir die Gelegenheit nicht entgehen, Colin an seinen intimsten Stellen abzulecken. Meine Zunge streicht breit über seinen Eingang, reizt die kleinen Falten. Offensichtlich mache ich es gut für Colin, denn ich spüre, wie er sich zunehmend lockert. Sein Seufzen und seine drängenden Bewegungen verraten sein Wohlbefinden.

Schließlich lege ich eine Hand auf Colins Hintern, greife mit der anderen nach dem Gel und gebe einen großzügigen Klecks davon direkt auf Colins Loch. Kurz zuckt er zusammen, bevor er sich entspannt gegen meine Hand drängt.

Colin ist so entspannt und weich, dass ich beherzt zwei Finger in ihn schiebe und ihn schmiere.

Die perfekte Sensation! Ich setze meinen umhüllten Schwanz an und dringe in ihn ein. Colin spannt sich sofort um mich, als würden wir stundenlang ficken und er könne es nicht mehr aushalten.

»Mach hin!«, fordert er. »Schön ficken können wir beim nächsten Mal.«

Erneut fällt mir auf, dass mit Colin auch die bedeutsamen Dinge – und dazu zähle ich unsere körperliche Vereinigung auf jeden Fall! – leicht sind, wichtig, aber frei.

Ich lasse los und schiebe mich in Colin, immer wieder. Keinen Winkel möchte ich versäumen. Keine Bewegung verpassen. Er hebt sich mir entgegen, drängt sich an mich. Ich gebe ihm, was er braucht. Wild und sanft, gebend und nehmend. Plötzlich kann ich alles. Mit ihm.

Als unser Rhythmus unregelmäßig wird und wir von Sinnen gegeneinander bocken, kommen mir die Tränen. Das ist es.

Colin verkrampft sich unter mir und erstarrt. Er stöhnt und schluchzt, dass es mir das Herz zerreißt. Wenige Sekunden später ergebe ich mich endgültig. Fasziniert spüre ich dem Gefühl nach, wie mein Sperma aus mir fließt. Gleichzeitig verlässt mich jede Körperkraft, denn ich sinke auf Colin zusammen und lege mich vorsichtig auf ihm ab.

Ich möchte ihm nahe sein, ihn halten und hüten. Meine Hand sucht sein Gesicht, tastet und fühlt die Feuchtigkeit der Tränen auf den Wangen. Tröstend streichele ich Colins Haut, streiche ihm das Haar aus dem Gesicht.

Colin murmelt etwas ins Kissen, was ich nicht verstehe, und bricht erneut in Tränen aus. Ich beuge mich so weit hinunter, dass unsere Blicke sich finden können, und schaue ihn fragend an.

Diesmal deutlicher wiederholt er seine Worte: »Wir schweben.«

Zweiundvierzig

Zufrieden schaue ich mich in meiner neuen Wohnung um und betrachte die karge Einrichtung. An meinem Innendesign arbeite ich noch, aber die nicht vorhandene Perfektion ist mir nicht unangenehm. Im Gegenteil: Ich bin stolz darauf, dass ich mir selbst Zeit und Raum gebe, herauszufinden, was mir gefällt und zu mir passt. Wer hätte gedacht, dass ich ein Sofa in Petrolblau mag und dazu Kissen in Altrosa schön finde? Ich bestimmt nicht. Allerdings bin ich froh, dass einige der ausgesuchten Möbel erst nächste Woche kommen. Wenn bei der heutigen Einweihungsparty also herumgesaut wird, ist es nicht schlimm. Außer ein paar alten Teppichen, Matratzen, Klappstühlen und geliehenen Campingtischen gibt es nicht viel in meiner Wohnung.

Ein wenig sieht es aus, als würde ein Teenager zum ersten Mal eine Party veranstalten. Und so fühle ich mich auch. Diese Übergangsphase von Kindheit zum Erwachsenenleben war bei mir sehr kurz – falls sie überhaupt stattgefunden hat. Ich war Kind, Sohn, Freund, Schüler. Kurz danach war ich der Partner von Michael. Dazwischen gab es kaum Gelegenheit für Experimente, wenig alberne Partys mit Freunden.

Und nun stehe ich in meiner ersten eigenen Wohnung. Es ist anders als das Einziehen bei Michael damals. Bei Michael war es ein bereits gemachtes Nest, alles schön, perfekt und schon seit gefühlten Ewigkeiten am Platz.

Diese Wohnung ist bislang ein Nistkasten, der noch gepolstert wird. Allerdings schleppe ich dieses Mal das Material selbst heran.

Gerade als ich Salzstangen in Altbiergläser und Chips in einfache Schüsseln gefüllt habe, klingelt es. Ich eile zur Wohnungstür und schaue durch den Sucher, bevor ich breit grinsend nach der Klinke greife und öffne.

»Ich dachte, ich komme lieber ein bisschen früher und helfe dir, deine Nervosität zu besiegen«, sagt Gebre lachend und trifft mal wieder den Nagel auf den Kopf.

»Gute Idee!«, bestätigte ich. »Ist das nicht verrückt? Es kommen nur ein paar Freunde und vielleicht neue Nachbarn, aber ich bin aufgeregt, als wäre das ein Wahnsinnsevent.«

»Für dich ist es das«, sagt Gebre und umarmt mich kurz und herzhaft.

»Ja.« Ich nicke bedächtig.

Dieser ganze Neuanfang ist eine Riesensache für mich. Ein wenig Nervosität gehört wohl dazu. Aber ich habe Freunde, die mich unterstützen, die mir nicht alles abnehmen, aber hilfreich zur Seite stehen, wenn ich Fragen oder Schwierigkeiten habe.

»Danke übrigens, dass ich die Matratzen und Tische ausleihen kann. Emir hat heute Morgen alles pünktlich vorbeigebracht. Er war ganz aus dem Häuschen, dass er den Transporter deines Chefs fahren durfte. Du weißt ja selbst, wie aufgekratzt er sein kann«, sage ich grinsend.

»Je nachdem wie die Matratzen nach der Party aussehen, können sie anschließend zum Sperrmüll«, erklärt Gebre.

»Die Tische bringe ich dann nächste Woche zurück«, sage ich hastig. »Das kann ich selbst. Dafür musst du nicht wieder ein Auto besorgen.«

Gebre nickt zufrieden. »Sehr gut. So machen wir das. Aber jetzt erst die Party! Alles Gute zum Einzug!«

Mit diesen Worten drückt mir Gebre einen Umschlag in die Hand, auf dem *Dirty Danny* steht. Sehr witzig! Meine Augen werden groß, als ich auf Anhieb das Logo eines meiner Lieblingsläden erkenne.

»Ein Gutschein von *Guttingers Lagerhaus*. Da finde ich auf jeden Fall etwas.«

»Ganz bestimmt. Da mache ich mir keine Sorgen.« Gebres gutmütiges Grinsen begleitet seine Worte. »Als ich in dem Laden war, kam gerade eine neue Lieferung, auch diese Klangschalen, die du so magst. Es gibt außerdem neue Sorten Räucherstäbchen und Räuchertürme, aber ich dachte, dass du besser selbst auswählst. Du hast lange genug mit Dingen gelebt, die andere ausgesucht haben.«

Bei Gebres Worten wird mir einerseits eng ums Herz, andererseits aber auch weit und warm. Ich gehe auf ihn zu und bin dankbar, dass er mir entgegenkommt.

»Ich hab dich so lieb«, flüstere ich in sein Ohr, als wir uns umarmen und ich meinen Kopf an seine Schulter schmiege. Ich habe zwar eine neue eigene Wohnung, trotzdem hoffe ich, dass ich bei Gebre lebenslänglich ein Stück Zuhause finde.

»Ich dich auch«, gibt Gebre zurück und streicht über meinen Rücken. »Du weißt, dass ich immer für dich da bin und nur das Beste für dich wünsche.«

»Ja, ich hatte so eine Ahnung«, bestätige ich grinsend. Verschämt wische ich über meine feuchten Augen.

»Gut. Ich hatte befürchtet, dass du so blöd bist zu denken, dass du mit deiner eigenen Wohnung raus bist aus meinem Leben. Emir, Celia und ich sind noch immer deine Leute. Vergiss das nicht!«

»Alles klar!«

Und dann zieht Gebre endlich seine Jacke aus.

Als hätten die übrigen Gäste nur auf ein Zeichen gewartet, klingelt es an der Tür, die ich von da an einfach einen Spalt offen stehen lasse.

Zu meiner Freude nutzen ein paar neue Nachbarn die Gelegenheit für ein Kennenlernen, und ich kann sagen, dass die meisten freundlich und aufgeschlossen wirken. Das mag hier keine vornehme Wohngegend sein, aber die Menschen, die ich bisher kennengelernt habe, haben das Herz auf dem rechten Fleck.

Ohne Absprache haben die meisten Gäste weitere Speisen und Getränke mitgebracht, was eine wilde Mischung ergibt, die jedoch allen gefällt. Vor allem gefällt es mir selbst, dass mein neues Leben bunter und unkonventioneller ist. Baguette, Kräutercreme, Chips und Selbstbedienung statt hippem Flying Service vom Caterer.

Gerade unterhalte ich mich mit meiner direkten Wohnungsnachbarin über das Fehlen von Parkmöglichkeiten, als ich einen weiteren Gast im Eingangsbereich wahrnehme. Colin steht unschlüssig mit einem Paket unter dem Arm im Flur.

Sofort entschuldige ich mich bei der netten Hilke von nebenan und steuere auf Colin zu. Offensichtlich strahlt mein Gesicht meine Freude ihn zu sehen aus, denn er entspannt sich auf Anhieb.

»Hallo, schöner Mann«, begrüße ich ihn. »So allein?«

»Schön wär's!«, platzt Colin spontan heraus und beißt sich dann auf die Zunge. »Oh! Entschuldigung! Mir ist nur etwas mulmig. Keine Ahnung, wie die anderen es finden, dass ich hier bin …«

»Du kannst einige Gäste unvoreingenommen mit deinem Charme betören. Und die, die dich kennen, haben langsam kapiert, dass du nicht der Vollarsch bist, als den du dich lang genug ausgegeben hast. Ohne dich stünde wahrscheinlich keiner von uns hier. Das gibt Pluspunkte.«

»Na ja«, wiegelt Colin ab. »Ich habe nur etwas geholfen.«

»Genau!« Celia geht an uns vorbei auf dem Weg zum Bad. »Und dadurch sind wir Daniel endlich los und haben unsere Küche wieder. Das war ja wirklich kein Zustand!«

Ihre harschen Worte sind mit einem Augenzwinkern garniert, so dass auch Colin versteht, dass sie nur Spaß macht.

»Ja, da habe ich euch wohl das Leben gerettet«, sagt Colin zaghaft grinsend.

Als Celia im Bad verschwindet und hinter sich die Tür abschließt, drückt Colin mir verlegen das flache Paket in die Hand. Es ist in schlichtes nachtblaues Papier gewickelt und mit einer rauen Kordel gebunden.

Als ich die Kordel über die Ecke schieben möchte, hält Colin meine Hand auf und mit seiner fest.

»Es heißt, dass man Liebesbriefe oder romantische Gedichte mit Bleistift oder einem *Montblanc*-Füller schreibt«, beginnt Colin mit unerwarteter Ernsthaftigkeit. »Die Rohfassung ist sogar mit einem Bleistift entstanden. Aber für die Ewigkeit ist das nichts – soll es aber sein. Also habe ich mein Erspartes zusammengekratzt und einen entsprechenden Füller gekauft. Einen gebrauchten, mehr war nicht drin. Laut Gravur von einem Herbert, auch wenn mir eine Elisabeth das Ding verkauft hat. Egal. Es ist ein *Montblanc*. Ich finde, dass eine Goldfeder das Mindeste ist für dich. Also … Ähm …«

»Ich verstehe nicht«, sage ich hilflos. Ich spüre, dass dieser Moment für Colin von großer Bedeutung ist, aber ich begreife nicht, wieso. Noch nicht.

»Pack aus! Dann verstehst du hoffentlich«, sagt Colin aufgeregt und lässt meine Hand los. »Oder ich stehe als kompletter Idiot da.«

»Also eine Tüte Chips ist das auf jeden Fall nicht«, murmele ich vor mich hin, als ich das Papier abwickele. Aus dem Augenwinkel erkenne ich, wie Colin genervt die Augen verdreht, während er an seinen Fingernägeln knibbelt.

Endlich habe ich die Verpackung entfernt und halte einen schlichten Rahmen in der Hand, mit der Rückseite zu mir. ›Only for my Danny Boy!‹ Das steht da. Ich drehe den Rahmen um und halte den Atem an. Jetzt verstehe ich Colins Aufgeregtheit.

In schwarzer Tinte hat er den Liedtext von ›Nur ein Zeichen‹ aufgeschrieben. Das ist wahrscheinlich seine schönste Handschrift. Dass ihm an einer Stelle der Stift ausgerutscht ist, macht das Werk nur umso authentischer. Vor Rührung schießen mir die Tränen in die Augen.

»Es ist wundervoll«, stammele ich mit der Liebeserklärung in der Hand. Denn nichts anderes ist es, als eine weitere Erklärung seiner Liebe. »Wunderschön!«

»Es gefällt dir«, stößt Colin erleichtert aus. »Ich war extra in einem Schreibwarengeschäft, habe mich beraten lassen, mit meinem Füller testgeschrieben und das beste Papier gekauft. Es sollte besonders werden.«

»Das ist dir gelungen«, bestätige ich beeindruckt. »Und das alles mit einem Füller von Herbert. Danke Colin! Das ist wundervoll. Du bist übrigens kein Idiot. Im Gegenteil.«

Damit es keine Missverständnisse gibt, beuge ich mich vor und küsse Colin. Wir brauchen das gerade beide.

»Wehe, du hängst es in die Gästetoilette«, mahnt Colin und weist auf den Rahmen in meiner Hand.

»Und du willst aus dem Filmgeschäft sein?!«, kontere ich. »Alle Stars bewahren ihre Auszeichnungen auf der Gästetoilette auf. Das gehört sich so. Allerdings habe ich eh nur das eine Bad, deshalb …«

»Mach, was du willst!«, sagt Colin gespielt gleichgültig.

»Das mache ich. Darum bekommt dein Geschenk einen Platz, an dem ich es jeden Tag sehe. Und ich werde jedes Mal an dich denken.«

Celia unterbricht uns auf ihrem Rückweg. Als sie uns knutschen sieht, grinst sie frech. »Kurze Werbepause, dann könnt ihr weitermachen. Jemand Eiskonfekt?!«

Dreiundvierzig

»Nette Party! Nette Leute!« Gebre hebt ein wenig die Stimme, um gegen die laute Musik anzukommen.

Zum Glück habe ich die nächsten Nachbarn eingeladen und somit vorgewarnt, dass es heute etwas unruhiger im Haus werden könnte. Ein paar Leute sind sogar gekommen. Hier im Viertel lebt eine bunte Mischung, so dass ich in der letzten Zeit eine Menge verschiedene Menschen kennengelernt habe.

Besonders freue ich mich über den Besuch der alten Dame aus dem Parterre. So ausgedrückt klingt es nach Dürrenmatt und lässt mich an Schullektüre im Deutschunterricht denken. Aber die zarte Frau Riedle hat sich die Stufen hochgekämpft, was so anstrengend für sie war, dass es einen Hauch Rosa auf ihre blasse Haut gezaubert hat. Das allein hat mich bereits gerührt, aber als sie mir dann noch ein handgemachtes Keramikschild mit meinem Namen als Geschenk überreichte, bekam ich feuchte Augen. Ich vermute, dass ich eine weitere Freundin gefunden habe. Von meinen bereits anwesenden Freunden bekam sie direkt den bequemsten Platz angeboten, den sie dankbar annahm. Überhaupt hatte ich den Eindruck, dass sie die Zuwendung und die neuen Kontakte genoss. Nach einigen lustigen Unterhaltungen, einer Schüssel Chips und zwei Gläschen billigem Sekt – für den Kreislauf, wie sie sagte – machte sich Frau Riedle müde und dennoch beschwingt – oder beschwipst – auf den Weg zurück in ihre Wohnung. Diesmal begleitet von Emir, der ihr galant den Arm anbot. Im Herzen ist Frau Riedle eine Königin.

»Ja, finde ich auch«, bestätige ich mit einem breiten Grinsen. »Wer hätte das gedacht? Dass ich jetzt in einer eigenen kleinen Wohnung stehe und eine Einweihungsparty mit Chips, Cola und Bier und Sekt feiere?«

»Warum nicht? Passt genau so gut zu dir wie Champagner und Häppchen«, mischt sich Emir ein, der gerade wieder die Wohnung betritt. »Frau Riedle ist übrigens der Hammer. Tolle Frau!«

»Sie hat mich eingeladen, nächste Woche mal zum Kaffee zu kommen. Ich fürchte, da kann ich nicht ablehnen«, sage ich lachend und freue mich bereits darauf.

Meine Gedanken schweifen von Frau Riedle weiter zu meiner eigenen Familie, wobei mir einfällt, dass ich meinen Freunden noch etwas erzählen wollte. Colin habe ich das vorhin schon erzählt. Er war begeistert und auf eine besondere Art stolz auf mich.

»Ich habe Kontakt zu meinem Vater aufgenommen«, platze ich heraus.

»Wow!« Gebre reißt überrascht die Augen auf. »Und?«

»Ich habe ihm gestern eine Mail geschrieben. Noch hat er nicht geantwortet. Trotzdem fühlt es sich jetzt schon gut an, dass ich einen Schritt gemacht habe«, antworte ich und straffe mich. Nach und nach spüre ich den Stolz selbst in mir. Und er verändert mich.

»Das ist ja auch toll«, lobt Emir nun ebenfalls. »Hoffentlich könnt ihr bald ein paar Dinge klären und bereinigen. Wäre doch schade …«

Colin, der sich gerade noch mit einer meiner Nachbarinnen unterhalten hat, steht plötzlich neben mir und schaut beunruhigt zur Wohnungstür. Ich folge seinem Blick und verstehe sein Verhalten. Dort steht Michael!

Für wenige Sekunden flattert mein Hirn unruhig in meinem Schädel herum. Aber dann bin ich ganz ruhig.

»Keine Panik! Alles gut!«, beruhige ich meine Freunde. Ich wende mich Colin zu und streiche über sein Haar. »Alles gut, Colin!«

Michael verschränkt seine Finger miteinander und reibt sie nervös. Er verlagert sein Gewicht von einem Fuß auf den anderen, was ihn wackelig wirken lässt. Alleine das verschafft mir eine gewisse Genugtuung. Das ist meine Wohnung, mein Revier. Darin hat er nichts verloren. Er soll sich gar nicht wohl fühlen.

»Hallo Michael!«, begrüße ich ihn so neutral, wie man seinen ehemaligen Lebenspartner eben neutral begrüßen kann. Ich frage nicht, ob es Zufall ist, dass er ausgerechnet auf meiner Einweihungsparty erscheint. Es interessiert mich nicht. Ich möchte nur wissen, was er möchte. Dann soll er wieder verschwinden.

»Daniel«, sagt Michael. »Wie geht es dir?«

»Danke der Nachfrage«, antworte ich betont höflich. »Bestens!«

»Ich wollte kurz mit dir reden, aber es passt wohl gerade nicht gut«, sagt Michael und schaut sich flüchtig im Raum um. Er kennt offensichtlich meine neue Adresse, woher auch immer, aber von der Party wusste er offenkundig nichts.

»Du kommst nicht gerade gelegen«, bestätige ich. Der fiese Teil meiner Persönlichkeit ergötzt sich an der Tatsache, dass Michael mitbekommt, dass sich meine Welt weiterdreht, mein Leben eine neue Richtung bekommt, ich Menschen habe, die mein zukünftiges Leben begleiten. Und er gehört nicht dazu!

»Das sehe ich.« Michael presst die Lippen aufeinander und windet sich unglücklich. »Können wir trotzdem kurz reden? Bitte!«

Mit dem letzten Wort hat er mich. Es scheint ihm wichtig zu sein. Und sage ich nicht anderen und mir stets, dass ich nicht in Verbitterung zurückblicke? Hier und jetzt ist die Gelegenheit zu beweisen, dass hinter meinen eigenen weisen Worten eine innere gefestigte Haltung steht.

»Na klar. Lass uns ins Treppenhaus gehen!«, biete ich großzügig an. »Dort ist es etwas ruhiger.«

Ohne ein weiteres Wort verlässt Michael meine Bude und wartet vor der Wohnungstür. Als ich dort vor ihm stehe, hält ihn nichts mehr und er sprudelt los.

»Es tut mir leid, Daniel. Ich habe es verbockt, habe dich hintergangen und belogen. Unverzeihlich!« Michael hält inne und sammelt sich. Dann spricht er voller Inbrunst weiter. »Trotzdem bitte ich dich um Vergebung. Um deinetwillen und meinetwillen. Es ist deine Entscheidung, klar! Bisher habe ich vermieden, mit dir zu sprechen. Hier und jetzt ist auch nicht der richtige Zeitpunkt. Aber vielleicht magst du dich demnächst mit mir treffen, damit ich dir ein paar Dinge erklären kann. Überleg es dir! Ich werde mich wieder melden.«

»Ich werde darüber nachdenken«, sage ich unschlüssig.

»Einen kleinen Versuch habe ich allerdings schon gemacht, um den Schaden wieder gut zu machen«, sagt Michael zaghaft und schaut mich unsicher an. »Ich habe deinen Vater angerufen und ihm gestanden, warum nie eine Reaktion auf seine Kontaktversuche kam. Glaub mir, das war kein Spaß! Jedenfalls würde sich dein Vater sehr freuen, wenn du am nächsten Sonntag zum Kaffee kommen würdest.«

Angespannt hält Michael die Luft an. Ich weiß nicht, ob ich wütend oder glücklich bin. Auf der einen Seite möchte ich nicht, dass Michael sich in meine Angelegenheiten einmischt. Das hat er bisher viel zu oft und vor allem aus Eigennützigkeit gemacht. Andererseits bin ich beeindruckt, dass er sich meinem Vater gestellt hat und sich bemüht, die Wogen zwischen meiner Familie und mir zu glätten. Dass ich meinen Vater ebenfalls kontaktiert habe, erwähne ich vor Michael nicht. Mir ist nicht danach, ihm weitere Einblicke in mein Leben zu gewähren.

Als ich nichts sage, zuckt Michael mit den Schultern und betrachtet übertrieben ausgiebig mein Namensschild an der Wohnungstür. »Es liegt alles in deinen Händen. Du machst schon das Richtige! Ich habe alles gesagt, was ich loswerden wollte.«

Michael wendet sich ab und geht die Treppe hinab. Als er die ersten Stufen genommen hat, rufe ich ihm nach.

»Michael, du hast Einsatz gezeigt. Schön! Bestimmt werde ich dir irgendwann verzeihen, aber noch ist es zu früh. Ich bin auf einer Reise und sortiere jeden Tag den Koffer neu. Ich mache Entwicklungen durch, von denen ich nicht ahnte, dass sie für mich möglich wären. Es ist gut, dass du hier warst. Alles Weitere wird sich finden. Irgendwann reden wir weiter.«

Das ist bestimmt nicht annähernd das, was Michael hören wollte. Unter Garantie hat er mehr erwartet. Aber ich mache keine Zugeständnisse und Versprechungen, um ihm ein gutes Gefühl zu geben, wenn es nicht ehrlich und von Herzen ist. Diese Zeiten sind vorbei und sollen es bleiben.

Michael lächelt zaghaft. Aha? Reicht ihm das?

»Das ist mehr, als ich erwarten durfte«, sagt er. »Danke dafür, Daniel.«

Das Geräusch seiner Ledersohlen hallt im Treppenhaus, als er aus meinem Leben verschwindet. Nicht für immer. Aber für heute. Und weil ich es so will.

Vielleicht verändert unsere Trennung auch Michael? Der Gedanke kommt mir gerade zum ersten Mal. Ich habe mit mir selbst genug zu tun. Nach wie vor ist Michael für mich der Initiator für die Geschehnisse der letzten Zeit. Dass er dennoch vermitteln möchte und um Verzeihung bittet, berührt mich.

Das kurze Aufflammen von Gehässigkeit habe ich genossen, aber es ist nicht meine eigentliche Natur. Daher bin ich mir sicher, dass ich demnächst ein Gespräch mit Michael führen werde. Bereinigt kann ich unsere erledigte Beziehung wahrscheinlich besser endgültig verarbeiten.

Zufrieden mit mir, kehre ich zurück in meine Wohnung, in der schließlich eine Party steigt, und in der ich offensichtlich von meinen Freunden neugierig erwartet werde. Aber zuerst gehe ich zu Colin, fasse ihn am Arm und ziehe ihn in die Küche. Dort knutsche ich ihm die Unsicherheit aus dem Kopf.

»Alles gut, Colin, alles gut!«

Vierundvierzig

Als ich heute Morgen aufwachte, wusste ich, dass es ein guter Tag wird. Meine Arme umschlangen Colin, der fest an mich geschmiegt in meinem Bett lag. Ich finde, dass dies ein passender Platz für ihn ist und er dort öfter sein sollte. Zum Glück findet Colin das ebenfalls, denn er übernachtet häufig bei mir. Und ähnlich oft bin ich bei ihm und bleibe dort über Nacht. Wir wachsen langsam zusammen und haben dennoch jeder ein eigenes Leben. Das gibt mir Sicherheit und das Gefühl, dass ich nicht jeden Moment wieder alles, von dem ich denke, dass es mein Leben ist, verlieren könnte.

Entspannt haben wir gefrühstückt. Beinahe hätte ich erzählt, dass ich eventuell studieren möchte. An der Fachhochschule war vor kurzem Tag der offenen Tür, den ich besucht habe, heimlich, da ich keinen Druck wollte. Textil- und Bekleidungstechnik hat mich ernsthaft angesprochen. Warum ich es Colin nicht erzählt habe? Es ist bestimmt bekömmlicher, Colin nicht alles auf einmal vor den Latz zu ballern.

Dass ich wahrscheinlich den E-Roller verkaufe, werde ich ihm auch noch erzählen. Zuerst hatte ich überlegt, das Auto abzugeben. Beides brauche ich nicht und kann ich mir dauerhaft nicht leisten. Allerdings finde ich den Gedanken romantisch, dass ich mit Colin mal mit dem Auto ans Meer fahren oder überhaupt einen Ausflug machen kann. Da Colin kein Auto hat, wären wir ausschließlich auf den Roller angewiesen. Ich weiß, dass ich verwöhnt bin, aber dann behalte ich doch lieber das Auto, auch wenn der Erlös für den Roller geringer ausfallen wird. Dafür streiche ich möglicherweise das Fitness-Studio. Dahin gehe ich zurzeit eh kaum noch, da mir die Zeit fehlt. Sollte ich mit dem Studium ernst machen, weiß ich sowieso nicht, wie ich das zeitlich alles schaffen soll. Zwei Jobs und ein Studium? Ist das realistisch? Wie machen andere das? Ich fürchte, dass ich diesbezüglich Beratung brauche. Sonst manövriere ich mich in das nächste Desaster.

Beim Abräumen des Tisches ging es los. Ich wurde nervös. Eine Stunde vor dem Termin mit meinem Vater hat Colin kundgetan, dass er mich fährt. Ich habe gesagt, dass das doch nicht nötig wäre, aber wir wussten beide, dass ich dankbar für seine Unterstützung und Hilfe war.

Den Termin, den Michael vor einiger Zeit mit meinem Vater ausgemacht hat, habe ich nicht wahrgenommen. Erstens war ich zu dem Zeitpunkt noch nicht so weit, mich mit meiner Familie auseinanderzusetzen. Zweitens will ich schlichtweg keinen Termin einhalten, den Michael angesetzt hat, auch wenn er es gut gemeint hat. Gut gedacht ist nicht gut gemacht. Eine weitere Weisheit meiner Großmutter.

Und nun sitzen wir in meinem Auto. Der Platz auf dem Beifahrersitz ist ungewohnt für mich. Während der Fahrt hierher habe ich einige Male imaginär gebremst und den rechten Fuß fest in den Teppich gerammt. Colin fährt sicher, aber sehr sportlich. Außerdem mag er mein Auto und fährt gern damit. Mein unbewusstes Mitbremsen hat er garantiert bemerkt, jedoch einfach ignoriert.

In dem vornehmen Stadtteil mit den Alleen und gepflegten Parks haben die meisten Häuser Mauern und Zäune um sich. Keiner soll heraus, aber vor allem keiner hinein. Man bleibt gern unter sich.

In dieser Gegend hatte ich eine behütete Kindheit. Es wäre unehrlich, im Nachhinein alles schlecht zu reden. Das Leben mit meiner Familie war bis vor einigen Jahren gut. Bis ein Riss zwischen uns entstand, der einen weiten Graben schlug. Es wird sich zeigen, ob dieser Spalt zu kitten ist, ob diese Wunde heilen kann. Falls ja, könnte vielleicht mit viel Arbeit, Zeit und etwas Glück aus dieser Beschädigung etwas Schönes werden.

Offenbar habe ich über diese Gedanken lange nichts gesagt, denn Colin schaut mich fragend an und wartet darauf, dass ich erkläre, wie es weitergeht. Das ist schließlich meine Show hier.

Bis vor wenigen Minuten hat Colin voller Freude am Autofahren gelacht und mich damit wunderbar abgelenkt. Wir wissen beide, dass es ab hier ernster wird. Dankbar nehme ich Colins freundliches und aufmunterndes Lächeln auf.

Mein Colin, mein schöner Engländer. Jeden Tag lerne ich neue Feinheiten an ihm kennen. Schon lange weiß ich, dass er nicht so aalglatt ist, wie er sich äußerlich gibt. Mir gefällt jede Ecke und Kante an ihm. Selbst wenn er wütend eine Kaffeetasse an die Wand wirft – solange es in seinem Haus ist, versteht sich – finde ich ihn anbetungswürdig. Zu erleben, dass er auch nicht perfekt ist, nimmt mir den Druck.

»Spaß gehabt?«, frage ich ihn.

»Dein Auto ist froh, dass mal jemand am Steuer sitzt, der seine Vorzüge zu schätzen weiß«, kontert Colin lachend und grinst dann fies zu mir herüber. »Ja, ich hatte Spaß. Du auch? Hast ziemlich oft gebremst!«

»Gar nicht wahr!« Auch wenn ich mich empört gebe, weiß ich doch, dass Colin recht hat. Im Gegensatz zu ihm verhalte ich mich im Straßenverkehr wie ein alter Mann, häufig übermäßig zögerlich und unsicher.

»Und nun raus mit dir!«, beendet Colin unser Wortgeplänkel, mit dem wir für kurze Zeit mein Zögern überspielt haben. »Du gehst da jetzt rein und regelst, was zu regeln ist. Glaub mir, wenn du das überlebt hast, bist du ein Mann.«

Mir rutschen vor Verwunderung die Augenbrauen in die Stirn, bevor wir in lautes Gelächter ausbrechen.

»Woher hast du denn diese Weisheit?«, frage ich unter Lachtränen.

»Keine Ahnung«, antwortet Colin und wischt sich die Augenwinkel mit dem Ärmel seiner Jacke trocken. »Bestimmt aus einer der Soaps, mit denen ich mich bei der Arbeit herumschlage. Da kommen oft völlig unpassend solche Kalenderweisheiten. Ich dachte, ich haue mal so etwas raus.«

»Na ja, vielleicht liegst du damit gar nicht so falsch«, flüstere ich beklemmt. Ich drehe mich zu Colin und schaue ihn fragend und flehend an. »Du wartest wirklich auf mich?«

Colins Gesicht erzählt von nichts anderem als Mitgefühl. »Danny Boy, ich warte hier. Egal, wie lang es dauert. Wenn es beschissen läuft und du heulend rausgerannt kommst, werde ich für dich da sein, dich trösten und mit dir abhauen. Und wenn du strahlend und glücklich sein solltest, werde ich mich mit dir freuen und trotzdem mit dir abhauen. So oder so: Ich werde hier sein und mit dir abhauen.«

»Habe ich dich eigentlich verdient?«, frage ich ihn. »Und falls ja, womit?«

»Nein, du hast mich nicht verdient. Aber das musst du auch nicht.« Mit diesen Worten streicht mir Colin über das kurze Haar und drückt mir einen Kuss auf die Lippen. »Nun geh! Heute Abend schaue ich nach, ob du ein Mann bist. Gründlich!«

»Keine Bange! Wie auch immer es läuft bei meinen Eltern, ich werde dich nicht enttäuschen.«

Ich zwinkere Colin mutwillig zu, öffne die Beifahrertür und steige aus. Auf dem Bürgersteig atme ich tief durch und gehe auf das imposante Haus zu. Obwohl ich noch einen Schlüssel habe, werde ich klingeln und warten, bis das schmale Tor aus Metall aufspringt, das sich neben der breiten Toreinfahrt befindet. Ich bin hier nicht mehr zu Hause und gehe nicht einfach ein und aus. Ich bin ein Besucher.

Als ich die Hand bereits ausgestreckt habe, um den schlichten Messingknopf zu betätigen, kommt mir ein Gedanke. Ich sage es ihm. Jetzt. Ich muss.

Entschlossen kehre ich zum Wagen zurück. Colin tippt auf seinem Tablet herum, um sich die Wartezeit zu vertreiben. Als mein Schatten ihn ablenkt, schaut er aufgeschreckt hoch. Sein verwirrter Blick trifft mich.

Ich denke an die Situation, in der Colin seine Liebe zu mir laut ausgesprochen hat. Voller Freude und ohne Erwartungen. Er sagte es, einfach um es zu sagen. Und er sagte es in seiner Muttersprache, da es aus der Tiefe seines Herzens kam.

Colin lässt auf der Beifahrerseite die Scheibe hinunter, aber ich gehe auf seine Seite und bedeute ihm, aus dem Auto zu steigen. Alarmiert springt Colin aus dem Wagen. Wir stehen mitten auf der Straße, aber in diesem noblen ruhigen Stadtteil ungefährlich. Sanft nehme ich Colin in den Arm.

»Ich werde jetzt dort hineingehen und die Dinge mit meiner Familie klären. Dass ich das kann, verdanke ich teilweise meinen Freunden und ist zu einem nicht geringen Teil dein Verdienst.«

Colin möchte widersprechen, aber ich lasse ihn nicht zu Wort kommen.

»Ich weiß, dass auch ich selbst einen Weg hinter mir habe. Einen Weg, der mich hierhergeführt hat. Und zu dir. Bevor ich in meinem Elternhaus einige Wahrheiten aussprechen werde, möchte ich dir etwas sagen. Etwas Wichtiges, wenn nicht sogar das Wichtigste und Wahrste überhaupt.«

Colins Blick wird wässrig. Er hat offenbar eine Ahnung, hält aber still.

»Ich liebe dich, Colin. Schon lange. Aber erst jetzt kann ich es sagen.«

Bewegt schaue ich in seine Augen und finde darin nichts als reine Liebe und Freude. Mit zitternder Stimme und zur gleichen Zeit von Ruhe erfasst spreche ich weiter. Manches sagt man in seiner Muttersprache, manches sollte man in seiner Muttersprache hören.

»I love you, Colin Sheffield. I love you.«

Endgültig wende ich mich dem Haus zu und gehe los. Eine ungewohnte Kraft richtet mich auf, streckt mich und treibt mich forschen Schrittes voran.

Ich bin ein Mann.

Ende

Mehr von Neo Lichtenberg in unserem Programm:

Härter – Himmel auf Erden

Süßer – Himmel auf Erden

Leseprobe:
Swany Swanson
Unter kalten Duschen

Auf Zehenspitzen schlich ich die schwebenden Treppenstufen hinab und hielt mich an die Flurwand gedrückt, um möglichst keinen Schatten in den Flur zu werfen. Durch die Küchentür fiel ein schwacher Lichtschimmer. Ein kurzes Klappern merzte auch die letzte Hoffnung aus, dass ich mich getäuscht hatte.

Unten angekommen bewaffnete ich mich instinktiv mit dem schweren Messingleuchter von der Flurkommode. Dann ging alles ganz schnell. Ich riss die Tür zur Küche auf und sprang mit einem idiotischen Schrei in den Raum. Mein letzter klarer Gedanke: Bitte, lass es nicht Fiona sein.

Diese Peinlichkeit blieb mir zum Glück erspart. Mein Blick erfasste im Halbdunkel der Küche den Umriss eines Mannes, zu groß für Ben und zu jung, um Herr Duvall zu sein. Ich merkte, wie mir das Gesicht entglitt, da es in meinem Kopf klick machte. Warum hatte ich nicht gleich an ihn gedacht? Meinen Eisprinzen.

Der junge Mann hatte einen Satz zurückgemacht, als ich mit meinem Geschrei in die Küche gesprungen kam. Er stieß vor Schreck rücklings gegen die Anrichte. Es sah ziemlich schmerzhaft aus, und er presste eine Hand auf die Stelle seiner Brust, wo das Herz sitzen sollte.

«Bist du blöd, Mann? Was soll der Quatsch?!», herrschte er mich an. Seine Stimme war trotz des sichtlichen Schocks ruhig, aber dafür tiefer und zugleich schärfer, als ich sie mir vorgestellt hatte.

Seine Frage und die Erinnerung an mein tölpelhaftes Vordringen ließen mir die Schamröte ins Gesicht schießen. Meine Wangen brannten und ich war heilfroh, dass in der Küche nur das Licht der Dunstabzugshaube angeschaltet war.

Bevor ich eine Entschuldigung stottern konnte, hatte sich mein Gegenüber auch schon von der Küchenzeile gestemmt. Die dunklen Augen sausten zu dem Leuchter, den ich umklammerte, als hinge mein Leben davon ab. «Was machst du mit dem Ding da? Wolltest du mich erschlagen?»

«Nein, ich …», stammelnd ließ ich das Teil auf der Anrichte nieder und wünschte mir nur noch, ich hätte mich einfach ins Bett zurückgelegt. Mein Eisprinz ließ mir keine Gelegenheit, mich weiter gedanklich zu ohrfeigen.

«Wer bist du?», wollte er wissen und kniff die Augen zusammen. «Der Babysitter?»

Ich war erleichtert, dass er gleich Bescheid wusste und ich mich nicht lang und breit vorstellen musste. «Hi, ich bin Jona», sagte ich trotzdem und rang mir ein Lächeln ab. «Und du musst Tristan sein. Ich kenne dich vom Wohnzimmerbild. Deine Mutter hat gesagt, du kämst wahrscheinlich …»

«Ist Fiona da?», fiel er mir ins Wort und erinnerte mich daran, dass ich zu viel redete, wenn ich nervös war. Und nervös war im Moment gar kein Ausdruck. Ich hatte nicht mehr damit gerechnet, den Blondschopf vom Foto kennenzulernen. Ihm jetzt gegenüberzustehen, leibhaftig, um zwei Uhr nachts, im schummerigen Küchenlicht, war Grund genug, völlig aus dem Häuschen zu sein.

«Nein, sie ist unterwegs.»

Er nickte knapp und kehrte mir den Rücken zu, um weiterzumachen, wobei ich ihn gestört hatte. Neugierig warf ich einen Blick über seine Schulter. Dafür musste ich mich halb auf die Zehenspitzen stellen, so groß war er.

«Was machst du da?», fragte ich, obwohl die Whiskeyflasche und das Glas mit Eis eigentlich Antwort genug waren. Dass er die Frage genauso unnötig fand, signalisierten mir seine durchhängenden Schultern. Tristan drehte sich mit dem Drink in der Hand um. Die Eiswürfel klirrten bei der Bewegung.

Ich starrte in seine Augen, die den gleichen Farbton hatten wie die bernsteinfarbene Flüssigkeit in seinem Glas. Das Herz schlug mir bis zum Hals. «Ich trinke immer noch einen Schluck Eistee, bevor ich schlafen gehe», sagte er, ohne die Miene zu verziehen.

Mein Blick wackelte bei den Worten und vergewisserte sich von der Whiskeyflasche auf der Küchenanrichte. «Ähm. Das ist aber kein Eistee», stellte ich fest. Die Brauen meines Gegenübers wanderten träge nach oben.

Das war die einzige Reaktion, die Tristan mir zeigte. Nur zitterte die Hand an seinem Glas immer noch leicht. Ich musste ihn wirklich erschreckt haben. «Na ja, den hast du dir wohl auch verdient. Wegen des Schrecks, meine ich.»